世界建築史論集

中川武先生退任記念論文集

西アジア・西洋・南アジア・
カンボジア・ベトナム篇

中央公論美術出版

目　次

西アジア

石で建物をつくること ………………………………… 西本　真一　3

古代エジプト、ラモーゼの墓（TT55）における前室の改変について
　　……………………………………………………… 柏木　裕之　13

イスラームの柔らかい構造 ……………………………… 内田　慶造　31

アコリス遺跡南の石切り場に残存する切りかけの巨石について
　　――プトレマイオス王朝の一対の巨像の可能性―― ………… 遠藤　孝治　41

西　洋

東欧におけるアール・デコ様式の展開：
　チェコ・ポーランドの幾何学的形態の建築と家具 ………… 野崎　勉　51

近代建築史の言説構成：
　ジークフリート・ギーディオン著『空間・時間・建築』（1941）における
　「思考と感情の乖離」 ……………………………………… 太田　敬二　65

流動性 ……………………………………………………… 渡邊　高宏　73

ファシズムのイタリア、余暇の建築 …………………… 奥田　耕一郎　91

南アジア

インド・イスラーム墓廟建築とヒンドゥーの伝統的建築計画
……………………………………………………………… 黒河内　宏昌　105

18世紀末期から19世紀初期におけるタイ・バンコクの寺院伽藍配置と
壁画の研究 ……………………………… チャイヨシ　イサボラパント　115

シヴァ祠堂の見えない内部構造を探る：
　ジャワ島中部地震により被災した世界遺産プランバナン寺院の修復史調査
………………………………………………………………小野　邦彦　121

カンボジア

伽藍計画のアジア的特質 ………………………………………溝口　明則　137

タ・ネイ遺跡に見られる建造途中の改変について ……………佐藤　　桂　147

航空レーザー測量により得られた地形データにもとづく
都城アンコール・トム内外の水路網……………………………下田　一太　155

Central Tower N1 of Prasat Sambor, Sambor Prei Kuk Monument
　—Study on Architecture, The Past Renovation and Present Conservation Work—
……………………………………………………… SO Sokuntheary　171

Archaeological Survey for Restoration of the Angkor Monuments:
　Case Study on the Excavation Survey at Eastern Part of the Bayon Complex,
　Angkor Thom City, Cambodia ……………………………… Kou VET　179

ベトナム

フエ王宮宮殿建築の特質 ……………………………………白井　裕泰　189

「重梁」の部材構成と建築年代 ……………………………六反田　千恵　201

ベトナム・フエ阮朝王宮太和殿の建築髹飾技術 …………齋藤　潮美　215

ベトナム中部地域に伝わる墨掛道具「腋尺」………………林　英昭　227

阮朝の造営と外国文化の選択的受容考 ……………………木谷　建太　237

インタビュー　中川武先生の足跡 ……………………………………… 247

日本・東アジア篇　目次

巻頭言

日本（古代・中世・近世）

面砕の研究　　　　　　　　　　　　　　　　　　　　　　　　　　河津　優司

中門造の展開と進展　新潟県中越地方における民家の増改築と造形形成に関する考察
　　　　　　　　　　　　　　　　　　　　　　　　　　　　　　　平山　育男

増上寺三解脱門の建立年代をめぐって　　　　　　　　　　　　　　米山　　勇

紀州橋本町における一八世紀の町家建築について　　　　　　　　　御船　達雄

大工技術書『鎌倉造営名目』に見る中国建築の影響
　――組物の構成と設計方法について――　　　　　　　　　　　　坂本　忠規

江戸幕府における大工棟梁の通称官職名について　　　　　　　　　佐々木　昌孝

日本古代の工・造営に対する意識　　　　　　　　　　　　　　　　小岩　正樹

神仏習合儀礼の場における結界について　　　　　　　　　　　　　米澤　貴紀

東求堂の空間　　　　　　　　　　　　　　　　　　　　　　　　　岡本　晋作

身舎と向拝にまつわる史的諸問題　　　　　　　　　　　　　　　　山岸　吉弘

賀茂別雷神社における本殿形式の過渡性　　　　　　　　　　　　　伏見　　唯

日本（近現代）

建築メディアの一九八〇年代　　　　　　　　　　　　　　　　　　　　大森　晃彦

日本近現代のリビングヘリテージ　　　　　　　　　　　　　　　　　　鯵坂　徹

米沢有為会投稿論文をもとにした、伊東忠太の初期美術観　　　　　　　中谷　礼仁

『阿修羅帖』に見る第一次世界大戦の経験と伊東忠太　　　　　　　　　倉方　俊輔

奈良県「大和国四百年前古社寺調」について　　　　　　　　　　　　　山崎　幹泰

帝国劇場以降の日本の伝統的な劇場の継承　　　　　　　　　　　　　　小林　徹也

歴史的建造物の保存活用について――近代化遺産（産業遺産）の公開活用について
　　　　　　　　　　　　　　　　　　　　　　　　　　　　　　　　　井川　博文

東アジア

日本人修理技術者らの韓国での活動（一九三〇～一九四〇年代）　　　　金　　玟淑

韓国の伝統建築小屋組曲材の構造的機能と形式に関する研究　　　　　　金　　柄鎮

西アジア

石で建物をつくること

西本　真一

はじめに

　初めて建築調査というものに参加させていただいたのは、1985年の冬から翌年の1月にかけておこなわれた早稲田大学建築史研究室のアジア建築研究会によるインド・スリランカ調査(1)で、ここで初めて数々の大規模な石造建築に触れた。同大学の博士課程に籍をおいていた当時の私は、西欧の近代初期で展開を遂げた建築表現に惹かれ、博士論文の主題をそろそろ決定する時期に差しかかっていたのだが、しかし読破しなければならない諸外国語の文献は年を追うごとに増えていくばかりで、作業は一向に捗らなかった。具体的に歩むべき道を、まったく見失った状態であったと言わねばならない。

　時代や地域がまったく異なるものの、発足して数年を経たばかりのアジア建築研究会へ突然加わりたいと願ったのは、同級生の黒河内宏昌氏や、故秋山知彦氏、また最近惜しくも亡くなった成田剛氏といった周囲の方々が、この研究会の活動内容をさまざまに興味深く語り聞かせてくれたからである。私は遠征費用の工面について両親に遠回しの打診をおこないつつ、研究会の主催者である中川武先生に調査の参加を遅ればせながらお願いして、どうにか同行することが許されたのであった。

　インドとスリランカで見た石造建築は、岩塊からひとつの寺院を削り出して造ったものを筆頭として、石材を天高くまで塔状に積み重ねたもの、また「千本宮」と呼ばれるような無数の四角柱を広大な平地に整然と並べたものなど多岐にわたり、これらの遺構は当時の私に圧倒的な印象を与えた。長年に渡って木製の扉の開け閉めが繰り返されたため、石製の敷居の上面に残った円弧状の線の痕跡や、石造であるにも関わらず、戸口構えを組む際に木造の仕口を踏襲した加工方法が施されるさまも珍しかった。作業が終わった後のミーティングで「痕跡を見るのは楽しい」と言った時に、諸先輩たちが賛意を述べつつ激励してくださったことも、大切な記憶として思い返される。

　失われた部分を補完しつつ、建築全体の復元を見るということが果たして可能なのかどうか。その場合、想起される諸問題を網羅するためには、いったいどのように考えれば良いのか。遺跡を訪れるごとにこうした点が強く疑念として意識され、脳裏に明滅してやま

ない調査であった。同じ疑念を私は今なお、忘れかねているのが現状である。

　翌年にエジプト調査への参加を希望したのは、最初に体験したこの建築調査がきわめて面白かったからに他ならない。その後、海外の各地に足を運ぶ幸運も得たが、きっかけは中川先生が与えてくださったのであって、後年においても数々の便宜を図っていただいた。師恩に少しでも報いるために、本稿ではこれまでに見ることのできた各地における石造建造物の技術を概観しながら、考察を試みるのが適当であるように思われる。

　中川先生には改めて感謝の念を申し上げ、石で建物を造る場合にはいつでもどこでも、硬くて重いこの物体の加工方法や、運搬の際に人間は同じように苦労したであろうこと、また作業を円滑に進めるための工夫には一定の共通性がうかがわれること、さらには特殊な道具や構法を発展させる局面があって、そこに文化の違いがあらわれることなど、これまでに良く知られている事例を改めて取り上げながら、私見を巡らせる機会としたい。

1　石の吊り上げ

　石造建築の技術に関しては古代ギリシャ・ローマ時代におけるものが最も研究が進んでおり、かなりの昔から多くの本が刊行されている点を以前、述べたことがある。18世紀末に始まった古代エジプトの建築研究は当然のことながら後発であって、古代ギリシャ・ローマで見られる建築技法を意識しながら書かれ、時には古典主義建築の用語が援用された。従って、例えば独特の形状をした古代エジプトの軒飾りに「カヴェット・コーニス」といった奇妙な名称を使うわけである。

　重い石材を吊り上げることは、すべての石造建築の建造において基本的な所作となるはずであるが、アダムが古代ローマの建造技術に関する著作で古代エジプト、古代ギリシャ、古代ローマの例を並べて図示していることは興味深い。ここでは古代ギリシャ建築の研究家であったオルランドスやマルタン、古代ローマの建造技術の本を出したルッリ、あるいはクレマといった先蹤者たちの代表的な図をひとまとめにして見せている。だが単に石を持ち上げるだけならば、縄を石の底面に潜らせて上から吊れば良いのではなかろうか。こうした素朴な問いかけに、実はアダムは正面から答えていないように感じられる。

　古代エジプトでは鉄の導入が遅れ、青銅時代が長く続いた。青銅とは言うものの、精錬の過程で他の物質が自然に混ざったため、純粋な青銅よりも硬かったであろうと古代エジプト建築の専門家であるアーノルドは述べている。しかし建造の場で青銅しか存在しなかったことは、もし過大な荷重がかかる滑車の軸や、運搬用の車輪の心棒に用いられた場合、いとも簡単に曲がってしまうと想像され、このために古代エジプトでは大きな石を運搬する際には、引きずっていくしか方法はなかった。運ぶ距離が短い場合には、木材で

線路を引き、この上で石材を押した。コロも用いられたであろう。距離が長い場合には、ちょうど鉄道の枕木のように角材を並べ、この上で滑らせる大型の橇を使って石を運んだ。石製の巨像を大きな橇に載せ、大人数で綱を引っ張って運搬する様子を伝えるジェフティヘテプの岩窟墓の壁画（第12王朝）が残っているが、橇の先頭には壺から液体を前方に流す人物が描かれており、潤滑剤のようなものも併用された点を傍証している。潤滑剤といっても、おそらくは粘度の低いモルタルなどが石を引きずる際に用いられたのであろう。あるいは潤滑油というよりも、ジェフティヘテプの岩窟墓の巨像の運搬の場合にはただ水を流しただけなのかもしれない。

　そもそも建材が大きい場合、石と石とをモルタルで接着し、固定することはできない。モルタルの固着力は石の重量と比べるならばきわめて脆弱であり、石材の変位に対して充分な効果を発揮できなかったであろう。接着力が期待できなかったにも関わらず、古代エジプトの石造建築では石と石との間にモルタルが用いられた痕跡が明らかに残っていて、疑問が呈されていた。だとしたらモルタルは主に潤滑剤として使用されたのではないか。現在ではそのように判断がなされている。

　古代ギリシャなどと同じように、石材の側面に突起が残される場合が古代エジプトでもうかがわれ、ここに綱が引っ掛けられて持ち上げられたと考える学者は多い。ただし、突起が石材の底面に近い位置に揃って残される場合には、てこを使って位置を変えたりしたのではないかと解釈されている。突起はもちろん、最終的な建物の仕上げの際には削り落とされるべきであった。

　古代エジプト建築の建造過程を探る時、石を吊り上げて運んだ証拠となるものはわずかであり、他方で引きずって移動したと考えられる痕跡が多くを占める。特に、石材の上面のみを用いて建材を吊り上げた様子はまったく見られないように思われる。時代や地域によって異なる建造技術を記した本というのは基本的に、現場において実際に観察される技術の残痕から類推される事項を記すのであって、うかがわれなかった技術に対して言及することはきわめて稀である。古代エジプト建築の技法を論述する著作で、「石の上面だけを使って持ち上げる方法は採られなかった」と述べるものは皆無であり、これが建造技術を研究対象とする本の欠点にもなっている。

　古代エジプト建築の石材の上面には、吊り上げることを目的とした痕跡がことごとく見られないという点には興味を惹かれる。これは建造作業に鉄が導入されて初めて可能となった方法なのであろう。反面、古典古代と呼ばれる古代ギリシャ・ローマ時代の建物では頻繁に看取され、そのための特別な吊り上げ器具も開発された。

　ルーイス（Lewis）と呼ばれるこの金属器具は、パズルのようにばらばらにすることが

西アジア

できるいくつかの部品から成り立っており、石材の上面に穿たれた穴の中で部品をひとつに組み立てるという点が特徴である。穴の形状は外観上、小さな正方形、もしくは長方形に仕上げられる。石材が小さい場合には、穴は石の上面の中央に開けられるに過ぎない。石材が巨大になれば、穴の数は適宜、増やされる。もし穴の中を覗いて観察するならば、深くなるにつれて徐々に幅が広がっている工夫が明らかとなり、器具の意味が了解されるであろう。日本建築では地獄ほぞと呼ばれる仕口が知られており、この原理を利用して再び穴から吊り上げ器具を抜くことができるようにしたものがルーイスである。

　おそらくアダムの図には、古代エジプトから古代ローマへと時代が下るに従って、石材の吊り上げ方法の発展が見られることを示す意図があったに違いない。ただ、彼は石の底面に綱を回して引き上げるというもっとも素朴で原始的な方法の図示を省いているため、なぜこのような展開を遂げるのかという根本的な理由を明確に説明することができないでいるように感じられる。

　石材の底面に綱を回すことでいったい、どのような不利な点がもたらされるのであろうか。その欠点を避けるために石を側面だけで持ち上げる方法が、またその後に上面だけで吊り上げる方法が開発されたが、その長所は何なのか。

　私見では、この疑問にはっきりした解答を与えているのはロックウェル[10]であると思われる。彼は石の彫刻家であるが、同時に石に関わる技法の研究者でもあって、古代ローマ時代の石切場に関し、考察も発表している特異な人物である[11]。彼は石の見立てに始まり、アトリエへの石の運搬とともに、加工の全過程に携わってきた経験があるため、他の者が見落としている点を指摘できたらしい。彼によれば、石の単なる吊り上げと、建造作業における石の持ち上げとは最終的な目的が違うため、その方法が異なるという。

　建造過程において、石材の吊り上げは定位置に吊り下げる作業を必ず伴う。地面に置かれた石を、ただ持ち上げるだけで終わらないのが石造建築の行程である。引き上げた石は、決められた場所に降ろされなくてはならない。この時、もし綱が石の底面に回されていたのなら、縄は石に挟まれることとなり、綱を引き抜くためにはもう一度、同じ石を持ち上げなければならなかった。二度手間が強いられる点が作業を進めるに当たって障害となる。これがルーイスという複雑な器具が発明された理由であった。

　石の側面に突起を設け、これを用いて石を持ち上げる方法は、底面に綱を潜らせて吊り上げる方法よりも有利である。しかし設置される石の隣には別の石が接して据えられることを勘案するならば、いちいち突起を削り落とさなければならない点は、上面のみによって石を吊り上げる方法よりも劣っているとみなすことができる。側面に逆台形の小穴を開け、大きな鉄鋏によって持ち上げる方法も、吊り上げ方法が進歩するこの過渡期に含まれ

ると考えられる。大人数の労働者たちが関わる建造作業では、いかに効率的な全体の段取りを考えるかが鍵となっており、ロックウェルによってその点が指摘された点は注目されよう。

2　建造作業時に設けられるその他の穴

　古典古代時代の建築技術について書かれた本を見る時、感慨を覚えるのは、穴の加工の徹底した細分化である。ひとつの石には数々の穴が穿たれる場合が少なくない。現代の専門家にはそれらの穴の用途の見分けが可能で、これはつまり、壁体から脱落して地上に転がっている石材であっても、どの面が本来、上であったかの判別ができることを意味する。

　古典古代の石造建築では、上記したように上面だけを用いて吊り上げる特徴的な穴が開けられた。石の上面には他にもはっきりと識別できる穴が観察される。水平方向に密接する石と繋いで固定するためのかすがいを嵌めるための穴や溝、上下方向に置かれる石と強固に一体化させるための金属製のだばを挿入するための四角い小穴、そして上面に置かれる石を定位置に据えるため、動かす際に使われたてこ穴などに大別することができるであろう。

　かすがいのために石の上面に彫り込まれた痕跡は、識別が容易である。古代ギリシャにおいてはT字型やZ字型などが見られるが、ここでは詳しく触れない。上下の石のずれ止めのためにダボを差し込んだ穴は特筆すべきで、古代エジプトの王朝時代では見られず、石を設置した後、溶かした鉛を外から流し込むための細い湯道を伴うことが多い。湯道は石の上面にだけ施された。てこ穴は方向性を有し、穴の形状を見ることによって、どちらの方向から石を動かしたかを知ることができる。

　西洋古代の石造建築の石材にうかがわれる穴はそれ故、固有の形状を持ち、対応する器具・道具が独自に工夫されていると考えられよう。今、これらを4つに区分することを試みる。穴は石を動かすためにだけ穿たれるものではない。石を固定するためにも穴は開けられる。すなわち、

石を動かすための穴：
　1、吊り上げのため、動かす石そのものの上面に開けられた穴（ルーイスの穴）
　2、石を移動させるため、動かす石の直下にある石の上面に穿たれたてこ穴
石を動かさないための穴：
　3、水平方向に隣接する石と連結するためのかすがい穴
　4、上下方向に隣接する石と連結するためのだぼ穴

西アジア

　古代ギリシャ・ローマ時代において、これらが互いに形を変えており、また穴に対応した器具・工具がそれぞれ定まっている点は銘記されて良い。穴の加工方法と同じく、道具に関する考え方にも、こまごまと専用のものを開発する傾向が認められる。

　これと対照的なのが東南アジア・クメールの石造建築である。石材の移動と積み上げに同様の工夫が必然であった点はすぐに類推される。けれども別の方法で課題を克服したのではないかと思われてならない。古典古代に属する西洋建築の建造技術との相似点と相異点とが、痕跡として残る穴の観察によって示されるように考えられる。

3　クメール石造建築にうかがわれる穴

　初めてシェムリアップを訪れた際、立ち並ぶ石造建築を見て驚きを禁じ得なかった。ここでは木造建築の加工方法に基づいた石の組積がおこなわれており、どちらかと言えば工芸的な細かい技術が展開されている。同時に、建造で用いられた工具については、西洋と比較するならば、きわめて貧弱な様相を示すと言わなければならない。工具はその痕跡から種々の平鑿と丸鑿が使い分けられたことが明らかであるものの、出土例は少なく、この方面の研究の進展を阻んでいる。

　建造時に穿たれたと見られる穴の痕跡は夥しく残されているが、どれもが似たような大小の穴の形状を示す。クメールの石造建築では建造に用いられる道具を細分化せず、ほとんどすべての作業を木の棒や綱といったものに頼ったと推測される。仕上げには、割り落とした石灰岩片を砥石代わりに使ったらしく感じられる。ここが西洋との大きな違いであろう。建造のために必要な道具の類はすべて身の回りに存在し、すぐに用立てることができるものであった。

　古典古代の建築で観察された石材の穴と同等の役割を負ったらしいものは、数多くうかがわれた。だがこれらはただ直径が異なる丸穴の痕跡であり、用途と意味を判別することが第一に問題となる。石材の側面に突起を残している例としてはアンコール・ワットで見ることができる他、同時代に建造されたと推定されるワット・アトヴィアの門で特に多く認めることができ、重要である。これらの痕跡を、建造の手順を勘案しながら総合的に考えることが求められていると言えよう。

　石の上面で吊り上げる工夫に関して言えば、同じものがアンコール遺跡の各所で観察される。アンコール・ワットの敷石でうかがわれるものは典型的であり、直方体の砂岩の両端近くに直径数センチメートルの穴が2つずつ開けられているさまを見ることができ、また最終的な仕上げの際にこれらの穴を石で塞いでいる場合も散見される。この地域では建材を持ち上げる際、西洋の古典古代建築と同様に石の上面に穴を穿つのであるが、上面の

ほぼ中央に穴を開けるのではなく、石の端部近くに穴を開けるのが一般的である。重量がかさむ長大な梁材などでは穴の数は増やされ、塔の頂部に置かれる蓋の役目を果たす石材では四隅に穴が設けられた。一材からなる角柱の頂部では、4つ×4つの穴が穿たれる場合が頻繁に見られる。大きな角柱の場合、一材ではなく石を積み重ねて造られることとなるが、この時には四隅に2つずつの穴が穿たれたようである。

クメール建築の建造作業に関し、石材の吊り上げの様子については、バイヨンの内回廊の浮彫彫刻で描写されている情景が引用されることが多い。そこでは3層の石が積まれ、両脇に棒を手に持つ人物が描かれている。最も上に位置する石の上面には、端部に2本ずつの短い棒が差し込まれており、これらは水平に縄で結ばれている。一方、簡単な形式の木製の櫓のようなものが石の上方には組まれ、てこの原理を利用して、石材を持ち上げているさまが看取される。櫓の上にも人物が見られるが、摩擦をなくすため、綱に液体を注いでいるようにも解釈される。

クメール文明における建造作業の風景を示す画像史料は稀有であり、ここでうかがわれるさまをどのように解釈すべきかは問題となるものの、クメール建築の建造の際にも、石材は上面だけを用いて吊り上げた点は確からしく思われる。だが何故、持ち上げるために石の上方の端部に穴を開け、そこへ挿入した棒に綱を回すというような一見面倒な方法をとったのか、疑問に感じる向きも少なくないであろう。これを解くには古代エジプトから古代ギリシャ・ローマの石造建築に至る、石の吊り上げ方法の変遷を概観するのがやはり早道である。

クメールでも、ひとつの大きな石を持ち上げるだけであったら、ただ綱を石の下に潜らせれば良かった。それをせずに、石の上面の端に小穴を開け、そこに木の棒を差し込んで持ち上げる作業をおこなったのは、その方が建造行程の全体から見れば効率的であったからだったとみなすのが自然である。

クメール建築でも、てこ穴やかすがいを嵌めるための穴は観察することができる。てこ穴はしかし、適宜必要に応じて簡易的に浅く彫り窪められた感が強い。かすがいはT字型の鉄製が報告されている他、石で造られたものもうかがわれる。上下方向で接する石と石とを繋いで固定するためのだぼ穴は、壁体においては見られないようであるが、例えば柱の下部の中央には円形の突起を造り出して、石床に立てることをおこなっており、また窓の連子子を固定するためにはやはりだぼ穴を開け、そこにだぼとしての石片を挿入した。

石材の正確な設置に際しては、側面に小穴を穿ち、棒を挿入して動かしたようである。クメール建築ではその他、扉の木製軸受けを差し込むために穴が穿たれたり、建造中の持送り式屋根を一時的に支えるための木の水平材を受けるための穴が開けられたり、また鉄

西アジア

製のかすがいを再利用するために後世に壁体の一部を欠き取ったりしており、大いに惑わされる。

　これらの痕跡の例を収集して整理することは、西洋古代の建造方法との違いをはっきりとあらわす手がかりになるはずであるが、このような研究は未開拓のままであり、今後のさらなる展開に期待したい。

4　おわりに

　人類学者の川田順造は、師であったレヴィ＝ストロースの論考を踏まえ、西洋と日本における道具の違いを論じている。

　「西洋の二重の意味での人間非依存性：
　　1、個々の人間の巧みさに頼らず、誰がやっても同じよい結果が得られるように道具を工夫する。
　　2、できるだけ人間の力を使わず、畜力や風水力を利用してより大きな結果を得ようとする。

　日本の二重の意味での人間依存性：
　　1、簡単な道具を人間の巧みさで多目的に効率よく使いこなす。
　　2、よりよい結果を得るために惜しみなく人力を投入する。[12]」

　「二重の意味での人間依存性・非依存性」という言葉には、マルクスによる労働力の考え方が投影されていると考えるべきであるが、ここでは西洋と日本との明瞭な対比が試みられている点が注目される。

　クメール建築では工具については、未分化のままであり、粗末な道具しか用いなかったという言い方もできる。しかし、ありあわせのものを使いながら見事な大伽藍を構築したのであって、そこに軸足を置きながら分析を進めることが、アジアの研究者にとって課題のひとつであるように思われる。

　建築の様式や平面の考察などを通じて西洋と東洋の建築の違いを際立たせる方法とは別に、石材に残されたさまざまな穴の痕跡への注視によっても、明らかとなる点は少なくないことを述べた。中川先生が開拓された道を、いくらかでも拡めることができればと願っている。

註

1 中川武監修、早稲田大学アジア建築研究会編「スリランカの古代建築：アヌラーダプラ後期〜ポロンナルワ期（7世紀〜13世紀）の寺院建築遺構の設計方法と復元に関する考察、および修復方法への提言」アジア建築研究会（1990年）を参照。

2 拙稿「古代建築の技術史」、史標52号（2006年）、pp. 17-24。

3 S. Lavin, *Quatremère de Quincy and the Invention of a Modern Language of Architecture* (Cambridge, Massachusetts, 1992).

4 J.-P. Adam, *La construction romaine: matériaux et techniques* (Paris, 1984), p. 52, pl. 110. See also M.-Ch. Hellmann, *L'architecture grecque,* tome 1: *les principes de la construction* (Paris, 2002).

5 A. K. Orlandos, [*The Building Materials and Architectural Techniques of the Ancient Greeks, as evidenced by the Authors, the Inscriptions and the Monuments*], 2 vols. (in Greek, Athens, 1955-60. Reprinted in 2004).

6 R. Martin, *Manuel d'architecture grecque*, tome 1: *matériaux et techniques*. Collection des manuels d'archéologie et d'histoire de l'art (Paris, 1965).

7 G. Lugli, *La tecnica edilizia romana, con particolare riguardo a Roma e lazio*, 2 vols. (Roma, 1957).

8 L. Crema, *L'architettura romana.* Enciclopedia classica, Sezione III: Archeologia e storia dell'arte classica XII, Archeologia (Arte romana), tome I (Torino, 1959).

9 D. Arnold, *Building in Egypt: Pharaonic Stone Masonry* (New York, 1991), p. 253.

10 P. Rockwell, *The Art of Stoneworking: A Reference Guide* (Cambridge, 1993).

11 P. Rockwell, "The Marble Quarries: a preliminary survey," C. Roueché and R. R. R. Smith eds., *Aphrodisias Papers* 3: *The setting and quarries, mythological and other sculptural decoration, architectural development, Portico of Tiberius, and Tetrapyron*. Journal of Roman Archaeology Supplement 20 (Ann Arbor, 1996), pp. 83-103.

12 川田順造『もうひとつの日本への旅：モノとワザの原点を探る』（中央公論社、2008年）、p. 20、また p. 74；川田順造「ヒトの全体像を求めて：身体とモノからの発想」年報人類学研究1、南山大学人類学研究所（2011年）、pp.34-35。

古代エジプト、ラモーゼの墓(TT55)における前室の改変について

柏木　裕之

はじめに

　いくつかの急瀑を経てエジプトに注がれたナイル川は、小さな蛇行を繰り返しながら首都カイロを通過し、地中海へ向かう。その大河が流路を大きく東に変え、半円を描くように岩山を迂回する場所に、古代宗教都市の1つルクソールは位置する。古王国時代（紀元前2682〜2191年頃）には地方都市のひとつに過ぎなかったが、新王国時代（紀元前1550〜1070年頃）には興隆を極め、ナイル川の両岸には巨大な神殿や王族達の墓が築かれた。

　ナイル川の東岸には、ルクソール神殿やカルナクのアメン大神殿など、国家神の中心地にふさわしい荘厳な神殿が群をなし、巨大な塔門が幾重にも立ち並ぶ様は、ギリシャの詩人ホメロスに百門の都と謳われた。一方太陽の沈む西岸は冥界への入り口と同一視され、屏風のように聳える岩山には王や王族、高官や神官たちの墓所が多数作られた。耕地際に並ぶ王の葬祭殿と合わせ、エジプトを代表する埋葬都市を作り出している。

　新王国時代のなかでも、アメンヘテプ3世王の治世（紀元前1388〜1350年頃）は芸術的な到達点を迎えた時代として知られている。エジプト全土に大規模かつ洗練された建造物が築かれ、特に治世末期には列柱室を備えた大型の高官墓も現れた。

　アメンヘテプ3世王の後を継いだアメンヘテプ4世王は、即位後まもなく、都をルクソールの北約300kmに位置するアマルナへ遷し、多神教であったエジプトの宗教をアテン神への一神教へ変えた。更に自身の名前も、アテンを含んだ「アクエンアテン（アテン神に有益なもの）」に改名し、曲線を強調した写実的な美術様式を採用するなど、急進的な改革を推し進めた時代として異彩を放っている。だが、この王による一連の改革は定着せず、王の死とともに終焉を迎え、アマルナの新都も一代限りで廃棄された。

　この時代に活躍した高官の一人がラモーゼで、アメンヘテプ3世王の宰相を務めるとともに、アクエンアテン王治世にも重要な役職に就いていたと考えられている。彼の墓はルクソール西岸に、その高位にふさわしい大型岩窟墓として用意された。また壁面に刻まれたレリーフは伝統的な美術様式と新しいアマルナ美術様式が混在し、激動の時代を反映している。本稿はラモーゼの墓を取り上げ、そこで観察された改変の可能性を検討し、その

西アジア

理由を探る試みを通じて、アメンヘテプ3世王からアクエンアテン王にかけての時代研究に有用な資料の提供を目指すものである。

1　ルクソール西岸における岩窟墓の概要

　ルクソール西岸の岩窟墓は、エジプト政府考古局によって登録、管理されてきた。このうち、王家の谷や王妃の谷、ディール・アル・バフリー地区などの墓には個別の登録番号が与えられ、それら以外の地域では、この地の古代名であるテーベ（Thebe）を用いたTT（Theban Tomb）＋通し番号となっている。TTの番号は414基の墓に振られたが、西岸の墓域には墓を取り込むように人が住み始め、正確な数や位置を把握することが困難となり、登録作業は事実上滞ってしまった。

　1980年代になると、ドイツの研究者フリードリッヒ・カンプを中心に岩窟墓の悉皆調査が行われ、未登録の墓に独自の番号が付された。[7] この結果、既に登録されていた墓と合わせ、少なくとも1000基を超える岩窟墓の存在が確認された。

　新王国時代の岩窟墓は、[8] 遺体を納める埋葬室と、死後に関係者が供物を捧げ、信仰や崇拝を執り行う礼拝空間から構成される。王の場合には、それぞれ別の場所に用意され、後者の礼拝空間は神殿形式のいわゆる葬祭殿として耕地際に建てられた。一方王の遺体は、王家の谷として有名な岩山背後の険しい谷に横穴の岩窟墓として造営され、葬儀が終わると入口は封印された。

　これに対し高官や神官の場合、独立した葬祭殿を通常持たないため、礼拝空間と埋葬室が一体となった墓が造られた。礼拝空間は壁画やレリーフで彩られ、今日観光客が訪れることができるエリアに該当する。これに対し遺体は、床や壁に開けられた竪坑や下降通路を通った先の小部屋に安置された。

　高官墓の礼拝空間は、屋根のない「前庭」と、岩を掘って作られた横長の「前室」、そして奥に長い「奥室」から構成され、岩窟部分はT字型の平面を呈している。造営された時期や被葬者の地位などにより、前室に柱を備える形式や、奥室の背後に更に礼拝室を設ける例、彫像を壁に削り出すなど、様々なバリエーションが生み出された。

　先に挙げたカンプは、ルクソール西岸に作られた岩窟墓について平面の類型を試み、10種類に分類している。[9] このうち内部に柱を持たない、比較的小規模な墓として5種類、内部に柱を備える複雑な形式として5種類を挙げている。後者のうち、横長の前室に柱が1列並ぶ形式をタイプ7とし、さらに奥室の柱の有無で3つに小分類している。奥室に柱を持たない形式（7-1、7-2）はアメンヘテプ3世以前に、奥室に柱が2列並ぶタイプ（7-3）はアメンヘテプ3世以降に多くみられ、アメンヘテプ3世時代になると柱を多用する傾向

が認められる。

　タイプ8は、前室に柱が2列以上並び、かつ奥室にも2列の柱列を持つ形式である。柱の増加に伴って墓の規模も大きくなり、岩窟墓の中で最も複雑な構成となっている。カンプはタイプ8として、可能性の高い2基も含め計14基を挙げ、後のラメセス2世時代と考えられる1基と、アメンヘテプ2世時代の可能性が高いそれぞれ1基を除き、いずれもアメンヘテプ3世時代もしくはその直後の造営と見なしている。タイプ8はタイプ7がさらに発展した形式と考えられ、アメンヘテプ3世時代の末頃に岩窟墓は到達点を迎えたといってよい。

　アメンヘテプ3世王の跡を継いだアクエンアテン王は、都をアマルナに遷したため、高官墓もこの地に造営された。タイプ8の形式に類似した、前室に多数の柱を備えた岩窟墓も知られており、アマルナに引き継がれたと考えてよい。近年アマルナの高官墓45基（AT1〜AT45）を再調査したヘッセは、これらを7つの形式に分け、横に長い前室に柱が並ぶ形式をタイプ5とし、11基挙げている。[10]

　ラモーゼはアメンヘテプ3世王とアクエンアテン王の両時代に活躍した高官とされ、その墓はタイプ8に分類されている。以下ではラモーゼの墓について、ルクソール西岸の大型岩窟墓およびアマルナの類似例と比較しながらその特徴を整理してみたい。

2　ラモーゼの墓の概要

2-1　立地と構成

　ラモーゼの墓は、ルクソール西岸、シェイク・アブド・エル＝クルナ地区に位置する。この区域は、西側の岩山がなだらかに延びた裾野にあたり、ラモーゼの墓はほぼ平坦に近い場所に作られた。墓は正面を東側に向けているが、その長軸は南側に約45度振れ、南東－北西方向を示している（図1）。[11]

　墓の構成は、他の岩窟墓と同様に、岩盤を掘り窪めた屋根のない前庭、岩窟部に穿たれた前室および奥室からなり、奥室は奥に長い列柱廊と彫像を備えた小礼拝堂の2室に分かれている。

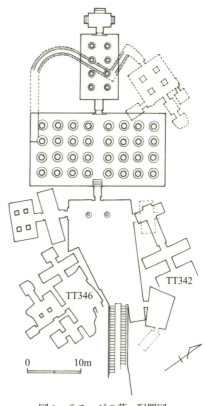

図1　ラモーゼの墓・配置図

また埋葬室への入り口は、前室の左奥隅に用意され、下降通路を時計回りにおよそ120度回転した後、左に折れ、方形の埋葬室に到達する構造になっている。

2-2　前庭

　前庭は、東西約20m、南北約12mの不整形な平面をし、岩盤を深さ約4m掘りくぼめた屋根のない広庭となっている。東側には前庭へ降りるための10mを超える長い通路が用意された。

　ルクソール西岸の岩窟墓では、墓の規模や柱の有無を問わず、前庭の横幅は前室のそれと近似した長さを示すことが多い。それはアメンヘテプ3世末期の大型高官墓でも踏襲され、アメンエムハト・スレルの墓（TT48）[12]やケルエフの墓（TT192）[13]、アメンヘテプ・フイの墓（AT28）[14]では前室の横幅が20mを超えるため、前庭の幅もそれに匹敵する規模となっている（図6）。さらに横幅に見合った奥行きが採られるため、大型岩窟墓の前庭は特に大きく、それに続く前室、奥室を含めると墓は広大な面積を占めていることが理解できる。前庭が広大な敷地を必要とすることから、大型高官墓は急峻な斜面を避け、ラモーゼの墓のように斜面裾野の平坦な場所を選んだ可能性が考えられる。

　ラモーゼの墓をみると、前室の横幅（南北）が約25.5mであるのに対し、前庭の横幅（南北）は約12mと小さいことに気づく。また矩形平面ではなく、不整形な形状をしている。その理由としてこの墓を調査したモンドは、前庭を挟むように南と北側に位置する2つの墓（TT342とTT346）を挙げ、それらがすでに存在していたため敷地の制約を受けた可能性を指摘している[15]。だが周囲に、矩形の広大な前庭を確保できるような敷地が見当たらないわけではない。

　ラモーゼの墓は前室の壁に刻まれた緻密なレリーフが特徴的であり、墓の造営にあたってはレリーフを刻むのに適した岩盤が慎重に選ばれたと推察される。大型の岩窟墓を作るために必要な、広大な敷地面積と良質な岩盤層の両者を満たす場所が求められたであろうが、ラモーゼの墓の窮屈な前庭を見ると、両者を満たすような場所の確保は、既に困難になりつつあったのかもしれない。その結果、条件の取捨選択が進められ、レリーフに適した岩盤層を優先する形で敷地が選ばれた可能性が挙げられる。言い換えれば前庭の規模や形状よりもレリーフ装飾の方が、相対的に重要視されたことを窺わせ、興味深い。ラモーゼの墓はアメンヘテプ3世王からアクエンアテン王への移行期に作られており、遷都先のアマルナに作られた大型高官墓[16]は、岩山の中腹に用意され、前庭はいずれも狭くなっている。墓を構成する諸要素の役割や重要性の変化を考える上で注目されよう。

2-3　前室

ラモーゼ墓の前室は、横幅（南北）約25.5m、奥行き（東西）約13.5mの矩形平面をし、内部には横方向に8本、奥行き4列の計32本の柱が、岩盤を削り出して造られた（図2）。しかし、学術調査が行われた当時、前室の天井は北西隅の一部を除いて全て崩落し、それに伴って柱も全て崩壊していた。

図2　ラモーゼの墓・前室全景

柱礎石に残る柱身下部や柱の断片から復元が試みられ、柱は蕾の付いたパピルスの茎を8本束ねた、いわゆる未開花（閉花）式パピルス柱と考えられている。柱身下部の膨らみが強調された、アマルナ地域で多用される新様式が採用されている。完成した柱の断面は8枚の花びらを押し拡げたような形状になるが、細部まで仕上げられた柱は、中心軸に面した左右8本のうちの東側6本にとどまり、他の柱は断面が円形をした作業途中の柱であった。

壁面はいずれも入念に整形され、亀裂にはモルタルが充塡されていた。前庭の開口部から前室の東壁にかけては、伝統的な美術様式で被葬者とその家族らがレリーフとして刻まれた。これに対し奥の西面は、アメンヘテプ「4」世の姿がアマルナの美術様式で刻まれるなど、次の時代の影響を色濃く反映している。また西壁には割り付けのラインや削り残しが多くみられ、完成度の高い東壁に対し、作業の途中段階にあったことが了解される。

南壁はレリーフと壁画が混在し、東端からおよそ4分の3の範囲は壁画が占め、残る西端はレリーフで表現されていた。壁画は、岩盤に塗られた下地のプラスターに、葬列の様子を色鮮やかに描いたものであったが、レリーフは一部が未完成の状態であった。北壁の岩盤は、整形作業が完了していたものの、装飾は施されていなかった。壁面によって、様式や表現手法、更に作業の完成度も異なっている点は、前室の作業工程を検討する上で重要な資料である。

2-4　奥室

奥室は、柱を並べた奥に長い列柱廊と最奥の小部屋からなる。列柱廊は横幅（南北）約7m、奥行き（東西）約12mの矩形をし、内部にはパピルス柱が左右2列、奥に4本並んでいた。前室と同じように崩壊が進んでおり、柱はいずれも失われている。最奥には矩形の小部屋が作られ、三方の壁にはニッチ状のくぼみが掘られていた。おそらく、彫像を削り出す予定であったと推測されるが、岩盤を荒く削った段階で作業は中断されていた。

2-5 埋葬室

　遺体を納めた埋葬室は、さらに地下深くに用意され、そこへ向かう通路の入り口が前室の左奥、南西隅に設けられた。通路は奥に向かって傾斜し、さらに右に曲がりながら埋葬室へ導かれる構造となっている。埋蔵室への通路が、前室の左奥に設けられる形式は、カンプによるタイプ8、ヘッセによるアマルナ岩窟墓のタイプ5のいずれにも共通して見られる特徴である。

　ラモーゼの墓では、下降通路の先に4本の角柱を備えた方形の部屋が用意され、さらにその奥に小部屋と至聖所が作られた。また至聖所と方形の部屋のそれぞれ片側には付属室が作られていたが、本来左右対称の位置にそれぞれ一対設けられる予定であったことが、壁に残された計画線から窺われる。1920年代の調査では、埋葬室の内部には掘削で生じた石灰岩チップが厚く堆積していたと報告され、掘削作業が進行中であった可能性が高い。(17)

3　ラモーゼ墓の前室

　カンプやヘッセは、前室の柱列に着目して岩窟墓の類型を進めている。カンプは前室に柱列を2列以上持つ形式をタイプ8と分類し、ヘッセも前室に柱列を備える形式をタイプ5としている。アメンヘテプ3世末期からアマルナ期にかけて作られた一連の大型高官墓について、前室の柱数、柱列および柱様式を書き出したものが以下の表である。(18)

	墓名	横方向	奥行き	柱の様式
ルクソール西岸	ラモーゼ（TT55）	8本	4列	パピルス柱
	アメンムハト・スレル（TT48）	10本	2列	多角柱
	ケルエフ（TT192）	10本	3列	多角柱　パピルス柱
	ウセルハト（TT47）	8本	2列	角柱（多角柱の可能性あり）
	ネフェルセケルウ（TT107）	8本	2列	パピルス柱
	アメンヘテプ・フイ（AT28）	10本	3列	パピルス柱
	ハプの子アメンヘテプ(-396-)	8本	2列	角柱
アマルナ	アイ（No.25/AT44）	8本推定	3列	パピルス柱
	マイ（No.14/AT32）	6本	2列	パピルス柱
	被葬者不明（No.16/AT34）	8本	2列	パピルス柱　角柱（付柱）
	トゥトゥ（No.8/AT23）	8本	2列	パピルス柱　角柱（付柱）

　横方向の柱数は、ルクソール西岸の岩窟墓では8本ないし10本で、柱の様式はウセルハトの墓とハプの子アメンヘテプの墓の角柱を除くと、多角柱かパピルス柱である。一方、アマルナの岩窟墓では、横方向に6ないし8本並び、その様式はパピルス柱、あるいはパ

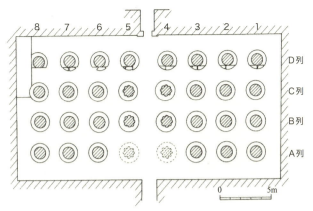

図 3　ラモーゼの墓・前室柱礎石配置図

ピルス柱と角柱の付け柱となっている。

　奥行き方向の柱列を見ると、ラモーゼの墓の 4 列を除き、ルクソール西岸では 2 列ないし 3 列、アマルナは 2 列もしくは 3 列となっている。ラモーゼの墓の横方向は 8 本であることから、この墓だけが、他に比べて奥行きをもつことが分かる。

　ラモーゼの墓の前室に残された柱礎石を観察したところ、最も奥の柱列に改変の痕跡が確認され、当初は 3 列であった可能性が浮上した。以下、この問題を検討したい。なお説明の都合上、奥行き方向の柱列を手前（東）から奥（西）に A 列、B 列、C 列、D 列とし、南北横方向の柱を北（奥に向かって右）から順に 1 から 8 と番付する（図3）。例えば、下降通路が始まる南西隅の柱は D8 となり、束ね柱の形状に仕上げられた中央通路沿いの柱は、A4、A5、B4、B5、C4、C5 の 6 本となる。なお A4、A5 の 2 本は柱礎石も含め、現在では完全に失われており、観察できた柱礎石は 30 点であった。

　柱礎石は劣化による剥離が進んでおり、また近代の修復の際に持ち込まれた材料で礎石が覆われている箇所もあった。そのため、正確な規模を測ることは難しかったが、円形をした柱礎石の直径は約 180〜190cm、柱身は直径 110cm 程度であった。横方向（南北）の柱礎石間は、内法で 100〜110cm、中央の通路のみ約 180cm と広い。また両側壁との距離は同じく内法で、北（右）側が 140〜150cm、下降通路のある南側が 140cm 前後であった。一方奥行き方向の柱礎石間は、いずれも内法で 100〜110cm、手前の壁との距離は 165cm、奥の壁との距離は 140〜150cm であった。柱礎石間は横方向、奥行き方向、いずれも 100〜110cm を示していたことから、同じ値で計画されたと考えられる。この値は古代エジプトで用いられた 1 ロイヤルキュービット＝約 52.5cm に換算すると、2 ロイヤルキュービットに近似するが、岩を削り出して形を作る岩窟墓において柱のどの箇所で計画していたかは慎重に考える必要がある。そのため前室の寸法計画については改めて検討すること

西アジア

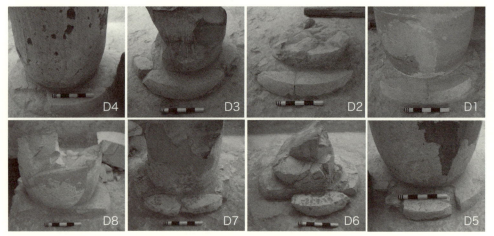

図4　ラモーゼの墓・前室D列の柱礎石

にしたい。

　ラモーゼの墓の前室は整然とした柱配置を示していたが、最も奥のD列を見ると、柱礎石の東（手前）側がいずれも欠損し、いくつかは小片で補われていた（図3、図4）。欠損は柱礎石の東側を、円弧に弾いた弦のように一直線に切り落とされ、さらにその「切れ目」は互いに揃い、壁と並行であった。また「切れ目」の面は床面に対して鉛直で、かつ表面は平坦に整形されていた。さらに中央通路に面したD4およびD5の2つの柱礎石では「切れ目」の端がL字型をし、両者の形状は中心軸に対し左右対称になっていた。いずれも岩盤が自然に割れたために生じた欠損とは考えにくく、加工された痕跡と判断される。

　柱身が残存する柱では、膨らみの下部が鉛直に断ち切られており、D8では鉛直に切り取られた柱身下部が小片とモルタルで補修されていた（図5）。柱身の平坦面は柱礎石の「切れ目」と正確に一致しており、欠損面は柱礎石にとどまらず、その上方まで広がっていたと考える。

　柱を削り出す工程において、こうした鉛直で平坦な面を一方に用意する必要はない。柱礎石の東側に認められた欠損面が一直線上に揃い、その面は奥の壁面と並行であったこと。更に面は床に対し鉛直で、表面が入念に整形されていたことを考え合わせると、かつてこの位置に整形作業がほぼ完了した壁面が作られていた可能性を指摘することができる。そして、この壁を取り壊し、柱列を奥に1列増やした、という解釈を提示したい。

　中央通路に面した2つの柱礎石D4、D5に残されたL字型の形跡も、壁の中央に作られた開口部の痕跡と見なすことが可能である。またC列の柱礎石外面からこの「壁」までの距離は140〜145cmと計測され、これは現在見られるD列と奥の壁との距離（140〜150cm）に近似しており、寸法的にも矛盾はない。

中央通路に面した柱8本のうちA列、B列、C列の柱は、束ね柱の姿に仕上げられていたのに対し、D列の中央2本は仕上げが終わっていない。この点も壁面を柱列に改変したことに伴う時間的な遅れが原因とみなせば、説明可能である。

　南北両側壁のうち、装飾のない北壁には、「壁」が作られていたと想定される位置にかすかな段差が観察された。「壁」の存在を補強する痕跡といえよう。一方、南壁は壁画とレリーフで満たされ、想定される「壁」の位置に、明確な違いを見つけることはできない。しかし、この位置よりも手前側には壁画が描かれているのに対し、奥側には浮き彫りのレリーフが施されており、想定される「壁」を境に表現方法が異なっている点は注目される。更にレリーフの一部は未完成の状態で作業が放棄されている点も、「壁」を改変し、十分な作業時間が確保できなかったとみれば、少なくとも矛盾しないといえよう。

図5　ラモーゼの墓・前室Dの柱身

　以上を整理すると、前室の柱列は、当初奥行き3列として計画され、奥の壁が床まで入念に整形されるほど、作業は進んでいたと考えられる。ルクソール西岸の大型岩窟墓では、前室の柱列は奥行き2列ないし3列を示しており、唯一4列のラモーゼの墓は例外的な存在であったが、当初はこの墓も奥行き3列で作られたと考えられ、奥行き2列ないし3列が、大型高官墓の標準的な形式であった可能性が高い。

　ラモーゼの墓において3列の柱列をもう1列増やすことが決められた時、これが実現可能であるためには奥室はほとんど出来上がっていない状況でなければならない。逆に言うと、この仮説が正しいならば、ラモーゼの墓で前室の掘削作業や壁面の整形作業が終わったとき、奥室の掘削作業はほとんど進んでいなかったことになる。こうした部屋を順に完成させていく手法が、同時期の類似遺構においても認められるのかを次に検討してみたい。

4　前室作業終了時における奥室の進捗状況

　先にラモーゼの墓が造営された、アメンヘテプ3世王時代からアクエンアテン王時代の大型岩窟墓として、ルクソール西岸で6基（ラモーゼの墓を除く）、アマルナ地域で4基を挙げた。それぞれの地域ごとに前室と奥室の掘削状況を検討したい。

西アジア

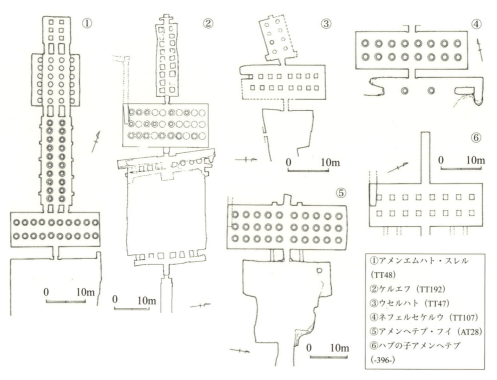

図6　ルクソール西岸大型岩窟墓平面図

①アメンエムハト・スレル（TT48）
②ケルエフ（TT192）
③ウセルハト（TT47）
④ネフェルセケルウ（TT107）
⑤アメンヘテプ・フイ（AT28）
⑥ハプの子アメンヘテプ（-396-）

4-1　ルクソール西岸の大型岩窟墓（図6）

　アメネムハト・スレルの墓（TT48）は、最大規模を誇る墓で、前庭、前室、奥室に続き、さらに横4本奥6列の多柱室、横2本奥3列の礼拝室が連続する、複雑な構成となっている。前室の多角柱は細部まで整形され、また背壁には繊細なレリーフも刻まれていることから、前室はほぼ完成していたと考えられる。これに続く奥室も2列の柱は細部まで仕上げられており、側壁のニッチは未完であるが、空間としてはできあがっているとみてよい。一方、この先の多柱室および礼拝堂はいずれも粗削りのまま作業が終わっており、多柱室では予定された床面まで掘り下げられておらず、また礼拝室の柱は粗く、細部の仕上げも行われていない。完成度は前室や奥室に比べて明らかに低く、前室、奥室の作業がほぼ完了した後に、多柱室、礼拝室が増築された可能性が高い。このように、前室、奥室の作業が終了したあとも引き続き作業が行われていたと考えられるため、この墓では前室と奥室の作業の進み具合を比較することは困難である。

　ケルエフの墓（TT192）は、前庭、前室および奥室いずれも規模が大きく、また前室の柱列は手前の1列が多角柱、奥の2列がパピルス柱とするなど複雑な構成をとっている。前庭の奥壁には壮麗なレリーフが施されたが、前庭の掘削作業自体は完了しておらず、レ

22

リーフを刻む奥壁を先に掘り、レリーフ作業と並行しながら前庭の掘削作業が進められたと推測される。前室については、壁面にレリーフはないものの、柱は細部も含め完成しており、掘削及び整形作業は完了したものと考えられる。これに対し奥室は、壁がゆがみ、柱もパピルス柱を削り出す前の粗い角柱として残され、途中段階を示している。前室の完成度と比べ、奥室のそれは明らかに低く、作業に着手した時期も前室に比べて大きく遅れていた可能性が高い。すなわち、ラモーゼの墓で想定されたような、前室の掘削作業が終わった時点で、奥室はほとんど未着手であったと考えることも可能である。

　ウセルハトの墓（TT47）は、1900年代初頭に発掘されたが、その後土砂で埋まり、位置不明となっていた。前室に2列の柱列を持つことが概報に記載されていたため、タイプ8に含まれている[19]。近年、早稲田大学チームによって再発見され、内部の正確な平面図が初めて作成された。前室には角柱もしくは多角柱が横に8本、奥に2列並び、奥室にはパピルス柱が左右2列、奥に向かってそれぞれ4本備えられていたと想定されている。レリーフ装飾は一部にとどまり、彫像は未完成のまま中断されていたが、前室、奥室ともに壁面は整形され、掘削作業は概ね終了していたと考えられる。そのため、前室の掘削作業がほぼ完了した時点で、奥室の掘削がどの程度まで進んでいたのかを直接知ることは困難である。

　ネフェルセケルウの墓（TT107）では、シカゴ大学チームによって前庭に刻まれたレリーフ装飾の記録作業が精力的に進められている。平面図を見ると、前室は矩形平面をし、掘削作業は終わっていたようである。一方奥室は一切描かれておらず、規模、形状を含め不明である。このため前室の掘削作業が完了した時に、奥室の作業がどの程度完成していたかは不明と言わざるを得ない。

　アメンヘテプ・フイの墓（AT28）は近年スペイン調査隊によって内部の土砂が取り除かれ、遺構の詳細が明らかとなった。前室の柱は入念に削り出され、またレリーフの断片も発見されていることから、前室の掘削作業はほぼ完了していたとみてよい。一方奥室は、入り口周辺がわずかに掘削されているに過ぎない。前室の掘削作業が終了した後に、奥室の掘削作業が着手されたと推察され、ラモーゼの墓で仮説として提示した工程が踏まれたと考えられる。

　ハプの子アメンヘテプの墓（No.-396-）と考えられている墓は詳細が不明であるが、平面図を見る限り、前室には8本2列の柱列が備えられ、空間として完成している。一方奥室は細長い通路状となっており、奥室が2列の柱をもつ部屋として計画されていたならば、中央通路の掘削が進められている段階と解釈できることから、前室に比べて奥室の作業は大きく遅れているといえよう。すなわち、奥室の作業は前室の掘削作業が終わってから着手されたと考えることもでき、ラモーゼの墓で想定した工程が踏まれたとみなすことが可

西アジア

能である。

　以上、ルクソール西岸に残る類似例6基について検討を試みた。アメンムハト・スレルの墓（TT48）およびウセルハトの墓（TT47）は前室、奥室ともに掘削作業が完了していたため、両者の関係を探ることは難しかった。一方、アメンヘテプ・フイの墓（AT28）およびハプの子アメンヘテプの墓（No.-396-）では、前室がほぼ完成していたのに対し、奥室の掘削は進んでおらず、ラモーゼの墓で仮説として挙げた状況が認められた。ケルエフの墓（TT192）も奥室の掘削は前室に比べて大きく遅れており、同様の手順が踏まれた可能性が高い。ネフェルセケルウの墓（TT107）は奥室の情報が乏しいため詳細は不明だが、空間としてできあがっていないために平面情報がない可能性も挙げられる。

　いずれの墓も前室の完成度は高く、ラモーゼの墓で提示した、前室の作業が終了してから奥室の作業が着手されたという手順に、少なくとも矛盾する資料はないということができる。

4-2　アマルナ地域の大型岩窟墓（図7）

　アマルナには、前室に2列以上の柱が並ぶ岩窟墓として4例が知られている。いずれも埋葬室への下降通路が前室の左奥に用意され、ルクソール西岸のタイプ8と類似した構造を採る。墓の全体規模はいずれもルクソール西岸のタイプ8より小さいが、アマルナに作られた岩窟墓の中では複雑で、規模の大きな形式である。ここでは上の4例に、柱列は1列ではあるが前室の左隅に埋葬室へ向かう下降通路を備えたネフェルケペルウヘルセケペルの墓（No.13/AT31）を加えた計5例について、ラモーゼの墓で提示したような、前室の掘削作業がほぼ完了した後に、奥室の掘削作業が始められたという現象が窺われるか検討してみたい。

　アイの墓[20]（No.25/AT44）は前室の、左側半分が削り出され、右側半分は掘削の途中にある。埋葬室へ下る通路を掘削するために左側の作業が先に進められたと推測される。また壁面の一部にはレリーフも施されており、部屋の掘削、壁面の整形、レリーフの彫出といった複数の工程を同時に進め、効率よく前室を完成させようとする意図が透かし見られる。一方、奥室の掘削作業は開始されていない。そのため前室を優先的に仕上げようとした可能性が高い。

　マイの墓[21]（No.14/AT32）の前室は、両側壁や柱の一部が未完成となっているが、空間は概ね出来上がっている。レリーフも一部施され、ニッチには彫像も作られた。柱は、中央通路に面した4本が細部まで仕上げられているものの、外側の柱ほど粗く、作業の進み方を示唆し、興味深い。埋葬室への下降通路も掘削が始められているが、奥室は掘削が行わ

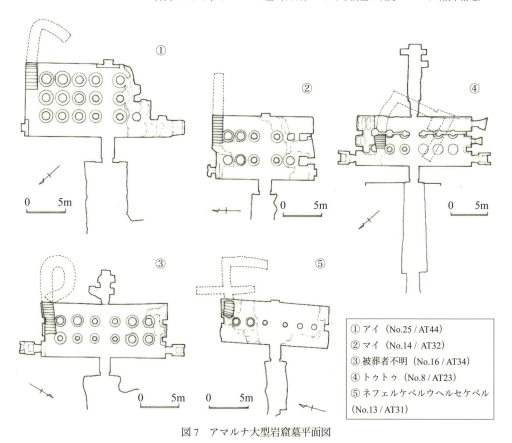

図7　アマルナ大型岩窟墓平面図

① アイ（No.25 / AT44）
② マイ（No.14 / AT32）
③ 被葬者不明（No.16 / AT34）
④ トゥトゥ（No.8 / AT23）
⑤ ネフェルケペルウヘルセケペル（No.13 / AT31）

れていない。前室を完成に近い段階まで進めた後に、奥室の作業へ移行する予定であったと考えられ、ラモーゼの墓で想定した工程が明瞭に窺われる。

No.16（AT34）は、被葬者不明の墓である。矩形の前室が削り出され、埋葬室へ向かう下降通路も作られ始めている。壁は入念に整形され、戸口周りや壁面の一部にはレリーフも施された。マイの墓と同じように、中央通路に面した柱は仕上げが施され、外側へ向かうほど完成度が下がっている。柱の細部やニッチ内の彫像など最終的な仕上げは残るが、前室の掘削作業はほぼ完了しているといってよい。これに対し奥室は、中央通路を削り出し、そこから両側に柱を掘り残すように広げていく作業が、開始まもない段階で終わっている。前室の完成度と比べ奥室の進捗状況は遅れており、前室の作業が完了した後に奥室の作業が始められた可能性が高い。すなわち、ラモーゼの墓で提示した工程が踏まれたものと考えられる。

トゥトゥの墓（No.8/AT23）は、前室の左隅が未完成で、埋葬室へ向かう下降通路もやや変則的な位置に設けられている。中央の柱を除き、大部分の柱は仕上げが終わっていない

が、部屋自体は概ね削り出され、壁も整形されている。空間を作り出すための掘削作業はほぼ終了していたとみてよい。一方奥室は、中央通路にあたる部分が先行して奥に掘られ、そこから柱を削り残すように左右へ掘り広げる作業が行われたが、完全な形で削り出された柱は1本もなく、前室に比べると作業量は明らかに小さい。前室の掘削作業がほぼ終了した後に、奥室の掘削作業が開始されたとみなすこともでき、ラモーゼの墓で想定された工程が踏まれたと考えて矛盾はない。

ネフェルケペルウヘルセケペルの墓(24)（No.13/AT31）は、前室に柱が左右3本ずつ1列に並ぶ形式で、左隅には埋葬室へ向かう下降通路が作られた。前室は掘削途中で、中央部は床面近くまで掘り下がっているものの、両脇は高く削り残されている。対応するように柱も中央2本は細部まで仕上げられているが、両脇の各2本は上方だけが彫出された段階にとどまっている。興味深いことに柱や壁は岩盤から掘り出されると、その部分がすぐに仕上げられており、例えば柱の場合、掘削された上から半分程度の部分にはすでに柱頭が仕上げられている。一方、奥室の掘削作業は全く着手されておらず、前室を作り出すことに傾注している様子が窺われる。

以上、アマルナに作られた岩窟墓5例をみると、いずれも未完成ではあるが、前室の進捗状況に比べ、奥室は大きく遅れている。前室、奥室を1つのまとまった空間としてそれぞれ掘り始めることはせず、まず前室を仕上げ、次に奥室を掘り始めるという工程が踏まれたと考えることが可能である。ラモーゼの墓で仮説として提示した状況が、アマルナにおいても看取されるといえよう。

4-3 小結

ラモーゼの墓の柱礎石に残された痕跡から、前室の柱列は当初奥行き3列として作られ、奥壁は床面まで入念に整形されていたと考えられた。そしてその後、壁を壊し、柱列が新たに1列増やされたと想定された。

ルクソール西岸に同時期に作られた大型岩窟墓やそれに続くアマルナの岩窟墓では、奥室の掘削作業は、前室の掘削がほぼ最終段階まで達した後に開始されたと考えることができる遺構が多く認められ、ラモーゼの墓において前室が拡張されたという想定は、適当と考える。

5 改変の理由

ラモーゼの墓の前室は、当初奥行き3列の柱列をもつ空間として作られ、奥の壁も入念に整形されるなど、ほぼ完成していたが、壁を壊し、柱列を加えたと考えられた。その理

由は何であろうか。かつての奥壁は D 列の下部にごく一部残るだけであり、大部分が失われた現在、その理由を具体的に明示することは困難である。以下では、今後の課題として、考えられる可能性を提示してみたい。

　ラモーゼの墓の前室壁面は北面を除き、壮麗なレリーフおよび壁画で覆われていた。ルクソール西岸に作られた類似例をみると、アメンエムハトスレル（TT48）は前室の四周にレリーフが刻まれ、ケルエフの墓（TT192）やネフェルセケルウの墓（TT107）は前庭の奥壁にレリーフが刻まれている。ウセルハトの墓（TT47）でも前室の奥壁にレリーフが刻まれていた。奥壁は、正面に向き合う面として、また開口部を飾る面として、墓にとって重要な壁であったことは想像に難くない。そのため、ラモーゼの墓における奥壁改変の要因として、レリーフが影響を及した可能性が挙げられる。

　繰り返し触れてきたように、ラモーゼが活躍した時代は、アメンヘテプ 3 世王からアクエンアテン王に変わり、宗教改革や遷都によって社会の環境が大きく変化した時期である。実際、アクエンアテン王の時代になると、アメンの文字やそれに関係した図像を消し去ることが行われたが、そうした場合であっても、該当する文字や図像が削り取られるだけで、壁そのものを改めて作り直すことまでしない。レリーフのモチーフを変更する事態が生じたとしても、壁面を薄くはぎ取り、再び彫り直せば対応できるため、レリーフの内容が直接の原因で、ラモーゼの墓の奥壁が改変されたとは考えがたい。

　別の可能性としては、装飾を予定していた壁面が修復不能なほどの損傷を受けたということが挙げられる。D 列の中央 D4 の柱は、かつて奥室へ向かう開口部が計画された位置にあたり、柱礎石上にはそれを示す L 字型の切れ込みが残されていた。その柱礎石 D4 の上に残る柱身を見ると岩盤が大きく失われ、泥モルタルを用いて柱の形に整形されていた（図 8）。割れ口は不整形であり、また割れは柱礎石に残る「切れ目」よりも内部、すなわち当初の壁の奥深くまで及んでいた。

　同様の割れは、この柱と対をなす D5 の柱身にも観察され、割れは「切れ目」から想定される壁の内部まで入り込んでいた。そのため開口部の周辺は、岩盤が大きく壊れていた可能性が指摘される。開口部周辺は特に重要な場所であり、そこが修復不能なほどダメージを受けていたため壁を奥に移し、新たな開口部を作り直した、と考えることができるかもしれない。

　だがその場合でも疑問は生じる。前室奥壁は開口部を含め、床面まで整形作業が終了していたと考えられた。もし、損傷が岩盤の亀裂に因るものならば、掘削中に把握できたはずであり、入念な整形作業が床面まで続けられたのは不自然といえよう。また新たに作られた奥壁を見る限り、大規模な亀裂があった形跡は見当たらず、岩盤を原因とする積極的

西アジア

図8　泥モルタルで補修された柱（D4）

な理由は見当たらない。

　別の要因として挙げられるのは、人為的な破壊が行われた可能性である。前室のレリーフ作業が行われている段階で、開口部を中心に大きく破壊された。その対処方法の1つとして壁を新たに作り出し、レリーフを再び刻むことを選択した、という解釈である。そのような人為的な破壊活動とは何なのか。その答えを提示するためには、当時の社会背景や同時期の岩窟墓で同じような破壊行為があったのか、など包括的に研究する必要があり、筆者の力量を大きく超えている。今後の研究を待ちたい。

結び

　エジプト、ルクソール西岸には夥しい数の岩窟墓が作られ、特にアメンヘテプ3世時代の末期には、前室に多数の柱を備えた複雑で大型の高官墓が現れた。その1つであるラモーゼの墓は、前室に左右8本、奥行き4列の柱をもつ、完成度の高い墓である。

　ラモーゼの墓の内部を観察した結果、当初奥行き3列として作られ、後にこれを改変し、柱列を1列増やしたと考えられた。ルクソール西岸に作られた同時期の大型岩窟や、次のアマルナに作られた大型の岩窟墓では、前室の掘削がほぼ完了した後に奥室の作業が着手される傾向が認められ、ラモーゼの墓でもこうした工程が踏まれたため、改変が可能であったと考えられる。

　ラモーゼの墓の前室が拡張された理由は不明だが、岩盤の亀裂に加え、人為的な破壊を受けた可能性も否定できない。この墓が造営された時期は、アメンヘテプ3世王からアクエンアテン王に変わり、遷都や宗教改革の断行で社会は大きな混乱にあった。ラモーゼの墓の改変もこうした影響を受けていた可能性があり、激動の時代の様相を探るうえで興味深い遺構として、更なる研究の深化が望まれる。

註

1　治世年や時代区分に関しては諸説あるが、本稿では日本オリエント学会編『古代オリエント事典』（岩波書店 2004）に依る。

2　N. and H. Strudwick, *Thebe in Egypt: A Guide to the Tombs and Temples of Ancient Luxor*（London

1999).

3 ホメロス（松平千秋訳）『イリアス』（上）（岩波文庫 1992）p.283。

4 A. P. Kozloff and B. M. Bryan, *Egypt's Dazzling Sun: Amenhotep III and his World*（Cleveland 1992）.

5 C. Aldred, *Akhenaten: King of Egypt*（London 1988）.

6 R. Stadelmann, Ramose, in W.Helek and E.Otto eds, *Lexikon der Ägyptologie*, 6 Vols,（Wiesbaden 1975-1986）, pp.98-99.

7 F. Kampp, *Die Thebansche Nekropole*（Mainz 1996）.

8 A. Dodson and S. Ikram, *The Tomb in Ancient Egypt*（London 1988）.

9 上掲 Kampp 1996, *Teil-1* pp.11-57.

10 M. Hesse, *Die Privatgraber Von Amarna - Zum Wandel DES Grabgedankens in Zeiten Eines Religiosen Umbruchs*（British Archaeological Reports 2013）.

11 N. de G. Davies, *The Tomb of the Vizier Ramose*（London 1941）.

12 T. Säve-Söderbergh, *Four Eighteenth Dynasty Tombs*（Oxford 1957）pp.33-49.

13 *The Tomb of Kheruef, Theban Tomb 102*, The University of Chicago Oriental Institute Publications Vol.102（Chicago 1980）.

14 F. J. Martín Valentín and T. Bedman, The Tomb of the Vizier Amenhotep-Huy in Asasif（AT28）: Preliminary Results of the Excavation Seasons 2009-2012, in P. P. Creasman ed, *Archaeological Research in the Valley of the Kings and Ancient Thebes, Papers Presented in Honor of Richard H. Wilkinson*（Arizona 2013）pp.181-199.

15 R.Mond and W.B.Emery, Excavations at Sheikh Abd el Gurneh 1925-26, in *LAAA XIV*（1927）.

16 N. de G. Davies, *The Rock Tombs of El Amarna*, Part 1-6（London 1903-1908, reprint 2004）.

17 上掲 Davies 1941, p.12.

18 各遺構の平面については、上掲 Kampp 1996 および Hesse 2013 を参照した。なおウセルハトの墓については早大隊（代表：近藤二郎早稲田大学教授）の成果を用いた。資料使用の許可を下さった近藤二郎早大教授に感謝申し上げる次第である。

19 H. Carter, 5. A small excavation in Assasif. West Thebes, in *Annales du Service des Antiquités de l'Égypte 4,*（Cairo 1903）pp.177-178.

20 上掲 Davies 1908 VI pp.16-24, Hesse 2013, pp.46-48. 墓の番号として、デーヴィスは No.25 とし、ハッセは AT44 を与えている。本稿では併記した。

21 上掲 Davies 1908 V pp.1-5, Hesse 2013, pp.39-40.

22 上掲 Davies 1908 V p.13, Hesse 2013, pp.41-42.

23 上掲 Davies 1908 VI pp.7-15, Hesse 2013, pp.32-34.

24 上掲 Davies 1906 IV pp.23-24, Hesse 2013, pp.38-39.

イスラームの柔らかい構造

内田　慶造

1　モロッコの街

　イスラームとはじめて出会ったのはモロッコの街である。現代の都市・建築の諸問題に対する糸口を求め、イスラーム都市・建築史を学位論文のテーマに定め、そしてモロッコに渡った。当初は、現代の対局として「イスラーム」や「歴史」を取り上げ、視点を変えることで現代の見方を変えよう、というくらいの気持ちであった。私が訪れたモロッコの主要な都市はフランス保護領時代の分離政策のため、1つの街に「旧市街」「新市街」「郊外地」という3つのエリアが共存している。旧市街は、名の通り保護領以前の歴史的な地域であり、我々が最も「イスラーム」的なものとしてイメージするのもこの地域である。新市街は、フランス人入植者用として計画された地域で、旧市街とは隣接するものの、生活様式も配置も旧市街とは全く分離されたエリアで、自動車社会を考慮した近代的都市計画に基づいている。郊外地は、社会が近代化して以降に各都市へ移動してきた現地モロッコの人々の受け皿として計画された地域で、モロッコ人独自の生活様式を考慮した上で、自動車への対応も考えた折衷的なエリアである。モロッコ独立後は、それぞれの地域の問題を克服しながら、融合・重層化しており、現在は1つの都市として振る舞おうとしているように見える。

　ここでは「イスラーム＝歴史」と「西洋＝近代」が分離・並存することで、それぞれに固有のキーワードや長所・短所が顕在化され、同時に分離自体による問題点も表出している。実際にモロッコの分離政策を見てみると、当初考えていたような「イスラーム＝歴史」の視点だけでなく、現代からの視点、イスラームや現代との分離の問題、分析を応用する上での問題などが浮かび上がってきたのである。そもそも分離政策の着想自体もオリエンタリズムと同源であり、同様の問題を抱えている。

　以下では、このようなイスラームを取り巻く問題を含めた環境を把握する上でイスラーム社会の持つ基本的な構造・システムについて眺めた上で、イスラームそして現代の問題に迫っていきたい。

西アジア

2　理念と現実

　イスラームというと「排他的」「固い」といったイメージも強いが、一方で宗祖が宗教だけでなく政治や軍事も含めた国の指導者であったものは、他の宗教には見られず、教義の中に現実的な面を大きく反映しているのが特徴である。そのため、現実社会に対応するための柔軟なシステムをその中に見出すことができる。

　そのシステムについて考えるにあたり、まず最初にイスラームの持つ本質的な社会理念と現実社会について、簡単にモデル化しながら見ていきたい。

　我々は多かれ少なかれ理念と現実、あるいは理論と実践といったものの狭間で揺れ動いている。池内恵が『イスラームの論じ方』にて提示したモデル（図1、3）をもとに、イスラームではどのような「理念」と「現実」が考えられるかを見ていく。

図1　理念のモデル

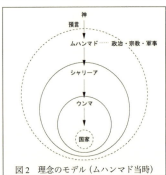

図2　理念のモデル（ムハンマド当時）

図3　現実社会のモデル

　イスラームにおける一般理念としては、絶対的な「神」がおり、最後の預言者として「ムハンマド」がおり、そしてムハンマドの考えをまとめた「コーラン（聖典）」・言行をまとめた「スンナ（言行録）」を核とした「シャリーア（イスラーム法、啓示法）」がある。市民（イスラーム教徒）は、その真理・法の規定に基づき、ムスリムの共同体（ウンマ）を形成しており、その中に国家が存在する。神と個人との関係においては、教えを通じて直接的かつ義務的につながっており、共同体内での横の関係は連帯感による平等なものである。

　さらに、ムハンマド当時の状況も織り込んだ視点で、より詳しく見てみると図2のようになる。預言者であると同時に統治者（政治、宗教、軍事の実行者）として、神と共同体をムハンマドが媒介して結びつける役割をしている。

　一方「現実」の社会はどのように把握することができるだろうか。イスラーム以外の社会も含めた全体のモデルは図3のようになる。イスラーム世界における「理念」と「現実」は一部が重なり、シャリーアでカバーできない部分を世俗法や慣習法が補っている。そしてイスラーム以外の「外部」の世界が周囲を覆っている。

3 理念と現実の折合い

一般的には、理念と現実の間にズレがある場合、双方の間の調整・フィードバックにより両者の差を埋める作業を進めることとなる。

しかしイスラーム社会において特徴的なのは、相互間の単純な調整・フィードバックではなく、「絶対性」に依拠した独特な調整の仕方である。果たしてどのような摺り合せの方法がとられるのであろうか。

イスラームにおいては、絶対不可侵のものがある。それは、唯一神であり、ムハンマドであり、シャリーアであった。その絶対性に基づく一方向性・非対称性が大きな特徴の1つとなっている。

しかし、この絶対性は最初から確立されていた訳ではなかった。そのため、まず最初に行われたことは、ムハンマドが亡くなった時点ではあいまいであった「コーラン」および「スンナ」の正当性を確立すること、次いで口頭伝承のためあいまいであったアラビア語の読み方・意味を確定したことである。これにより、イスラーム法上参照すべき法源としてコーラン、スンナの読み方・意味が定まり、それ以降はこれらをもとに、現実に合わせた法判断・解釈をすることが原則となった（図4）。また法判断・解釈の方法・手順にも、文理解釈・論理解釈の基本原理などの決まりがあり、ある枠組みの中で判断が行われ、それにより現実に則した法規定（フィクフ）が定められることになる。

イスラーム法は、法源〜法規定を研究する「法源学」と、法規定〜事例を研究する「法学」の2つの分野により成り立っており、法規定を介して2つの領域が部分的に重なることで、法源が現実へ、段階的に反映されるようになっている。なおかつ領域が分断されることで、法源の絶対性が保持されることになる（図5）。

ベシーム・ハキームが『イスラーム都市』の中で取り上げた建築ガイドラインも、この法規定をもとに、さらに建築に関わる項目として抽出してまとめたものであり、法規定と同様の働きをしている。

ここで重要なのは、最初に真理を確立し、それ

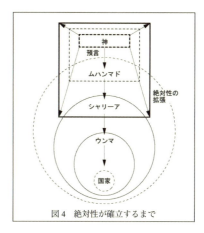

図4 絶対性が確立するまで

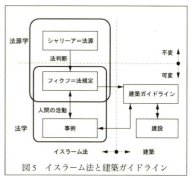

図5 イスラーム法と建築ガイドライン

西アジア

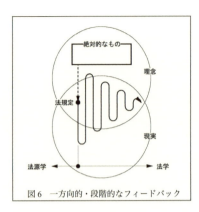
図6 一方向的・段階的なフィードバック

が一度確立すると絶対的な存在として不可侵のものとなり、現実からのフィードバックにより変化することはない、ということである。この絶対性（法源）が中間項（法規定）を介して段階的に現実（事例）に反映され、時間とともに中間項が1つの方向に定まっていく過程を表すと図6のようになる。

　絶対性を保持しながら段階的に擦り合わせを行う一方向的・段階的なフィードバックはイスラームの特徴の1つではあるが、より現実社会に近い部分では、双方向性・流動性を保証する仕組もあり、ネットワーク的な構造を持っている。変化することによりダイナミックにズレが調整されていき、一方向的・段階的なフィードバックに比べ時間的応答性が高い。ネットワーク的な構造の代表的なものはワクフと巡礼であるが、いずれも宗教と関連している。

　ワクフは、六信五行の1つ「喜捨」に関連したもので、寄付（サダカ）の一種である。モスク（教会）・学校・隊商宿・病院・孤児院などの施設を伴うものが多いが、地縁・血縁関係の核になるとともに、その施設を拠点に、宗教・教育・商業など様々なレベルでの循環性を促す働きをしており、社会システムの中に組込まれている。ワクフの施設は、永遠に維持できるように施設内の店舗等からの収入により運営されており、事業継続性の観点からも重要である。

　また巡礼をはじめとした活発な人の動きも、流動性を保証している。早くから商業の発達したイスラームでは、商人を通じ、モノ・文物・情報が伝搬し、シルクロードや海の道などの重要拠点は、ハブとしても機能を果たした。巡礼や商業の発達により、人・モノの移動するネットワーク網と、それを支える駅逓制度などの支援システムが確立すると、巡礼・商人以外の人においても、イブン・バトゥータなどの大旅行家（思想家でもある）などが各地を移動しやすくなり、情報・思想的なものが素早く伝搬していき、また知識人どうしの交流も活発化した。ネットワークを活用する人・モノが増えることにより、さらにネットワークが補強されるというシナジー効果も生まれ、循環性・流動性も高まっていったのである（図7）。

　機能性の求められるものは一方向性を持ちクリティカルパスとなりやすいが、目的や文脈などにより多様性が求められるものは方向もルートもまちまちである。このような様々なレイヤーが重なって総体的なネットワークを構成している。

　これまで見てきた一方向的・段階的フィードバックの構造とネットワーク構造は、中間

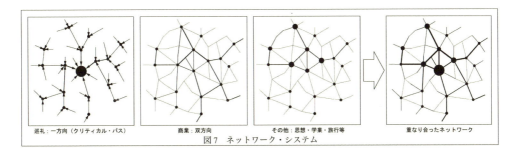

巡礼：一方向（クリティカル・パス）　　商業：双方向　　その他：思想・学業・旅行等　　重なり合ったネットワーク

図7　ネットワーク・システム

項をハブとして置き換えると似たような構造を持っている。それぞれの違いは保持すべき絶対性の有無や方向性の違いに現れているといえる。

　一方、現実に社会を統治するシステムにおいても双方向性・流動性を見出すことができる。特に官僚組織の発達したオスマン帝国においては、機能性を重視し組織が肥大化する面もあるが、柔軟性を保つために中央と地方の往還、ムスリム以外の登用、政治〜軍事〜宗教の連携・移動、官〜民の連携などの工夫が随所に見られ、「柔らかい専制」とも呼ばれるべき体制を作り上げていた。

　イスラーム以外の世界との接し方についてはどうであろうか。イスラームでは異教徒の生活も認められているが、イスラームを認め、税を払うことによってである。啓典の民であるキリスト教徒、ユダヤ教徒は、庇護民としてイスラーム社会内部で生活していたが、イスラームに強制されることもなく独自の生活習慣を保つことができた。このような社会内部での外部の人との共存の方法は、現在でいえば、イギリス政府のイスラーム教徒に対する政策にも似ているが、ここで重要なのは、外部の人に対して、その活動の自由を規制していないことである。

　また外部の情報を内部に取込む努力をイスラームの統治者たちは行ってきた。バグダッドの知識の館やアレキサンドリアの図書館においては、ギリシャ、ローマなどの本が集められ次々と翻訳されていった。情報を集めることの重要性、そしてその活用方法および発展方法をよく知っていたし、それを学問および体制の強化、そして現実社会に役立つような技術の発展に結びつけていった。

　以上のように、絶対性の強いものについては一方向的・段階的なフィードバック、相対的に絶対性の弱い現実社会に立脚するものについては人やワクフなどを介した双方性・流動性のあるシステムにより現実社会に対応し、外部の人については行動を規制せずに情報は極力吸い上げる、という社会構造が見えてくる。絶対的な領域は崩さないまま、その適用範囲を広げ、現実社会の多様な活動に規制することなく流動性を保ち、人材・情報活用によりシステムを活性化・強化している。

西アジア

4　学問・書に見る都市・建築をめぐって

以上イスラーム社会全般に見られる特徴と、その中で見られる柔らかい構造について眺めてきたが、イスラームにおける都市・建築に関しては、どうであろうか。

イスラーム世界において、学問として発展した分野は、イスラーム法学・神学をはじめ、天文学、地理学、数学、音楽、錬金術といったものがあるが、それらは、イスラームの礼拝、巡礼、神秘主義、ピタゴラス学派の思想といった、宗教およびそれに近い真理に関連した分野のものであり、それゆえに学問のレベルまで昇華しているものと考えられる。それ以外の「書」として残された分野としては、歴史、伝記、帳簿・法廷資料・ワクフ関連資料などの記録、そして詩などがある。いずれも現実社会に立脚した記録的性格が強い。

建築に関する書として残っているものとしては、オスマン宮廷建築家の伝記（ミマール・シナン、メフメト・アー）、王朝による記録文書（財務会計記録、ワクフ管財記録）、職人による建築ガイドライン（イブン・アッラーミー）などがある。前2者は記録的な性格の文書で、学問としては体系づけられていない。それに対し、建築ガイドラインは1つの学問体系としてまとまっている。

メフメト・アーの伝記の内容としては、人物、作品についての内容の他に建築・音楽の関連用語についてのものがある。計画に関連して、特定の数に対する数秘術的な記述も見られ、全体的には神を賛辞する内容も多い。音楽や数秘術に関する内容の背後にはピタゴラス学派の影響があると思われる。ピタゴラス学派においては、比と音楽の関係から美へ、さらに宇宙・原子的真理（アルケー）へ繋がろうとする指向性があるが、伝記の中においても同じ傾向が確認できる。

宮廷建築家の所属したオスマン宮廷組織での建築組織（ハス・ミマール・システム）のあり方も、統治システムと同様、宮廷内部にとどまらないシステムである（図8）。宮廷内部に組織はあるが、外部の職人集団とも繋がっており、宮廷内外をまたぎ、また建築家〜職人、設計〜施工までに渡るシステムとして存在している。実際、組織内の学校では、幾何学や測量に関する講義もあり、建築の図面も作成しているが、上記の伝記の中には、そのような記述内容は現れない。

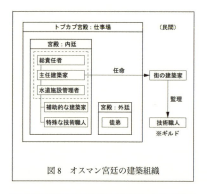

図8　オスマン宮廷の建築組織

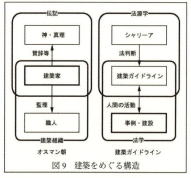

図9　建築をめぐる構造

建築家を通じて、建設行為を技術的に監理しようとする方向性、また逆に神への賛辞・数秘術・音楽・ピタゴラス学派の思想を通じて神・真理へと向かう方向性、という2つの逆方向のベクトルを見ることができる（図9左）。

　そこでもう一度、職人による建築規定書の建築ガイドライン（図9右）を眺めてみると、オスマン宮廷における建築家の役割との違いを確認することができる。支配者層として主に重要建築物を計画する宮廷建築家の役割は、建築システムの頂点に立つものであり、トップダウンの一方向的な流れの起点となり、機能的であるが柔軟性は乏しい。一方、建築ガイドラインは、民衆の日常生活の一部としての建設行為を調整・指導する役割が大きく、民衆と神あるいは職人との間を媒介するものとしても機能しており、それにより理念が現実まで貫かれている。具体的な設計（形態の決定）までは踏み込んでいないため、建設に対する柔軟性も十分に残している。

5　同時多発テロそして東日本大震災

　ここまでイスラームの基本的構造を見てきたが、ここで現代の問題に戻ってみよう。IT技術の進歩によるインターネットのSNS（フェイスブック、ツイッター等）、インターネット放送（アル・ジャジーラ等）など、世界中に広がる情報網とその同時性により、原理＝真理の持つ重要性と、その求心力が高まりつつある。同時に、イスラームと外部社会、特に西洋文明の代表ともいうべきアメリカとの軋轢は大きくなりつつある。そのひずみが大きくなることとイスラームの原理の求心力の上昇は比例関係にある。テロはイスラームの原理の名の下に、ある確率で再生産される構造を持つが、またインターネットは技術的に同時性（同時）＝世界共有化（多発）を実現化する。そのため同時多発テロは、現在の社会・技術の状況と連動した現象だといえよう。

　同時多発テロを解消する上では、同時性・多発性を誘発するインターネットに、何らかの規制をかけることは有効であるが、そもそも西洋文明との軋轢がテロの大きな原因であるため、そのひずみを解消することが、より重要である。

　ひずみの解消に関わるものについていえば、法判断については「西洋＝近代」がイスラームに入ってきた時に一度見直されることもあったが、近年は今までの絶対性に依拠した手法に則らない「個別判断」を認めるような見解も見られるようになっている。また、アラビア語以外の言語（英語など）の使用、女性の社会進出など、正当なイスラームでは認められていなかったものが徐々に認められる方向に動いている。今まで絶対不可侵の領域にあった正当＝真理＝原理のあり方がもう一度見直されれば、西洋とのひずみが少なくなるような新しい可能性が広がるであろう。このような真理の再解釈の流れは、ひずみ解消

西アジア

への第一歩である。

　都市・建築におけるイスラームと西洋文明とのひずみについてはどうであろうか。最初に見たように、イスラーム世界内部においても、「イスラーム＝歴史」と「西洋＝近代」との間には、それらの対立をどう乗り越えるかという点も含め、様々な問題があった。

　ひずみの問題以外にも現代都市におけるゾーニング・モータリゼーションなどを代表とする機能主義においても様々な問題点が見出せる。機能主義は諸現象について分節化することで効率を上げてきた側面もあるが、それにより切り捨てられてきた面もある。日本においても、東日本大震災以降、絆やコミュニティといったキーワードが注目されているが、これも1つの表れといってよいだろう。このような、つながりやコミュニティが、現代的文脈、地域的文脈の上でどのように成立していくかが、今後の社会デザインの上で重要である。

　これまで見てきた中では、建築ガイドラインのようなツールが果たす役割は人々をつなぐ上で重要である。人々の共通言語として共有され、また規制ではなく判断のための基準としても機能する。地域をつなぐという点では、ワクフのような核となる施設やその運営方法も参考となる。同様の手段、手法は現代でも有効であろう。

　以上のような過去に培われた知識の応用だけでなく、現代における技術的な発展も適切に用いられれば、ひずみの解消を助け人々をつなぐ手段を与えてくれる。現にインターネットやSNSは、特に情報の点において人々をつなぐ役割をしている。

　そのような技術の一つとして、最近は「アルゴリズム」が注目されているが、ひずみ解消、つなぐ手段と関連する重要なキーワードになるのではないかと思う。この数学的な手法が発達したのは、そもそもイスラーム世界においてである。問題解決・目的達成のための段階的手法は、一方向的・段階的なフィードバックにおいて見られたような、手順・思考方法と似た構造を持っており、イスラーム世界においてこそ親和性の高い手法であろう。中間項を介した段階的な問題解決方法であるニューラル・ネットワークによるアルゴリズムも、今回見てきた一方向的・段階的なフィードバックの構造に極めて近い。

　それゆえアルゴリズムおよびアルゴリズミック・デザインの抱える問題は、現代の問題だけでなくイスラームの抱える問題とも関連が強い。法源でも問題となった「判断」の問題はアルゴリズムにおいても「評価」の問題として見られる。情報の「共有」「連動」およびその「活用」もデータ処理の問題だけでなく、「つなぐ」手法の問題でもある。いずれも、これらの問題が解決された時には、冒頭に見たモロッコの状況などを打開する手段として、私たちに新たな道を拓いてくれるであろう。その日が早々に訪れることを真に期待している。

参考文献

松原康介 2008『モロッコの歴史都市 フェスの保全と近代化』学芸出版社

池内恵 2008『イスラーム世界の論じ方』中央公論新社

ベシーム・S・ハキーム 1990『イスラーム都市：アラブのまちづくりの原理』佐藤次高訳、第三書館

ハワード・R・ターナー 2001『科学で読むイスラム文化』久保儀明訳、青土社

林佳世子・桝屋友子編 2005『イスラーム地域研究叢書⑧ 記録と表象 資料が語るイスラーム世界』東京大学出版会

深見奈緒子 2003『イスラーム建築の見かた：聖なる意匠の歴史』東京堂出版

浅見泰司編 2003『トルコ・イスラーム都市の空間文化』山川出版社

溝口明則 2007『数と建築：古代建築技術を支えた数の世界』鹿島出版会

中谷礼仁 2011『セヴェラルネス＋：事物連鎖と都市・建築・人間』鹿島出版会

五十嵐太郎＋菅野裕子 2008『建築と音楽』NTT出版

鈴木董 1993『オスマン帝国の権力とエリート』東京大学出版会

内田慶造 1993『形式と抽象の狭間に：イスラム法に見る形態――理念とその間にあるもの』修士論文

内田慶造 1999『オスマンの建築書をめぐって』日本建築学会梗概集

内田慶造 2007『シナンの自伝』日本建築学会梗概集

アコリス遺跡南の石切り場に残存する切りかけの巨石について
——プトレマイオス王朝の一対の巨像の可能性——

遠藤　孝治

はじめに

　中部エジプトのミニヤ県近郊に位置するザーウィヤト・スルターン地区の石灰岩の石切り場には、長さが約22mの王の巨像が切り出し途中で放棄されたままの状態で残存しており、筆者は2004年8月以降、アコリス遺跡調査隊との共同研究として、エジプト考古最高会議の調査許可を取得して建築学的調査を行ってきた。巨像のための大型石材は、地表面に王の立像が浅い刻線のレリーフで描かれており、像の四周に深さ約8.5m、幅約50cmの狭い垂直溝が掘られ、その垂直溝を底まで降りた地下では、巨像のブロックを母岩から切り離すために高さ60cmほどの水平なトンネルが掘削されている（図2）。現地調査により、地下部分のトンネルの天井面において、無数に引かれた赤線に伴い106点におよぶデモティック文字（民衆文字）とギリシア文字を発見し、それらの文字の意味と無数の赤線との関係性について考察を重ねた結果、「未完成巨像の所有者がプトレマイオス3世である可能性が高いこと」、「記された文字は赤線で囲まれた範囲でなされた掘削量を計算していること」、「掘削量の計測には王朝時代の1キュービット=52.5cmに近い値が物差しの単位として用いられたこと」を明らかにしている。

　さて、本稿における本題は上記の未完成の巨像とは別の場所に存在する。ザーウィヤト・スルターン地区から北に約15kmに位置するアコリス遺跡南の石切り場において同じように四周に深い垂直溝を掘削した切りかけの巨石が確認されている（写真1-4）。20mを超える規模で、当該地区のGoogle Earthの衛星画像でも明瞭に視認できるものであり、地表面で確認できる様相は、ザーウィヤト・スルターン地区の切りかけの巨像と極めて類似している。1990年代に刊行されたドイツのクレム夫妻の著書「古代エジプトにおける石と石切り場」の中でも、この石切り場の存在のみは報告されているが、筆者が現地調査を行うまでは詳しい考察が行われることがないままであった。

　本稿では、2007年夏と2008年夏の2度に亘りこの地区で実施した調査の結果を基に、「残存する切りかけの巨石が一体何であったのか」という点について考察を巡らせて、その可能性を提示することとしたい。

西アジア

写真1　アコリス遺跡南：切りかけの巨石の位置

写真2　切りかけの巨石を北から眺める

写真3　切りかけの巨石を西から眺める

写真4　切りかけの巨石を南から眺める

1　アコリス遺跡南の石切り場に残存する切りかけの巨石の調査

　切りかけの巨石は、アコリス遺跡調査隊が発掘調査を行っている都市遺跡から南に約1.5kmに位置する石灰岩の岩山の頂きに残存している（写真1）。当該地区での筆者の調査は2007年夏と2008年夏の二度に亘って実施した。調査前の現場の状況として、切りかけの巨石の四周に掘られた幅約50cmの垂直溝の底には砂礫が厚く堆積していたため、垂直溝の基底を確認することを目的として、北東側の垂直溝において二ヶ所（試掘抗A、試掘抗B）、南西側の垂直溝において一ヶ所（試掘抗C）で砂礫を除去する発掘調査を実施した（図1）。

　2007年夏に調査を実施した試掘抗Aと試掘抗Bについては、約3m（地表面から約9.5m）の発掘を行ったところで基底に到達し、残念ながら巨石を母岩から切り離すための水平トンネルを地下に穿った状況を確認することができなかった（写真5）。確認できたのは、試掘抗Bの基底においてわずかに45cmほど内側にトンネルを掘削しようとした痕跡だけであった。一方、2008年夏に調査を実施した試掘抗Cでは、約4.5m（地表面から約8.3m）の発掘を行ったところで基底に到達し、そこから内側に60〜70cmほどの高さで水平なトンネルが掘削されている状況を発見した（写真6）。トンネルは試掘抗Cの位置だけに存

写真5　北東側の垂直溝

写真6　試掘抗C発掘後の状況

写真7　巨石の地下の状況：A室

写真8　巨石の地下の状況：B室
巨石を支えるために設置された石材

写真9　巨石の地下の状況：B室
プトレマイオス王朝時代の掘削技法

写真10　巨石の地下の状況：C室

西アジア

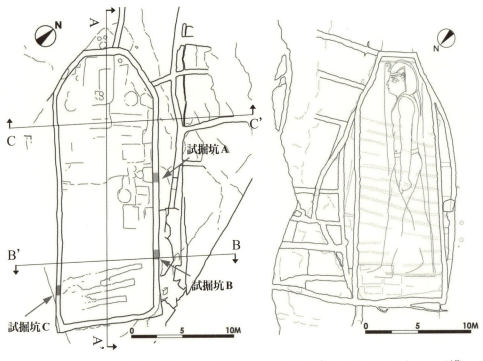

図1　アコリス南の切りかけの巨石　　　　図2　ザーウィヤト・スルターンの巨像

在するものではなく、巨石の地下部分で広がっており、母岩から切り離すために掘削されたものであることは明らかである。

　現地調査において地下部分の平面実測図及び断面図の作成を行った（図3、5-7）。図3のように、地下部分をA～Cの3つの部屋に区切るように幅1m弱の横断壁を残しつつトンネルを掘削しようとした段階で中断されている状況である（写真7-10）。また、四角い石材がほぼ一定の間隔を空けながら置き並べられており（図3、写真8）、巨石が母岩から切り離された時の土台が準備されている様相は、ザーウィヤト・スルターン地区の未完成巨像の地下部分と完全に同じ状況にあると言って良い（図4）。しかし残念ながら、アコリス南の切りかけの巨石の地下の天井面においては、掘削量を記録するために用いられた赤線やデモティック文字を発見することができなかった。1つの仮説としては、こちらの巨石の方がザーウィヤト・スルターン地区の未完成巨像よりも切り出し中の早い段階で放棄されたために、採掘作業を管理する査察官の確認が行われる前であったと推察される。

2　考察

　アコリス遺跡南の石切り場の切りかけの巨石は、四周に掘られた垂直溝の北東外側に複

44

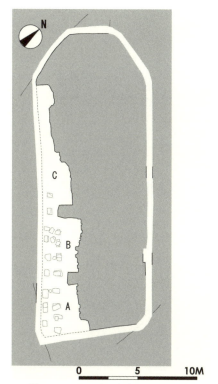 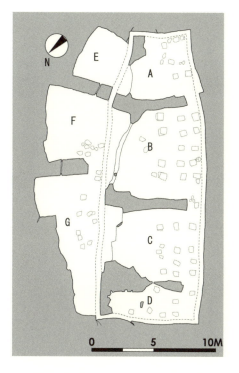

図3　アコリス南の切りかけの巨石：
地下平面図

図4　ザーウィヤト・スルターンの巨像：
地下平面図

数の切り離し溝が掘削されていることから、母岩から巨石を切り離した後に、北東側の余分な岩塊を切り崩して運び出そうとしていたことが窺われる（図1）。巨石の地下の水平トンネルが南西側の垂直溝の底から掘削され始めていることも、この仮説と矛盾するものではない（図5-7）。切りかけの巨石の実測結果として、長さは約24m、幅は最大値で約9m、四周に掘られた狭い垂直溝の深さは試掘抗Bの地点で地表面から9.4mであった（図5）。これらの寸法は、図1, 2で比較するように、ザーウィヤト・スルターン地区の石切り場に残存する切りかけの巨像と立体的にほとんど同じ大きさである点が特に注目されよう。加えて、巨石の切り出し手順についても、地下の水平トンネルの掘削状況を技術的に見る限り、双方において同じ方法が採用されていると結論できるものである（図3-7）。

　以上のような状況証拠を鑑みるならば、アコリス遺跡南の石切り場に残存する巨石についても巨大な立像を切り出すためのものであったと推定することが可能である。20mを超える巨像は古代エジプトでも最大級のものであり、類例はほとんど存在しないほど稀有な例である。古代エジプトの神殿の塔門の前には対になった巨像が設置されることが通常であるため、高い可能性として、ザーウィヤト・スルターン地区の巨像の制作を指示した

西アジア

図5　アコリス南の切りかけの巨石：断面図 A-A'

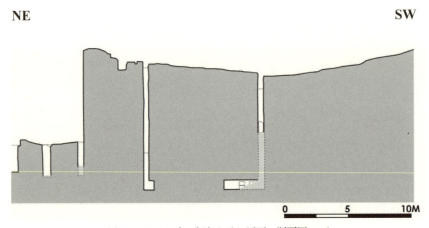

図6　アコリス南の切りかけの巨石：断面図 B-B'

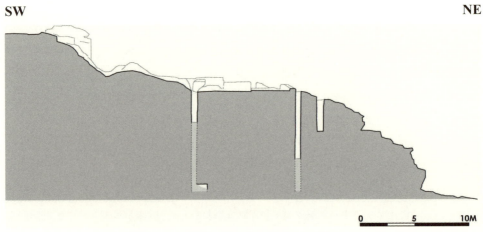

図7　アコリス南の切りかけの巨石：断面図 C-C'

プトレマイオス王朝の王が、もう一体をアコリス南の石切り場でも制作するように指示したのではないかと考えられる。この切りかけの巨石の近隣にはプトレマイオス王朝の石切り場が広がっており、ザーウィヤト・スルターン地区の石切り場と同様に、掘削量を記録するための多数のデモティック文字やギリシア文字が赤線と伴って発見されている。また、試掘抗Cの基底では、プトレマイオス王朝時代の土器片が発掘されていることも上記の可能性を補強する証拠である。

3 まとめ

　本稿では、ザーウィヤト・スルターン地区から北に約15kmに位置するアコリス遺跡南の石切り場に残存する切りかけの巨石について、現地調査の結果を基に考察を試みた。得られた結論は以下の通りである。

1　アコリス遺跡南の石切り場に残存する切りかけの巨石は、長さ20m以上、幅約9m、垂直溝の深さ約9mであり、ザーウィヤト・スルターンの未完成巨像の規模と立体的にほとんど合致する点が注目される。
2　巨石の四周に掘削された垂直溝の基底には、巨石を母岩から切り離すための水平なトンネルが穿たれていた。掘削量を計測するために記録された赤線やデモティック文字、ギリシア文字は見つからなかったが、現場が示す掘削状況を鑑みるならば、ザーウィヤト・スルターンの未完成巨像の採掘技法と同一と判断できる。
3　アコリス遺跡南の切りかけの巨石も、ザーウィヤト・スルターンの未完成巨像と同じくプトレマイオス王朝時代の未完成巨像である可能性が高い。また、この極めて異例な大きさを考慮するならば、神殿の塔門の前に設置される一対の像として、同一の王が制作を指示したものという推測も可能である。

　※本稿は、「Takaharu Endo："Architectural investigation at the southern quarry of Akoris in 2008" Excavation Reports submitted to the Supreme Council of Antiquities. 8-12 (2008)」の内容を基に加筆修正を行ったものである。

西　洋

東欧におけるアール・デコ様式の展開：
チェコ・ポーランドの幾何学的形態の建築と家具

野崎　勉

1　序論　東欧のアール・デコ様式

1-1　東欧のアール・デコ様式の由来

20世紀ヨーロッパのアヴァンギャルド芸術運動の影響を受けたチェコやポーランドの建築や家具の歴史的展開について論じる。

それらは、キュビスム、ロシア構成主義等の影響を受けた、フランスで1908年から1909年にかけて誕生したアール・デコ様式から由来し、東欧に伝わったものであった。

このアール・デコ様式は、建築や室内装飾など、フランスからヨーロッパやアメリカに渡り、ニューヨーク摩天楼で知られている。

しかしながら、他の中欧や東欧に拡がり、チェコやポーランドでキュビスムの影響を受けたアール・デコ様式が普及し、幾何学形態を有する建築、室内様式や家具等が流行した事実があまり知られていない。(1)

写真1　チェコのキュビスムを代表する建築、ネクラノヴァ集合住宅、プラハ、1913年-1914年、ヨゼフ・ホホル作、建築外観と室内の幾何学形態

1-2　東欧のアール・デコ様式の特徴

1918年から1938年にかけて流行した両国の建築・室内様式や家具は、直線、斜線、円、円弧、三角形、立方体、角錐、流線形とジグザグ線、ジグラッド、階段状等の幾何学的形態の特徴を示し、その特徴は形態や構造の中に顕著に現れている。

このアール・デコ様式は、当時の産業発展に伴う新しい材料や曲木家具の出現と歩調を合わせ、クラフト工芸と産業を結びつけた新しいデザインを模索している。(2)

その成果が最も示されたのが、1925年にパリで開催された「装飾芸術・工業芸術国際博覧会」（アール・デコ展）であった。(3)

その中で、東欧の国々の共通点として、20世紀の現代生活と産業との関わりの中で、

西洋

自国の伝統、フォーク芸術やその他の装飾芸術を基本とし、産業と融合しながら、当時のアール・デコ様式の確立を目指した。

2 チェコのキュビスム建築とアール・デコ様式の家具
2-1 初期アール・デコ様式に向けたキュビスム建築と家具

1911年にチェコを代表するキュビスム理論を展開するパヴェル・ヤナークが雑誌、「造形芸術集団」の機関誌に、「多角形と多角錐」の論文を発表し、チェコ建築界の指導的立場を果たした。

その彼の下に、ヨゼフ・ホホルやパリの「装飾芸術・工業芸術国際博覧会」のチェコ・パビリオンの設計者、ヨゼフ・ゴチャール、さらにオタカル・ノヴォトニー、ヴラティスラフ・ホフマンらが従い、彼らは建築や家具、ガラス工芸、陶磁器等までもデザインし、同時代のアヴァンギャルドの流れに歩調を合わせ、伝統との共存する形で新しい建築表現を試みた。

それらの特徴は、ポーランドにおける1918年の第一次世界大戦後の独立に際する新しい芸術運動と共通するものであった。

キュビスム建築家達のヨゼフ・ゴチャール、パヴゥル・ヤナーク、ヨゼフ・ホホル、オタカル・ノヴォトニーイーらは、オーストリアの分離派、ゼツェッションで活躍したヨゼフ・ホフマンのウイーン工房に模して、1912年に家具会社「プラハ美術工房」を設立し、彼の作品から多くの影響を受けた。

彼らは、アヴァンギャルドの芸術家であり、1910年-1914年に渡るチェコのキュビスム全盛期に活躍し、それらの初期作品に顕著な痕跡を残している。

彼らの初期作品には、単純化、純粋化、幾何学形態等が好んで使用された。特に、それらの形態には、鋭く曲がった線、三角形とプリズム(結晶体)に分割された形態に見られる。

1914年には、モニュメンタルな様式に軽快さが加わり、電撃的な鋭く曲がった曲線形態のものが、三角形の場所に円、円弧、輪で現れたと言える。この様式は、時とともに民族的モチーフである円柱や円弧を多用したロンド・キュビスムの名

写真2 幾何学的形態家具、ライティングデスク、チェコ、ヨゼフ・ゴチャール作、1913年

称を獲得し、パヴェル・ヤナーク等の作品が代表された。そして1918年に民族様式として認識され、アール・デコ様式の初期段階を示した。[(4)]

それらは、ヨゼフ・ゴチャール設計のライティングデスクと呼ばれる、クモの巣のように鋭く折れ曲がった細い脚、ジグザグ線の背の鋭角な線が強調されている。(写真2)

ヨゼフ・ゴチャール作のソファは、3つのジグザグ線の背もたれを有する幾何学形態をなすもので、ソファを覆うファブリックは、フランチシェック・キセラの作であり、植物装飾が多く使用されている。(写真3)

この特徴は、地方伝統のフォーク芸術の応用であり、ポーランドなど東欧の共通する特徴として指摘されている。

一方、パヴェル・ヤナーク作の家具は、立体感を強調し斜めに走る線、結晶形や鋭角の造形的な幾何学的モチーフ、角錐体やキューブ、アーチや円柱を使用したロンド・キュビスムの特徴をもつアール・デコ様式の家具を設計した。例として、1911年-1912年による椅子の作品が挙げられる。(写真4) この椅子は、斜めに走る線による逆三角形の背もたれ、さらにくり抜いて鋭い線を強調している。細い脚は少し曲げられ、座面には円形の窪みが施されている。

写真3　幾何学的形態のソファ、チェコ、ヨゼフ・ゴチャール作、1914年

写真4　幾何学的形態の家具、キュビスムの椅子、チェコ、パヴェル・ヤナーク作

2-2　チェコのアール・デコ様式の家具

チェコのアール・デコ様式を牽引したのは、キュビスムを建築や家具分野で推し進めたパヴェル・ヤナークとヨゼフ・ゴチャールであった。その中で、パヴェル・ヤナークは、オーストリアのウイーン分離派で活躍したオットー・ワグナーの下で建築を学び、ウイーンのモダニズムにおける直線的な幾何学構図を取り入れた。さらに、彼独自の「プリズムとピラミッド」の論文の中で、斜線を水平や直角と同等に建築概念の中に位置づけ、形に動きを持たせる、ピラミッド原理における蘇生を暗示させる「第三の力」として、斜線を自然

西洋

界の重力法則に替わるものとして好んで使用した。（写真4、参照）

また、一方では、彼はフォーク芸術に目を向け、チェコ木造建築の装飾性から影響を受け、半円形様式と呼ばれるロンド・キュビスムを確立し、新国家を象徴する建築や家具にアール・デコ様式を採用した。

これらにおいて、パヴェル・ヤナークとヨゼフ・ゴチャールは、明るい色彩を用いた重量感みなぎる作品を制作し、チェコを代表するモダンスタイルを生み出し、セミサークル・キュビスムまたはロンド・キュビスムと呼ばれた作品を残した。それは、チェコ独特の色彩として、国を象徴する「赤」と「白」の色を多用し、建築、室内装飾等には、チェコのフォーク芸術を反映したと言える。

最も代表されるものとして、ヨゼフ・ゴチャールの化粧台と書斎机が挙げられる。（写真5、写真6）それに加えて、1920年代と1930年代のヴァツワフ・ロジェックの1923年の事務机や同年のネスト・テーブルが指摘される。

3　ポーランドのアール・デコ様式の建築と幾何学的形態の家具

3-1　ポーランドのアール・デコ様式の建築

3-1-1　パリの「アール・デコ展」のポーランド・パビリオン

1925年のパリで開催された「装飾芸術・工業装飾国際博覧会」（アール・デコ展）では、チェコのヨゼフ・ゴチャールが設計したチェコ・パビリオンがアール・デコ様式の特徴を示している。

同様に、ポーランド人建築家のユゼフ・チャイコフスキーの設計によるポーランド・パビリオンが当時におけるポーランドのアール・デコ様式の特徴を最も良く現わしたもので

写真5　キュビスムの幾何学的家具の本棚、チェコ。ヨゼフ・ゴチャール作、オーク材、黒色塗装、内部化粧張りマホガニー材、1913年

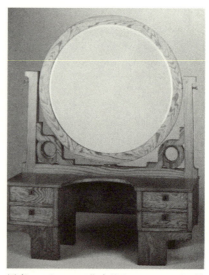

写真6　チェコの代表的なアール・デコ様式の家具、化粧台、ロンド・キュビスムの円の使用、ヨゼフ・ゴチャール作、1915年、松材、化粧張り木材の鏡の縁部分

あった。(写真7) それらのパビリオンは、地方伝統のフォーク芸術の装飾と、キュビスムの造形的な影響、フランスのアール・デコ様式の影響を受けた作品が展示された。

ポーランドの展示は、パリのセーヌ川の北と南の両方に占める博覧会の三つの敷地に分散されて展示された。

まず、ポーランド・パビリオンが主な建物として、セーヌ川右岸の緑地帯に建てられた。この建物は建築とインテリアにおいてユニークな様式を持ち、キュビスムの幾何学形態と民衆フォーク芸術の融合されたアール・デコ様式を表現したものである。

この建物は、フランスのアール・デコ様式のモチーフが浸透された事例として認識され、ポーランドの民族的特徴に加えて、ヨーロッパ芸術のアール・デコ様式に近似性が認めら

写真7 「装飾芸術・工業芸術国際博覧会」(アール・デコ展)、パリ、ポーランド・パビリオン

れる。特に、その土地固有の様式がクリスタル・結晶化の形態を有し、室内装飾、家具等に加えて、彫刻、モニュメンタルな絵画、金属造形、グラフィック等のポーランドのアール・デコ様式が認められる。

建物のファサードは、ホールの長い壁に三つの細長い窓タイプがありパビリオンを分割している。その上に碑文が書いてあり、その上部には壁に沿って上がる類似した構造形態のジグラッド型のチンパナムの階段が昇り、建物全体の上にガラスの塔――ランタンが添え、結晶体形態と階段状のジグラッド状のアール・デコ様式の特徴が指摘される。(写真7)

パビリオン内部の出入口は、額縁枠の正方形パネルで区分された巨大な木造扉があり、三角形の鋭い切り取りモチーフで充填されている。そこから、石造の柱頭に幾何学化された鷲の結晶化形態で構成され、三角形と四角形の箱を三角形の出入口のチンパナムが存在する。パビリオンの最初の部屋は、玄関の間でホール形態をなし、チェス盤構成の幾何学形態をもつ壁上部の絵画で覆われている。天井には、ポーランドのアール・デコ様式の一つと言われる杉綾模様で配された帯モチーフが強調されている。

次の部屋は、八角形の平面プランで計画され、名誉サロンの名称が与えられている。二翼化された玄関の間から見られ、三角形が聳え、扉は杉綾模様の連続で構成されたガラス

のパネルで合成されている。

このパビリオン内部のインテリアは、リズムのある彫刻された角錐形態を有する太鼓のサロンの丸天井をなし、黒オーク材の柱で支持され、その上には金属の花が聳える。それらの柱は窪みの規則正しい粗面積み仕上げのモールディングの装飾形態を持つ。

何よりも、この名誉サロンの六つの絵画パネルの壁面装飾が挙げられ、擬人化された民衆芸術と宗教儀式などが四季によって紹介されている。

3-1-2 後期アール・デコ様式の建築

初期アール・デコ様式が、オーストリアのウイーン分離派のゼツェッション様式の影響を受け、さらにヨーロッパの古典主義、ビーダーマイヤー様式等を受け継ぎ、ロシア主義やチェコのキュビスムの影響を受け、壁、床、織物等に幾何学形態を示す室内家具が出現した。事例として、ヤン・シチェプコフスキー設計の国内経済銀行施設の薄浮き彫りの目地ファサード、ワルシャワ市の国会建物のエレベーションのフレーズユ等に見られる。[5]

一方で、1930年代には、後期アール・デコ様式と呼ばれる様式が生じた。

20世紀の産業時代の機械の美学、大量生産等の賛美、ドイツのバウハウスのモデルニズム、フランスのアール・デコ様式の更なる浸透、キュビスム・ロシア構成主義のアヴァンギャルド等の影響を受け、新たなアール・デコ様式の発展をなした。

それらは、幾つかの発展を示し、地方に波及し、スタローバ・ヴォーラ市、ワルシャワでアール・デコ様式が発展した。また、ワルシャワ市の建築家集団、LAD（ワド）等は、フランスのアール・デコ様式の幾何学形態を導入し、更にその発展した形を押し進めた。

一方で、ワルシャワ工科大学グループによる建築家の芸術集団、BLOK（ブロック）は、ロシア構成主義の影響を受けた、当時の東欧の「国際構成主義」に歩調を合わせ、構成主義をアール・デコ様式に更なる発展を加えたと言える。

3-2 ポーランドのアール・デコ様式家具

3-2-1 ポーランドの応用芸術協会の幾何学形態の家具

1901年にポーランド南部の都市、クラクフに民衆芸術、クラフトと産業の融合を図る目的で、建築家、家具デザイナー、クラフトマンらの芸術家集団が共同組合とクラクフ工房を設立した。

彼らは、1925年パリ開催の「装飾芸術・工業芸術国際博覧会」（アール・デコ展）展示のポーランド・パビリオンに作品を出展した。

彼らの目的は、(1) ポーランドの新しい民族・国家様式の創造であり、その土地固有の

民衆芸術、フォーク芸術、職人仕事からの幾何学形態と幾何学的モチーフ装飾の借用。(2) クラフトの芸術水準を高め、産業と芸術との融合を図る、等であった。

彼らは、イギリスのウィリアム・モリスのアーツ・アンド・クラフトの芸術運動から多くの影響を受け、大量生産による製品・作品の質低下を防ぎ、産業と融和された質の高い手工芸を求めた。

その最も代表的な作家の一人に、カロル・ティヒが挙げられる。(写真8、写真9)彼の作品は、オーストリアのウィーン分離派、ゼツェッション作家のヨゼフ・ホフマンのウィーン工房のSitzmachine（座る機械）と呼ばれる調整付背もたれ肘掛椅子の作品（1905年）に影響を受けた。

カロル・ティヒの寝室の椅子と収納棚の家具（写真9、参照）は、水平線と垂直線の釣り合いの法則で構成され、円形形態に透かし彫りの装飾と黒白の小さい三角形のはめ込み細工、象牙が見られる。この作品は、前述のヨゼフ・ホフマンの作品と類似し、首尾一貫して機能的な構造で支持され、幾何学的な基本形の姿に正方形、円、垂直、直角の形態、三角形のモチーフ、正方形モチーフなど、シンメトリー、幾何学と単純化の特徴は、アール・デコ初期におけるウィーン作家達の作品に近似している。

1912年にクラクフ都市公園内で「建築とインテリア」展が開催され、彼の独立住宅内部におけるサロンの家具が、古典主義やビーダーマイヤー様式の楕円形で構成された椅子とソファで構成されている。(5) (写真10、参照) このサロンは、室内様式と家具がビーダー

写真8 カロル・ティヒ作の室内と家具、ウィーン工房とウォーク芸術の影響を受けた幾何学的形態の寝室の椅子と収納棚、1908年、ポーランド

写真9 カロル・ティヒ作、ビーダーマイヤー様式のサロンの家具、ソファ、テーブル、椅子、1912年

写真10 カロル・ティヒ作、ビーダーマイヤー様式の影響を受けたサロンのソファ、1912年「建築とインテリア」展のサロン内部の家具、ポーランド

西 洋

マイヤー様式の特徴を有し、アール・デコ様式の前兆が見られる。

3-2-2 アール・デコ様式の先駆者、スタニスワフ・ビィスピアンスキーの家具

アール・ヌーボーの作家として名を馳せた建築家、スタニスワフ・ビィスピアンスキーは、1904年に「国家・民族のインテリアと家具」と題し作品を発表した。

それは、フォーク装飾の山岳芸術から引用したもので、1905年にタデウシ・ゾフィア・ジェロムスキー夫婦邸の食堂で更に具現化された。食器棚の扉と椅子の「背もたれ」に様式化された、星型のポーランド南部地域のポドハレ地方のオーナメントが配され、幾何学形態や控えめな装飾、材料の美的応用が見られる。特に、家具の構成全体に幾何学的形態が強調されている。(写真11、参照)

写真11 ゾフィア・タデウシ・ジェロムスキー夫邸宅の食堂、スタニスワフ・ビィスピアンスキー作、1904年、ウイーンの幾何学の初期アール・デコ様式の影響、ポーランド

次に、アール・デコ様式の先駆的な作品として、1904年のクラクフの医者協会建物があり、会議ホール内部における肘掛け椅子の幾何学的形態が特筆される。そのインテリアと家具は、ウイーンの初期アール・デコ様式に影響を受けており、同時にポーランドのアール・デコ様式の前兆の作品として指摘されている。

3-2-3 パリの「装飾芸術・工業芸術国際博覧会」(アール・デコ展)
　　　　ポーランド・パビリオンのアール・デコ様式の家具

1) ポーランド・パビリオンの名誉サロンの家具

カロル・ストリィエンスキーの作品この名誉サロンの家具として、木造ベンチとテーブルであり、モニュメント性をもつ深い木彫りの表現は、アール・デコ様式の先駆者、スタニスワフ・ビィスピアンスキーのクラブ娯楽室のベンチのエレメントと類似し、脚における手編みレース形態のキュビスムの特徴が指摘されている。(写真12)

同様に、ポーランド南部の山岳地域のポドハレ地方の鋭いナイフで刻まれたモールディングが、アール・デコ様式の特徴をもつ。

そのテーブルとベンチは、支柱(脚と背板)の特徴的な彫刻性が挙げられ、キュビスムの鋭い木彫りモールディング装飾を有し、ピラミッド形態をなしている。

2) ポーランド・パビリオンのホール執務室の家具　ユゼフ・チャイコフスキーの作品

パビリオンを代表するホール部分の執務室の家具は、ユゼフ・チャイコフスキーによる設計であった。この作者の室内様式と家具は、1918年から1948年にポーランドで地主や貴族の邸宅で流行したビーダーマイヤー様式から引用されている。[3]

この様式のインスピレーションは、何よりも扉区分に見られる幾何学的形態の円弧が描かれた図書棚の中に注目される。

写真12　カロル・ストリィエンスキー作の木造ベンチ、ポーランド・パビリオンの名誉サロン内、パリ、キュビスムの影響と木彫りが特徴、1925年

図書棚の傍に立つ肘掛椅子や重量感ある事務机は、様々な時代の装飾オーナメントの改造がなされ、アール・デコ様式の折衷主義が見られ、その例として、繊細に曲がった肘掛椅子のバロック様式の特徴が示されている。

3) 傷病兵・パビリオン　ボイチェフ・ヤストジェンボフスキーの作品から

パリの「装飾芸術・工業芸術国際博覧会」（アール・デコ展）にて、セーヌ川を挟んで二目のポーランド・パビリオンが建設され、傷病兵・パビリオンと呼ばれた。

このパビリオンの中に、アール・デコ様式の室内と家具が設計されたもので、ボイチェフ・ヤストジェンスキーの作品が注目される。（写真13）

このパビリオンのサロンは、室内様式と家具がキュビスムと素朴さが表現された印象が強い。それぞれの家具の装飾は、鋭い角の張り板・化粧板、つまり突き板の木目装飾である。クラクフ工房の伝統からフォーク芸術が目立つものと言える。

サロンの一部は民族芸術の起源が見られ、典型的な幾何学形態の家具が維持されている。（写真13）すなわち、椅子やスツール（肘掛けや背もたれのない腰掛け）、箱型の長椅子、ソファ、角張った、粗野な深い肘掛け椅子、頑強な構造のテーブル、コンソールテーブル

写真13　傷病兵パビリオンの食堂家具、1925年、食器棚、椅子、時計台、ボイェフ・ヤストジェンスキー

と花台が挙げられる。

シンメトリー形態の覆い、シンプルな形態のコンソール、動物型陶器のオーナメントの覆い、ソファにコブラン織りが掛けてあるのが特徴である。

傷病兵パビリオンの食堂は、食器棚、椅子、肘掛け椅子、コンソール、テーブル、そして木材による弓型で曲がった幾何学形態の時計台が挙げられる。（写真13参照）

また、時計台の長斜形（編菱形）の構成で覆われた「はめ込み細工」は、フランスのキュビスムの影響を受けた建築家、ル・コルビュジェの家具の影響が見られる。一方では、食堂における家具が木目化粧板で装飾され、三角形のアール・デコ様式を取っている。

上部に半円形形態をもつ食器棚、収納棚をもち、波型の小列柱を有する時計台、楕円形の鏡、テーブルが注目される。

彼の家具作品について、フランスのアール・デコ様式作家のジャック・エミル・リュルマン（Jacques-Emile Ruhlmann）の家具様式との近似性が指摘されている。

4) ポーランドの後期アール・デコ様式家具
4-1) LAD（ワド）芸術会員グループ作品から

パリの「装飾芸術・工業芸術国際博覧会」で活躍した芸術家達は、1926年に芸術家協同組合を結成し、これまでのフランスを中心としたアール・デコ様式を継承し、ポーランド独自の民族様式の模索からフォーク芸術を基本に新たに産業と生産をも含めて融合した創造活動を進めた。

1929年のポーランド国内展示会で、キュビスム形態の影響を受けた、アール・デコ様式のポーランドを代表する作品を、ユリウシ・ペトジックが展示した。彼の書斎、寝室、食堂の家具設計は、アール・デコ様式の1920年代のポーランドで実現された作品の一つと指摘されている。

それらは、黒色マホガニーの材料で設計されており、幾何学的形態の家具の構成によるもので、1920年代のキュビスム家具のアイデアを引用したものである。

また、木目が強調された図の幾何学的形態の表面が際立ち、事務机の脚は階段状に分割され、事務机の引き出しを有するフランスのブレアゥ・プラット（Burau Plat）と類似した形態を持つ。全家具セットは、装飾が円の刻みと「とがりアーチ・尖塔アーチ」である。いずれにしても、このようなアール・デコ様式のキュビスムの強い表現の事例は、ポーランドとチェコのキュビスムの家具以外には見られない。

4-2) 1920・1930年代の後期アール・デコ様式の建築と家具

　ポーランドの後期アール・デコ様式の建築や室内様式と家具は、20世紀の産業時代の機械の美学、大量生産、バウハウスのモデルニズム、フランスのアール・デコ様式の浸透、ロシア・東欧のキュビスム・構成主義のアヴァンギャルド等の影響を受け、ワルシャワを中心にポーランド全土に普及した。例として、ヤン・シチェプコフスキー作品の国内経済銀行施設の薄浮彫りの目地のファサード、ポーランドにおけるアール・デコ様式の建築装飾の最も良い例である、ワルシャワの国会議事堂のエレベーションのフレーズュが挙げられる。また、ワルシャワ中央統計経済大学校舎の建物が挙げられる。

Ⅰ）邸宅・住宅の食堂──サロン・客間の様式と家具
　オーク材の相当な大きなガラス棚が入った食器棚が多い。アール・デコ様式の楕円形と長方形形態の家具と室内様式。流線形の線、幾何学化、弓形の繊細に湾曲された家具の脚が特徴を示す。

Ⅱ）邸宅・住宅の寝室
　化粧台は、当時の全ての主婦が好む家具であり、寝室には必ず配置されていた。第一次世界大戦と第二次世界大戦の間の時代の化粧台の二つの基本タイプが、アール・デコ様式で生産される義務があった。それらの最初のタイプは、「小戸棚付き」で長方形、楕円形の鏡をもち、低い小戸棚には引き出しがあった。（写真14）

4　まとめと考察

　1918年から1938年における東欧のチェコとポーランドに見られるアール・デコ様式の幾何学的形態の建築と家具の特徴について考察した。そこで共通項として、それらの形態に、チェコのキュビスムの造形的な影響が強く受けた事が判明した。
　それは、主に初期と中期アール・デコ様式についての研究によるものである。西ヨーロッパのアール・デコ様式以前のオーストリアのウィーンのゼツェッション様式の先駆者の

写真14　1920年代のアール・デコ様式の寝室、花の「つぼみ」を様式化された化粧台と円形クロゼット、ポーランド、作者不明

西洋

オットー・ワグナー、ヨゼフ・ホフマンからの強い造形の影響が見られる。

　一方では、後期アール・デコ様式として、アヴァンギャルドのロシア構成主義、その影響下の東欧の構成主義の影響が挙げられ、それらは後に台頭するヨーロッパの機能主義、モデルニズム等の影響により、装飾が少ないアール・デコ様式の方向性を与えた。

　今後にこの様式の更なる東欧の特徴について研究を深めたい。

註

1　20世紀初頭において、ロシアのロシア構成主義、更にその影響による東欧構成主義、西欧のアール・ヌーボー、ゼツェッション、アール・デコ様式等に感化された、東欧の伝統と工芸を下にした国家様式の模索が行われた。これらに関する校倉造住宅、室内様式、様式家具や幾何学的家具に関する研究が以下に挙げられる。

（A）岐阜女子大学紀要、第39号、77-85頁。「東欧ポーランドの校倉造住宅と様式家具」2010年3月。

（B）岐阜女子大学紀要。第40号。109-120頁。「東欧における幾何学的形態の家具――チェコ・ポーランドのアール・デコ様式の家具――」2011年3月。

（C）名古屋女子大学紀要。第57号。55-65頁。「東欧ポーランドのアール・デコ様式のインテリアと家具」。2011年3月。

2　当時のチェコやポーランドの建築家、家具デザイナー達は、オーストリアのゼツェッションのヨゼフ・ホフマンのウイーン工房やフランスのアール・デコ様式の作家達の作品の影響を受けながら、自国の伝統とクラフトを下にしたデザインを実践した。

3　1925年にパリのセーヌ川をはさんで、「20世紀の生活とデザイン」の新しい融合を目指した国際博覧会が開催された。フランスの建築家、ル・コルビュジェも、「エスプリ・ヌーボー館」として参加した。但し、アメリカは関係者の参加はあったが、パビリオンの参加はなかった。これが、後に、アール・デコ様式がニューヨークに拡がる機会となった。

4　当時の建築家、家具デザイナーの間でチェコのキュビスムが普及したが、幾何学形態の中で、円や円柱を多用したために、ロンド・キュビスムと呼ばれた。

5　ビーダーマイヤー様式は、1815年から1848年に、ドイツ、オーストリアで中産階級に好まれた室内様式であり、ポーランドに1825年以降にて、地主や貴族の邸宅の室内様式と家具に普及した。

6　ワルシャワ工科大学建築学部大学院博士課程、講師時代の研究に加えて、ポーランド科学アカデミー芸術研究所のブリコフスキー教授の助言の下に行われた研究である。

参考文献

1　Anna Sieradzka 1996 Art Deco w Europie i Polsce. Volemen. 1-175頁. Warszawa

2 Joanna Hubner-Wojciechowska 2008. Art Deco Przewodnik dla Kolekcjonerow. Wydawnictwo Arkady. Warszawa. 1-223頁.Warszawa

3 Joanna Woch 2007 Biedermeier Przewodnik dla Kolekcjonerow. Wydawnictwo Arkady. Warszawa. 1-291頁.Warszawa

4 Anna Kostrzynska-Milosz 2005 Polskie Meble 1918-1939. Forma-Funkcja-Technika. Instytut Sztuki Polski Akademii Nauk. 1-328頁. Warszawa

5 Andzej.K.Olszewski 1988 Dzieje Sztuki Polski 1890-1980. Wydawnictwo Interpress. Warszawa. 1-187頁

6 Franciszek Stolot. Dzieje Sztuki Polski.Wydawnictwo Kluczynski. 1-642頁. Warszawa

7 Sarah Morgan 1990. ART DECO.The Europian Style. Arlington Press. 30頁. Warszawa

8 Cillian Naylor 1992 National Style- and Nation —State. Manchester University. 29, 67, 68, 71頁. England

9 Anna Sieradzka 2008 Szlakiem architektury Art Deco.Stalowa Wola. By the Route of Art Deco Architecture.Stalowa Wola.Muzeum Regionalne w Stalowej Woli. 13, 18, 19, 20, 22, 23, 24, 26, 38, 39頁

10 Anna Kostrzynska-Milosz 1996 Meble Projektu Mieczyslaw Kotarbinskgo na Wystawe Paryskie 1925.- Zrodla inspiracji.Instytut Sztuki PAN. Biuletyn Historii sztuki.R.LVIII.nr.1-2. 151-153頁. Warszawa

11 Andzej.K.Olszewski.Art Deco 1992 Toward the Definition and Chronology of the Style.Polish Art Studies.XIV. 73-90頁. Warszawa

12 ペトル・ヴィトリッヒ、ヤナ・ホルネコヴァ他 1999 Praha.Ceska umeni 1890-1930. Od Secese po Art De-co.Czech Art 1890-1930:From Art Nouveau to Art Deco.『煌めくプラハ　19世紀からアール・デコへ』世田谷美術館 / 読売新聞、20、106-110頁、120-127頁

13 アラステア・ダンカン 1993『アール・デコ』関根秀一、小林紀子、発田洋一訳、洋版出版株式会社、9-62頁

14 海野弘 1993『アール・デコの時代』中央公論新社、7-36頁

15 鈴木豊、藤森照信、ロスチスラフ・シュヴァーハ、ペトル・ヴォルフ『チェコのキュビスム建築とデザイン　1911-1925, ホホル、ゴチャール、ヤナーク』INAX出版、1-71頁

16 雑誌『TITLe』2003年3月1日号、文藝春秋

17 谷本尚子 2007『国際構成主義』世界思想社

18 吉田鋼市 2005『アール・デコの建築　合理性と官能の造形』中公新書

19 雑誌『芸術新潮』1999年11月号「プラハ名物　キュビスム建築」新潮社

20 ディヴィット・クラウリー 2006『ポーランドの建築・デザイン史、工芸復興からモダニズムへ』管靖子他訳、彩流社

近代建築史の言説構成：
ジークフリート・ギーディオン著『空間・時間・建築』(1941) における「思考と感情の乖離」

太田　敬二

　近代の科学と芸術は主観と客観との対立的把握を前提に展開してきたが、このような構図は近代に突然生じたものではない。表面上そのようにみえたとしても、そこには古代ギリシア思想とユダヤ・キリスト教の融合のなかに形成された「経験と超越 (transcendence)」の対立の長い歴史がある。ここでいう超越は外在的超越、つまり経験し得ぬ世界外存在であり、経験と超越は原理的には決して交わらない。しかし、中世キリスト教をはじめ、以後ヨーロッパに展開した思考には、両者を媒介するものの存在がつねに想定されていた。近代における主客対立もまた、経験と超越を媒介するものとして「主体 (subject)」を措定した結果とみることができる。これは単なる論理パズルではない。ことが経験にかかわる以上、必然的に自己の感覚・感情や身体をふくめた現実問題となる。ならば、そのような近代が、経験と超越の断絶の歴史を共有しないわれわれのような社会のなかでどう機能するかということも、現実問題として扱われなければならない。

　以上を考慮するなら、これまで建築界で慣習的に「近代建築」と呼ばれてきた1920年代の西欧建築の動向をどのようにとらえるべきか。本稿ではジークフリート・ギーディオンが『空間・時間・建築』(Giedion 1941) において提示した近代建築史記述の枠組み、「思考と感情の乖離 (gap)」とその克服という筋書きについて、若干の考察を試みる。紙数の関係上、個々の論点の掘り下げよりも、複数の論点の交差する網の目の素描を主眼とし、また建築史それ自体の歴史性も視野に収めるために、語られた建築より、建築を語るものに目を向けてみたい。

1　思考と感情の乖離

　『空間・時間・建築』はギーディオンが1938年から1939年にかけてハーヴァード大学で行った講義をもとに書かれたといわれる。その間、第二次世界大戦の勃発、ナチスのパリ占領があり、そして同書が出版された1941年の暮れには真珠湾攻撃が行われた。

　ギーディオンはまず序で、自らの師ハインリヒ・ヴェルフリンの「時代精神」という考え方、比較によって作品と時代の意味をとらえるその深さと直裁さを讃え、くわえて自身

の抱負として、そのような歴史を現代生活へと接続する必要を唱えている (Giedion [1941] 1954: 邦訳 2, 7)。たしかに師ヴェルフリンは、同時代の作品に言及することが少なかったが、そもそもヴェルフリンの方法は、客観性を旨としてきた科学が、扱う対象の「価値」とどういうかたちでかかわるべきかという、当時ひろく浮上しつつあった問いにたいする、芸術学からの応答のひとつとして生み出されたものであった。したがってそれは作品の価値問題への積極的関与と同時に、普遍妥当性を保つために必要な作品との距離を慎重に測り直そうとするものでもあった。そうして生み出された方法を、ギーディオンは同時代のモダニズム建築に適用し、運動の表象や、内部空間と外部空間との同時表現などを例にあげながら、それらを近代の抱える「思考と感情の乖離」を克服する「時空間」の表象として位置づけ、現代へと接続した。しかし考えてみれば、すでにヴェルフリンの方法が「思考と感情の乖離」へのひとつの対処だったとも解される。だとすると、ギーディオンはここで、自らの歴史記述に類するものを同時代の建築のなかにも見出し、それをその当の方法で記述していることになる。この幾重にも折り重なって自己を含む記述は、その真偽を検証しようとする者にとっては、はなはだ見通しが悪い。それにもかかわらず本書は少なからぬ歴史的影響をもった、その事実を含め、同書に示される近代建築史の記述が、今日のわれわれにとってもつ意味を考えるとき、ヴェルフリンをひとつの軸とする様式史の流れの内側からこれをみたのでは視界はかえって不明瞭になる。ここでは思考と感情の乖離という前提そのものの歴史性から考えてゆきたい。

　それにはまずフッサールの提起した現象学を想起するのが近道と思われる。『空間・時間・建築』出版の 6 年前 (1935 年) にフッサールが行った講演「ヨーロッパ諸学の危機と心理学」(Husserl 1954: 邦訳 13-141) のなかで、フッサールは「危機」の原因を「学問が生に対する意義を喪失したことにある」とした。ここに言われる「生」は、同時代に台頭した「生の哲学」の問題意識に通底するが、しかしフッサールはここから学的明証性の否定 (非合理) に向かうのではなく、あくまでも「生活世界」の基盤としての普遍的学問の再建を目指した。カント、ヘーゲルを基盤に、経験的であると同時に超越的でもある主体を「超越論的」に検討しなおそうとするこの試みは、「生活」と「学問」との関係に極度の緊張をもたらすことになる。

　これらはいうまでもなく哲学だけの問題ではなかった。近代生活と、その基盤と目された科学との協調関係の崩壊という危機意識のなかで、生活実感か科学的明証性かのいずれかの犠牲が迫られていたのであり、それはあらゆるかたちで同時代の建築家の意識に影を落としていた。ドイツ工作連盟の初代会長であったテオドール・フィッシャーは建築を、孤立した芸術作品や過去の見かけだけの模倣としてではなく、人々の「生活」の舞台空間

として再生させようとした（太田 1994, 1995, 1996）。それによってこの建築家は、モダニズム出現以前の建築界に一定の名声を獲得するが、そのピークのなかにあっても次のように嘆かずにはいられなかった。「この時代、発展の悠々たる流れに身をまかせることのできないこの不幸な時代、（中略）絶えず極端な解体から極端な結合への往還を繰返すこの時代……」（Fischer 1922:20）。この発言からほどなくして、続く世代が「新しい建築」の出現を宣言し、ギーディオンはそれを「思考と感情の乖離」の克服にむけた建築的貢献として称揚したのである。

当時の西欧における「客観と主観」、さらには「経験と超越」をめぐる問題がいかに広範に生活に関連し、ひいては建築・都市と不可分な問題と捉えられていたかを証言する人物のひとりとしてワルター・ベンヤミンも参照しておこう。ベンヤミンは 1933 年に公にした「経験と貧困」という論説のなかで、近代兵器と産業化社会のメカニズムがその力を遺憾なく発揮したあの第一次世界大戦からこのかた、「技術のこの途方もない発展とともに、あるまったく新しい貧困（Armut）が人間に襲いかかってきた」（Benjamin 1933: 邦訳 374）と述べ、それを「アウラの凋落」と結びつけつつ「経験の貧困」と呼んだ。しかしベンヤミンは、「経験」の奪還を主張するのではなく、「新たに始めること、わずかばかりのもので遣り繰りすること、そのわずかばかりのものから拵えあげること」と述べ、「新しい貧困に対する信仰告白者」（同 380）として、アインシュタインの理論やキュービスムの絵画、シェーアバルトの小説や、アドルフ・ロース、ル・コルビュジエの建築などの事例、その多くがギーディオンの言及とも合致する事例を挙げる。

そのベンヤミンがスイスで自殺した翌年に、アメリカ合衆国でギーディオンの『空間・時間・建築』が出版されたのだが、その思想史的文脈をめぐる議論がいまひとつ深化しないのは、同書に持ち込まれた「感情（feeling）」という概念の曖昧さにも一因があろう。ギーディオンのいう「感情」は「感覚」から「情動」まで広範な意味を含み、その多義性には、思考と感情の乖離の克服という彼の主張からみて、確信犯の節もあるが、そのことよりもここでは、西欧の言説のなかでの「感情」の歴史的位置づけを概観しておくべきであろう。

感情の位置づけがキリスト教においては霊と肉の対立という考えに規定されてきたことは容易に想像される。フーコーも指摘するように（Foucault 1976: 邦訳 76f）、みずからの肉欲の告解が近代的主体形成の核となったことを想起すれば、感情も肉との関連でとらえられ、否定的な存在でありながらそのことの自覚の強さが信仰の証ともなるという背反する構図があったといえよう。この否定すべきものの肯定という、内的緊張をはらんだ世界構成の要に、受肉者としてのイエスが立つのがキリスト教であることは改めて言うまでもない。この霊と肉の背反関係は、超越と経験の関係に重なってくる。肉の受けとる刺激が経

験を形成するが、このような経験を超えた存在が霊だからである。しかし経験と超越がまったく交差しなければ、人は超越的なるものへのリアリティを保てないから、超越は経験しがたいものの特殊な「経験」として位置づけられる。それをルネサンスはたとえばミクロコスモスとマクロコスモとの「類比（アナロギア）」に見出し、宗教改革は両者の断絶性を強調したが、続く宗教戦争の混乱を経験したデカルトは、新たに「われ思う」思惟という、重さも情動もない極点で両者を結節した。以後、経験や感情への関心は一時的な高まりを示すが、18世紀末にふたたび言説の表舞台から退く。つまり、超越と経験との調和という楽天的想定が維持困難になるなかで、両者をより精妙に関係づける新しい人間像が形成され、とりわけ両者がはらむ緊張と矛盾を未来に先送りする時間観念の形成によって、むしろその緊張を、産業資本主義をドライヴする原動力としたのが近代であった。このとき「感情」は排除されたわけではなく、理性と発展（未来）の名前の背後に隠されたというべきであろう。しかしその「感情」が20世紀に入るとふたたびその存在を主張するようになるのである。

　「生の哲学」における「生」や、神話や民俗学のなかの近代的理性に含まれないものとして、また病の心的原因として等、感情にかかわる主題群がさまざまなかたちで浮上してくる。とはいえ、精神分析においては当初感情は「病理」として注目されたのであり、それが病と健康の区別を越えた命題だとみなされるようになるのは、シュールレアリズムが登場する20年代後半頃のことであろう。同じころ、たとえばカッシーラーの『象徴形式の哲学』(1923-29)のように、カント認識論を感情や情動の領野へと拡張する試みも現れる。近代の外部の発見手段として人類学が新たな局面を展開しつつあった（Mauss 1924など）のも、フロイトから出発したユングが、象徴的なものに精神治療の効果を見出し、近代に非理性的なものとして否定されていた、宗教や魔術的思考のなかに経験や情動としての合理性を見出し、精神医学を神話学や民俗学へと結びつけていったのもこの頃であった。ギーディオンの時空間の概念には、このような近代的主体による主客の統合の危機のなかで、感情と思考それぞれの再編や、そのなかでの表象作用の再評価といった当時の試行が貪欲に建築史・建築論として取り込まれているのである。

　しかし、人々の努力にもかかわらず、ヨーロッパ世界は混沌の淵に沈んでいった。その混乱のさなかアメリカへと場所を移して語られた物語が『空間・時間・建築』であった。

2 「時空間」の現在

　第二次大戦後人びとが出会ったのは、経験の喪失ともいうべき、経験の果てに立つ自らの姿であった。もしそれが「経験」でさえないとするなら、果たして何なのか？　人びと

は語ることばもなく立ち尽くし、とりあえず語り得ることから語りはじめるしかなかったかのようにみえる。そのなかでギーディオンの書物は、戦後も引き続き空間表象の歴史物語を語り続けた。

　しかし、失われた経験はやがて、強制収容所での経験しえぬ「経験」に対峙しようとしたフランクルやレーヴィ等の言説を土台にして、例えばレヴィナスの「他性」やフーコーの「生政治」、アガンベンの「剥き出しの生」といった諸概念の周辺に新たな生活世界の核を探ってきた。これらが示すのは、経験の喪失が、戦争や収容所といった特異点に生じるのではなく、つねにあらゆる場所に偏在しているということである。この事実にきちんと向き合える「生活世界」はまだどこにもない。たしかに「生活世界」もまた事実ではなく、事実の「表象」にすぎない。それでも、直視にも耐えず、かといって忘れることもできぬ記憶の試練には表象の背後への退避という治療もときに必要だろう。とはいえ、個人に忘却できても、人類には忘却できないことがある。起きることは起きるのだ。

　ともあれ、戦後展開した近代の批判的再検討のなかで、近代的「主体」にも鋭い批判が向けられ、思考と感情の乖離という状況認識そのものが転回を迫られることになった。たとえばフーコーは、16〜18世紀の西欧で形成された統治のテクノロジーを分析しつつ、近代の自由な主体という理念もこのテクノロジーのひとつとしてとらえる。18世紀末にベンサムが創案した一望監視装置としての監獄を例に、それまでの目に見える権力に対して、見えない視線として内面化された権力の様態が明らかにされ、これが生産、教育、管理のシステムとして近代社会に偏在していったことが示される（Foucault 1975:137ff, 邦訳141ff）。この分析についてここでとくに留意しておきたいのは、近代の統治システムが、物質（建造物と肉体）と、これへの視線が生み出す身体的表象との複雑で深い絡み合いからなっているということである。あわせてフーコーが、近代の「性」に関する言説の饒舌さについて、「禁止の厳重さによってではなく、性を有用かつ公の言説を介して調整しようという要請」からくるものだと指摘していることも想起しておこう（Foucault 1976:35, 邦訳34-35）。というのは、論説の自由によって生じる、沈黙の強制よりも深く浸透する規制力のあり様がここに看破されているからである。

　そのことは次のような例にも見出すことができる。先のテオドール・フィッシャーはその晩年に、自らの長年にわたる比例術の試行を一冊の本に記した（太田1994: 194-5）。そして死の年の1938年に公にした短い論考では、ハンス・ベルガーによる最新の脳波（ETG）実験に言及し、脳波の研究によって、まだ見ぬ比例術の基礎となる視覚の調和比が発見されるかもしれないという希望を語っているのである（Fischer 1938）。そこでは、いかにも古典的な建築美学と、心的問題を脳の物理現象に直裁に結合しようとする優生学的なきな臭

さとが奇妙な結合を見せている。たしかに脳波測定は、ピタゴラスの音律からの素朴な連想にすぎないともいえるし、他方、こうしたきな臭さが、モダニズムの旗手となった次世代の建築家のあいだにもしばしば垣間見られることも指摘できる。フィッシャーを師とし、革新的建築への飛躍を目指したブルーノ・タウトのファンタジーのなかには全体主義を想起させるようなものも含まれていた。同じ比例論でもル・コルビュジエのモデュロールのほうが見方によっては決定論的ではあるまいか（太田 1996: 第7章）。だがここで肝要なのは、誰が全体主義により近いかという議論ではない。そうした言動の背後に、見えないシステムとして、全体主義に通底する力が偏在する歴史状況といった認識の是非が問題なのである。それが大規模な建築や都市の計画だけでなく、このような些細な言説の隅にまで染み渡っているという可能性に今どう向き合うかということである。

　ベルガーの脳波研究は神経科学のひとつの画期となり、その後 PET や fMRI などの神経活動のイメージング技術の飛躍的な発展とともにさまざまな知見が獲得されたが、そこから導き出される結論は必ずしもフィッシャーの夢見た方向を示してはいない。たとえば認知考古学では、6万〜3万年前に確認される人類文化の爆発的開花を、「認知的流動性」の成立、つまりそれまで認知領域群が切り離されていた状態から、「そうした領域の間を概念、思考方法、知識が自由に行き来する状態」へと変化したことに因るとする説も示されている（Mithen 1996:204）。つまり、思考と感情の乖離が問題であるとか、それらの統合が解決であるといったことはもはや自明の前提ではない。乖離の統合という命題には、すでに局所的有効性しかないのだ。

　フーコーは、近代的な自由な主体を形成する規律・訓練（discipline）とは異なるもうひとつの統治術（art de gouverner）、人間を「主体」としてではなく「生物のひとつの種」として統治するテクノロジーに注目した（Foucault [1978] 2004: 邦訳 3）。この生政治（biopolitique）に、アガンベンは「ゾーエー」「剥き出しの生」といった概念を添えて議論を拡張している（Agamben 1995）。そのなか、すでに批判のまなざしは、「思考と感情」、「主観と客観」を超えて、その基底たる「超越と経験」関係にまで及んでいる。

　たとえば社会学者ニクラス・ルーマンがその社会システム理論に導入した「偶発性（Kontingenz）」のような概念は、西欧社会の底流にある外在的超越性を、前提ではなく対象として扱うことを可能にする（Luhmann 1992:106, 邦訳 73）。そこには有機体システム、免疫システム、神経システム、心的システムといった多数のシステムはあっても、人間という自立したシステムは存在しない。コミュニケーション・システムはあっても、コミュニケートするのはシステムであって人間ではない。主体もまたこのシステムから生まれる「意味」のひとつである。こうした思考実験によって、現象学的超越論は、可能性と現働

性（Aktualität）との差異の理論に置き換えられる（Luhmann 1984:100ff, 201ff, 邦訳 101ff, 227ff）。

3　subject と主体

　ギーディオンの課題とした思考と感情の乖離をめぐる状況はすでに大きく転回している。しかし課題はそれによって消滅することなく、姿を変えて引き継がれてゆくのであり、近代建築史はその引継ぎを適正に補佐しなくてはならない。

　ギーディオンが時空間の表象によって補修しようとしたのは、フーコーが近代の規律訓育と呼んだものであり、モダンであれポストモダンであれ、建築の生み出すさまざまな表象が表向き透明さを演じながら、その一方で、それらが社会的に作動するメカニズムはむしろ見えにくくなっている。そのなかでわれわれは、ギーディオンの著作を、その内容だけでなく、社会的機制における作動の仕方においてとらえてゆく必要があるだろう。

　たとえば、歴史記述が必然的に孕む自己記述の複雑性を、近代は主観の時間性のなかに溶解させることで処理してきたが、20世紀に、その帰結である主観・客観図式が再編を迫られるとともに、自己の記述があらためて主題として浮きあがってくる。ギーディオンの著作がその一例であることは初めの方で示唆した。ギーディオンは、近代都市やモータリゼーションだけでなく、連続写真までも例にあげて、それらがもたらす新しい体験の重要性を主張したが、その論旨に沿うなら、『空間・時間・建築』という書物そのものが読者に新しい体験をもたらすメディアなのだ。ギーディオンがその循環を自覚していたかは別の問題である。

　他方、そもそも外在的超越を生活世界の基底としない日本のような社会では、これと不可分な関係にある数々の概念を、「主体」、「自由」、「近代」等々といった日本語に置き換えても、それだけでは西欧社会におけるのと同じ「意味」や「機能」を生じない（小林 2010, 小倉 2012 等々）。近代建築史を新たな経験としてわれわれ自身の歴史にしようとするなら、主観と客観との差異以上に、subject と主体との差異にたいする鋭敏さをもち、ギーディオンの言説をただ日本語に内在化させるのではなく、その外在性とともに、つまりそれを生んだ言語体系の他者性、またその背後にある生活世界の他者性に、より直接に向かい合うような言説を地道に積み重ねてゆくことが大切であろう。

参考文献

　Agamben, Giogrio 1995, *Homo sacer. Il potere sorrano e la vita nuda*, Torino（『ホモ・サケル』高桑和巳訳、以文社 2003 年）

　Benjamin, Walter 1933, Erfahrungarmut, *Welt im Wort*, Prag（「経験と貧困」浅井健二郎訳、『ベン

西洋

ヤミン・コレクション 2』ちくま学芸文庫 1996 年、371-384 頁）

Fischer, Theodor 1922, *Sechs Vorträge über Stadtbaukunst*, 2.Aufl., München, in *Theodor Fischer zum 50. Todestag*, München 1988, pp.19-43

Fischer, Theodor 1938, Zur Analogie optischer und akustischer Sinnesreize, *Forschungen und Fortschritte*, 14. Jg, Nr.2, 10. Januar 1938, pp.13-14

Foucault, Michel 1975, *Surveiller et punir*, Paris（『監獄の誕生』田村俶訳、新潮社 1977 年）

Foucault, Michel 1976, *La volonté de savoir*, Paris（『知への意志』渡辺守章訳、新潮社 1986 年）

Foucault, Michel [1978] 2004, *Sécurité, Territoire, Population*, Paris（『安全・領土・人口：コレージュ・ド・フランス講義 1977-1978 年度』高桑和巳訳、筑摩書房 2007 年）

Giedion, Sigfried [1941] 1954, *Space, Time and Architecture*, New York 3.ed（『空間・時間・建築』太田実訳、丸善 1955 年）

Husserl, Edmund 1954, *Die Krisis der Europäischen Wissenschaften und die Transzendentale Phänomenologie*, Haag（『ヨーロッパ諸学の危機と超越論的現象学』細谷恒夫・木田元訳、中央公論社 1984 年）

Luhmann, Niklas 1984, *Soziale Systeme*, Frankfurt/M（『社会システム理論』佐藤勉訳、恒星社厚生閣 1993 年）

Luhmann, Niklas 1992, *Beobachtung der Moderne*, Opladen（『近代の観察』馬場靖雄訳、法政大学出版局 2003 年）

Mithen, Steven 1996, *The Prehistory of the Mind*, London（『心の先史時代』松浦俊輔、牧野美佐緒訳、青土社 1998 年）

Mauss, Marcel 1924, Essai sur le don: forme et raison de l'échange dans les société archaïques, *l'Année Sociologique*（『贈与論他二篇』森山工訳、岩波文庫 2014 年）

太田敬二 1994/1995「20 世紀初頭ドイツの建築改革運動に関する研究 1&2」『日本建築学会計画系論文集』1994.10, 191-198 / 1995.8, 171-180

太田敬二 1996『20 世紀初頭ドイツの建築改革運動に関する研究：テオドール・フッシャーと近代建築』1996 年（学位論文）

小倉紀蔵 2012『朱子学化する日本近代』藤原書店

小林敏明 2010『〈主体〉のゆくえ』講談社

流動性

渡邊　高宏

「火は土の死を生き、空気は火の死を生き、水は空気の死を生き、土は水の死を生きる。」（ヘラクレイトス、廣川訳 1997:242）

　ヘラクレイトスの火は、宇宙の生命原理としての「生きる火」であり、空気、水、土と転化してゆく。紀元前 500 年頃の古代ギリシアに残されたことばの断片は、宇宙の生成と消滅の過程でもあり、万物は流転する世界であることを示している。

「同じ川に二度と入ることはできない。……それ（可死的な事物）は、離散しふたたび集合し、……近づいて来ては離れ去る。」（ヘラクレイトス、廣川訳 1997:244）

　流れる川の水は、しばしば流転する世界の典型的なイメージとされてきた。

　そして 1,700 年の後、東方に遠く離れた日本で、鴨長明は、天災に荒れた都に絶望し、山の中で一人つぶやいた。遠いヨーロッパ世界に残された言葉に呼応するかのように。

「ゆく川のながれは絶えずして、しかも、もとの水にあらず。よどみに浮ぶうたかたは、かつ消え、かつむすびて、久しくとどまりたるためしなし。世の中にある人と栖と、またかくのごとし。」（鴨、浅見訳 2011:17）

　流れ、あるいは流動性、運動、変化していく感覚。流れる物質とは、流体であり、気体、液体などである。水分は、海から蒸発し気体となり、水の粒子となって雲となり、液体化して雨となる。大気は絶え間なく状態変化し、風を呼ぶ。大地の堅い岩盤も人の時間を超えて流れ動いている。

　こうした世界への眼差しの中、建築はどのような存在であるのだろうか。

「ライトのデザインのたえまくなく流動する空間の質……」（V. スカーリー、長尾訳 1966:48）

「トゥーゲントハット邸は、流動的なプランが、部分的に箱の中に押し込められたように……」（V. スカーリー、長尾訳 1966:76）

　このように、流れるという言葉は、F.L. ライトのプレーリーハウスや、ミース・ファン・デル・ローエの初期のプロジェクトなどの評価によく見ることができる。また歴史的なバロック建築に対しても、

「（サン・カルロ・アッレ・クアトロ・フォンターネ教会の）うねりをもった壁は、柔軟な

西洋

平面の流れるような空間から自然にうまれてくるのである。」(S. ギーディオン、太田訳 1969:151)

　伝統的な日本建築の場合は、どうであろうか。
「日本建築の空間は、うつろいゆく空間によって構成される。(……) 外から内へ、内から外へと向かうような内部と外部の関係を中心に、多様な仕掛けとその場の空気によって、空間は絶えず流転する」(太田 1983:290)

　そして、過ぎゆく月日の視点からも語られる。
「部屋の雰囲気は、季節により、時により変えられ、固定したものではない。このような流動的な室内意匠は、日本ではごくあたりまえのこと……(略)」(太田 1983:290)

　流動性とは「一定しないで、流れうごく性質。」(広辞苑 1995:2694) と説明されるが、さらに本論は、このように流れ動くような連続性、未完結性、動的な、そして、外部に続いていき、拡がっていくような感覚を照らし出して、より幅広く力を与えようとする試みでもある。こうした概念と対をなすのは、固定性、非連続性、完結性、静的な、孤立して閉じていくような感覚でもあろう。

　一体何が、こうした〈流れる〉空間の流体的イメージを形成するのか。一体何がその流れを発生させ、何が流れているのだろうか。流動性なる概念を捉えるには、「空間」の性質を見極める必要があろう。

1　空間の容器性と場としての性格
　古代の「空間」概念の代表的なものに、アリストテレスの自然論における「場所」がある。自然論においては、空間という言葉は数カ所程度に使用されており、ほとんど「場所」と同義に扱われている。
「包み囲むものから、包み囲まれるものと、そこで接触しているところの包み囲む物体の(内側の) 境界面」(アリストテレス、藤沢訳 1980:212a6-7)
「〈場所〉は一種の表面であり、いわば容器のようなもの、ものを包み囲むものである」(アリストテレス、藤沢訳 1980:212a29)
　建築的モデルでいえば、例えば古代ローマの組積造のように、厚い壁で場所を囲んでつくりだす構築物が挙げられるだろう。このアリストテレスの「場所 (空間)」には、等方性をもって拡がるような数学的な空間概念は見られない。17世紀のニュートンの絶対空間が登場するまで、空間論は、この概念をめぐって展開してきた。(M. ヤンマー、高橋・大槻訳 1975) 絶対的な空間とは、「その本性として、どのような外的事物とも関係なく、常

に同じ形状を保ち、不動不変のままのもの」(ニュートン、河辺訳 1979：65)であり、それまでのアリストテレスの場所に取って代わる。

さらにデカルトの空間概念「空間のほうはつねに、長さ・幅・深さにおける延長」(デカルト、井上・水野訳 2001：204)、いわゆる直交座標系が、数学的にも空間の理解の中心となり、場所は内的場所＝空間、外的場所その場所を囲む表面とされた。

こうして空間の概念は、座標軸によって等方的に拡がり、外部から計測できるような空間に広がってゆく。

西洋建築の系譜では、ルネサンスの時代になり、オーダーによる調和が目指されるが、そこでは比例・プロポーションが幾何学的に調整されたのであって、空間の「容器性」は変わらないようにも見える。組積造の壁を建て、そこに開口部を開けていく、という方法で建築される限りでは、アリストテレス的な場所が、座標化されただけにも過ぎないのではないか。

一方、そうした壁に囲まれた容器的な性格の空間とは、別の展開はないのだろうか？

例えば、ビーチパラソルのもと、リクライニングチェアにくつろぐ浜辺の風景を思い浮かべてみる。あるいは、木陰にピクニックシートを敷いた花見のグループの風景。パラソルにおおわれた領域で寝そべってみたり、シートが敷かれて人が座れるようになった領域で仲間と飲み語り合ったり……。そこには、場(field)とでも呼べるような状態が生成されているのではないか。そこは、まだ建築とは呼ばれ得ないが、人の活動領域として、原的な風景となっているのではないか。このような場の発生の原的風景は至る所に見いだせるだろう。自然環境の諸要素が、その分布や流れを人の活動する環境へと、その性質を変えるとき、場は生じるのではないか。こうした場の概念は、先に見た容器的な空間・場所の概念とは対極をなしている。

そこはまた、人々が様々な活動を行い、人々の間に相互作用が生じて、出来事が発生するような場でもある。「仕事の場には、感情が流れている、とでも表現すべき心理現象が起きるのである。」(伊丹敬之 2005:40)と経営学でも論じられている。つまり、人々が共感したり、議論が交わされるような場においては、感情の流れが起きて、一人ひとりに、他者との共振作用が生まれるのである。

そうした「場 field」とは何だろうか。物理学的には、
「物理量が空間的に分布している場所をその物理量の場という。多くの場は時間的にも変化する。重力場、電場、磁場、物質場など……(略)……スカラー場、ベクトル場などに

分類できる。」(物理学事典 1984:1729)

　ベクトル場は、力の方向と大きさを示し、スカラー場は数量を示す。先の場の例で言えば、人の動きの方向と速さ、あるいは環境としては風の流れがベクトル場を示す。そして温熱や照度の分布が、スカラー場を示す。このように物理量がそれぞれの部分に見られるものが場でもある。

　例えば、代表的な場に電磁場が挙げられる。紙の下に磁石に置き、その紙の上に砂鉄を撒いてみると、砂鉄が磁場の曲線を描く様子が観察できるだろう。fig.1 このように、電磁場は流れの場であり、ベクトル場である。

　そうした場の世界においての建築的なるものは、自然環境との連続体から考えられるだろう。それは、自然の中で任意に境界を設定して、取り出されるような場であり、人の活動領域であり、快適な温熱環境である。

　それは同時に、周囲の環境と、人や電磁波や熱量が、そしてエネルギーが流入出する熱力学的な系（system）のモデルであって、この場合は、開放系のモデルとして見なす視点でもある。周囲の環境、外界と質量の出入りとは、水分の移動（具体的には雨など）、空気・風の流れ・通風、光・採光、そして人の移動に相当するだろう。

　そうした熱力学的な系は、さらに地球惑星科学という大きな視点に立てば、地球システムのサブシステムとして考えられるだろう。大気圏、水圏、地表圏、生物圏、それぞれの系は、地球システムのサブシステムとして、それぞれ物質やエネルギーの流出入を行い、相互作用を持ち、炭素や水などの物質が循環し流れている。

　場としての建築なるものは、こうして人間圏と関連の強いサブシステムとして建築圏と考えることはできるのではないだろうか。言い換えれば、環境の流れの束が、系を成し、そしてそれぞれの系がさらに集まり地球システムの全体を構成しているのではないか。fig.2

　こうしたさまざまな系が集まって、相互作用を行っている世界にあって、「建築」と呼

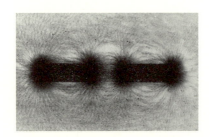

fig.1　砂鉄による棒磁石の磁力線

fig.2　地球システムとサブシステム間の相互作用
　　　（鹿園直達 2009:65 に建築圏を追加）

びうる場は、どこから始まるのだろうか。

　それは、自然環境から人間の快適な温熱環境などをつくりだす、境界のつくりかたによるだろう。様々な性格の境界を作ることによって、内と外、あるいは暑さと寒さといった、対立していた二項の環境は、より連続したものへと変わる。例えば、日本の伝統的な木造建築の縁や仕切りといった境界によって、建築は自然に親しく、例えば、外と内が流動的につながる様子も確認できるに違いない。

2　容器的な特性をみせる組積造の展開
　流れの種類を変えていくのは境界条件でもあり、ある境界から形成される領域、それが建築として取り出されてくる。

　オーダーによる調和の造形を見せる時、建築は必然的に落ち着いた形態になり「静的」になる。壁に張り付けたようなオーダーは、「箱」のような容器的な性格を持つ空間の明快な座標でもある。

　パンテオン（124年）の円堂内部は、心理的には囲まれた空間を構成するが、その頂部の開口部によって、外部的な環境を流出入させている。その内部的な空間は、時間とともに変化する光の分布する場である。刻々と動く光の流出入は、建築を律動させるだろう。

　そして静かな彫刻のような古典主義の建築が、流れるような造形を見せて律動し始めるのは、バロック的と形容されるような建築からだろう。そのバロックこそが、動的な造形の形容詞で語られ始めるのではないか。例えば、サン・ピエトロ大聖堂（17世紀）に見られるように、建築を装飾して華麗な光景をみせるベルニーニ。そして、さらに建築そのものを動かし、律動させているのはボッロミーニの建築である。サン・カルロ・アッレ・クアトロ・フォンターネ聖堂（1638年起工）は、あくまでも容器的な空間ではあるが、自らの空間をくねらせ、うねり、私たちを包み込みながら、上昇させる。楕円曲線を複合化した平面に、楕円形のドームが載る。そのドームに至るまでの壁面は、律動し、頂部から造形された神の光が生み出されているのだ。fig.3

　こうした動的な動きを感じさせる表現の系譜には、19世紀末のアール・ヌーヴォーも挙げられるだろう。例えば、オルタのタッセル邸（1893年）fig.4やオルタ自邸（1898年）での階段室 fig.5 では、植物が成長するように、あるいは女性の長くしなやかな髪のような曲線が流れをつくり出す。しかし、アール・ヌーヴォーの建築では、空間自体がうねるのではなく、細部装飾のうねりにとどまっているようにも見える。ガウディの一部の作品、例えば、未完のグエル教会のように構造体自体が流れるような造形をみせるものは数少なく、ほとんどは手摺や金属部分などの表面の造形が流れているだけかもしれない。

西洋

fig.3 サン・カルロ・アッレ・クアトロ・フォンターネ聖堂　平面図　外観　内観

fig.4 タッセル邸の階段室

fig.5 オルタ邸の階段室

　そして、より周囲の環境との連続性が意識された建築には、F.L. ライトの作品が挙げられる。
「梁がどこまでで柱がどこからはじまるのか、(略) もはやそのような境目は存在しない (略)。」(F.L. ライト、三輪訳 2009:174)
「どこで庭が終わり、どこから家がはじまるのか——その境界はなくなります。」(F.L. ライト、三輪訳 2009:201)
　ライトの目論見は、特に初期のプレーリーハウスについて、よく確認することができる。そこでは、いわゆる内部や外部といった二項対立は無く、まさしく場といった環境の連続体をつくることが意図されている。それは、岡倉覚三の「茶の本」において引用した老子の言葉を、ライトが自らの計画の重要な指針の一つにしていることからも見てとれるだろう。「たとえば室の本質は、屋根と壁に囲まれた空虚なところに見いだすことができるのであって、屋根や壁そのものにはない。」(岡倉、村岡訳 1929:45-46)
　つまり、その屋根や壁をデザインすることが主たる目的ではなく、空虚と訳されていたような、いわば人の活動領域となるべき場所こそが大事であり、人の活動に適した温熱環

境そのものの計画がその本質であるということだ。

　このようにライトの建築では、建築を環境からの連続体としてとらえて計画してきている。プレーリーハウスでの基本形だった十字型の平面は、ロビー邸（1909年）では、階段室・暖炉を中央に配置し、水平に東西方向に伸びる。1階のエントランスの低い天井の場所から、2階に上がると天井高が上がり、西方向への視線が広がる。fig.6

　中央の暖炉付近の領域、西端の大きな庇屋根の下のテラスに面した部屋の領域、天井高の違い、外部テラスとの連動、暖炉による暖かな場の生成、それぞれの領域が「流れる」ように、一続きの空間、大きなワンルームのなかでの性質をつくり出されている。こうしたライトより以前の建築は、

「箱を横に並べ、箱のなかに箱を入れ、それを「部屋Room」と呼んできました。複雑な外箱のなかにそういった箱を詰め込んでいたのです。」（F.L.ライト、三輪訳 2009:153）
ということであり、

「私は、もはや壁を箱の側面とはとらえなくなりました。」（F.L.ライト、三輪訳 2009:152）
といったように、ライトは、箱のような容器的な空間を解体し、壁は衝立スクリーンのように、大きな空間を「仕切り」、滑らかに内部をつなげるという手法をとる。

　その後、ワンルームの中に、様々な道具立てや床の仕上げ等によって領域を生成させる手法は、周囲の石などの自然素材を、建築の内部的空間に引き込むような落水荘（1936年）へと展開していく。

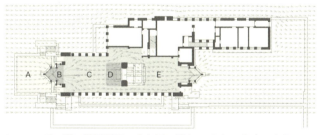 

fig.6　ロビー邸2階平面図：人と風の流れのイメージ（A.テラス　B.リビング的領域（窓際）　C.リビング的領域　D.リビング的領域（暖炉）　E.ダイニング的領域）、外観

　さらに流動する空間の系譜は、様々な西洋近代のアヴァンギャルド運動、例えばデ・スティルやロシア・アヴァンギャルドの一部、特に抽象絵画が登場した後のグラフィック表現でも見られる。ここでの箱の解体は、ライト的なアプローチでは無く、素材感を消した抽象的な面と線による空間の構成への解体でもある。

　テオ・ファン・ドゥースブルフの「カウンター・コンストラクション」などの一連のド

西洋

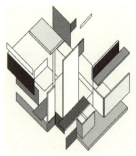

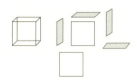

fig.7 カウンター・コンストラクションの図式　　fig.8 プロウン・ルームの図式　　fig.9 ボリュームと空間の関係の図式

ローイングでは、垂直面や水平面が抽象的な素材感を消した壁やスラブとなって、建築を構成する。fig.7　しかし、三次元の要素に分割された表現であっても、ここでの「流動性」「動き」はまだ希薄ではないだろうか。

　動きがみられるのは、例えば、部屋の連続性を強調するリシツキーの「プロウン・ルーム（1928年）」である。その線と面の表現は、部屋の空間を解体しつつ、連続的に空間に流れを生じさせている。作品は、部屋と部屋で完結せず、線と面がつながって、拡がっていく。fig.8

　そして、モホリ・ナジの「ヴォリュームと空間の関係（1928年）」は、容器的な箱を面に解体している様子を二次元にうつしとられているが、注目すべきは、その「隙間」である。fig.9　その隙間があることで、空気、熱、物質などのエネルギーの流出入が行われ、そして人が流れて移動する場所を予感させるものではないか。いわば抽象が誕生してきた西洋近代にあって、「流れ」を誘い込む、考えの具現化の第一歩である。

　そして先のプレーリーハウスからの影響は、ミースの初期プロジェクトに見ることができる。まさしく箱のような住宅から始まるミースのキャリアではあるが、その後の初期のプロジェクト群は、壁面が様々な運動や流れを誘発する。

　煉瓦造りの田園住宅プロジェクト（1923年）fig.10 は、素材が煉瓦と指定されているものの、平面は、同年代のモンドリアンの初期の抽象画のようにもみえる。ベルリン博覧会の住宅展示（1931年）fig.11 でも、そうした壁が外への動きを指示し、運動の予感をはらみつつ、中庭や居室的な領域を形成している。

　ゲリケ邸プロジェクト（1930年）fig.12 でも、大きな開口部と壁に開かれた領域が、さらに内から外へと展開する領域をつくり出す。

　これらのミースの作品には、壁面が内から外へと拡がっていく様子に、先のライトのプ

レーリーの展開の影響も感じられるかもしれない。グロピウスやル・コルビュジエには、会おうともしなかったというF.Lライトが歓待した建築家ミースは、こうした作品を生み出したミースであろう。

　実現したバルセロナ・パビリオン（1929年）fig.13は、基壇上に載せられた壁面とフラット状のルーフで構成される。初期のプロジェクトで見せた方向や力を誘導するような壁面は、大理石の一面の壁やガラスの面として、人の回遊性を誘い、中庭の池へ向かう視線を制御する。中央の広めの領域にカーペットが敷かれると、そこに人が滞留するような場が発生する。バルセロナチェアに座り、周囲の空間を見渡すとき、壁面スクリーン等によって空間が流れている様子を感じることができるだろう。

　そして、さらに注目すべきは、このパビリオンの平面寸法を決めているのは床の石材によるグリッドのようにみえるが、実は、正確に壁面やガラス・スクリーンがこのグリッドにそって立ち並んでいるわけではないことだ。少しずつ床面の石の割りつけから少しずれて、壁面は建ち並び、その関係は不均質である。不均質だからこそ、物質は平衡状態になろうとして流れを発生させているのかもしれない。つまり不均質性は、空間ヴォリュームの流れを誘発するきっかけの一つでもあるのではないか。

　トゥーゲントハット邸（1930年）fig.14では、2階のリビングが日常的な生活の領域になるが、そこはテラスや温室的な領域に挟まれた内部的な環境である。広い一室の空間に、さまざまな生活・活動領域を作るのは、仕切り壁群や曲面や家具などである。ドローイング・プロジェクトに見られる内から外への大きな運動感は、内部の流動性へとつながっているともいえるだろう。

fig.10　　　　　　　fig.11　　　　　　　　　　　fig.12

fig.10 煉瓦造りの田園住宅プロジェクト　1階平面図：人と風の流れのイメージ

fig.11 ベルリン博覧会の住宅展示　1階平面図：人と風の流れのイメージ（A.ダイニング的領域　B.リビング的領域　C.ベッドルーム的領域）

fig.12 ゲリケ邸プロジェクト　1階平面図：人と風の流れのイメージ（A.ダイニング的領域　B.リビング的領域　C.ベッドルーム的領域）

西洋

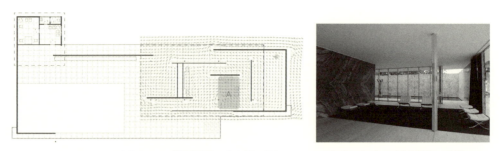

fig.13　バルセロナ・パビリオン　1階平面図：人と風の流れのイメージ（A.リビング的領域）、内観

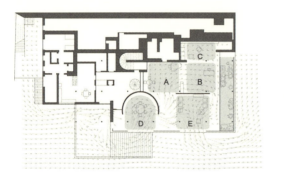

fig.14　トゥーゲントハット邸　2階平面図：人と風の流れのイメージ（A.エントランス的領域　B.サロン的領域　C.書斎的領域　D.ダイニング的領域　E.居間的領域）、内観

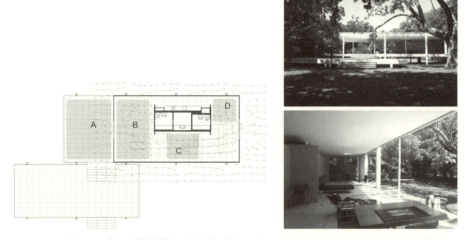

fig.15　ファンズワース邸　1階平面図：人と風の流れのイメージ（A.エントランス・テラス領域　B.エントランス領域（室内）　C.リビング的領域　D.ベッドルーム的領域）、外観、内観

その後、アメリカに渡ったミースは、ユニバーサル・スペースと呼ばれるような自由に無限定なスペースをつくり出し、20世紀建築、特にオフィス等の一つの規範となるような作品を産みだしていく。そうしたファンズワース邸（1951年）fig.15 では、動きや活動を誘発するような壁面スクリーンは失われ、レベル差のある2つのテラスや、家具によって生活の領域が作られている。フロアとルーフのテラス的な領域や、ガラスのスクリーン壁が内部環境をつくり出す。水回りコアの周囲のフロアの広さの違いや家具の配置などで、寝室的領域、キッチンなどの生活の領域をつくり出す。人や環境の動きは誘発されるというよりも、フロアにつくられた活動の領域上で自由に動くようだ。

そしてプレーリーハウスから半世紀の後、F.L. ライトは、その作家の晩年の活動の中で、人や空間ヴォリュームも螺旋状の運動をはらんだニューヨークのグッゲンハイム美術館（1959年）を生み出した。fig.16 吹抜には頂部のトップライトから光が降り注ぎ、鑑賞者は螺旋状のスロープ・ギャラリーを巡る。その回遊路は、線的な経路でもあるが、面的な周囲のギャラリーと結びつくことで、人が立ち止まったり、通り過ぎたり、さまざまな速度に対応するような鑑賞の場を形成している。つまり、線的な経路と、面的な経路・滞留の場が、それぞれのバランスをもって、建築内部にまさしく流動的な空間ヴォリュームを形成している。

さらに50年後、古典主義で埋め尽くされるローマに、ザッハ・ハディッドのイタリア国立21世紀美術館 MAXXI（2010年）は、複数のチューブのように曲がり伸びた、流動するような空間ヴォリュームが、作品の展示場所をつくり出した。fig.17 それは、人がゆっくりと、あるいは早足で進んだり、休んだりするようなさまざまな環境が空間的ヴォリュームの流れとともに形成されている。古典主義建築以外は存在してはならないようなローマの街並みに面して、何の特徴もないようなファサード壁面を持って、その動的な形態を隠している。しかし、通りから敷地に入り、建築に沿って進み、吹抜のピロティのようなエントランス空間へ進むにつれて、私たちは複数の流れの線に巻き込まれていく。

また、SANAA による金沢21世紀美術館（2004年）は、その経路の選択性の自由さ、言い換えればその経路の選択の可能性の大きさが、流動性を生んでいるともいえるだろう。さまざまな大きさの四角いヴォリュームのギャラリーが、円形の平面にランダムに並べられ、外周の曲面のガラスは、周囲の環境と視線を連続させる。fig.18

ここで生じる人や環境の流れは、ヴォリュームとそのすきまの不均一性が主たる原因とも考えられるが、むしろ日本伝統木造建築の母屋－庇構成との比較が妥当かもしれない。ギャラリーが母屋であり、廊下やロビーのルーフが庇だと考えると、展示作品が配置される領域、人が歩き、休む領域が、そのルーフがつくり出す場でもあろう。

西洋

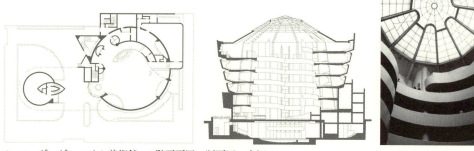

fig.16　グッゲンハイム美術館　1階平面図　断面図　内観

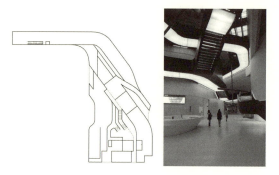

fig.17　イタリア国立21世紀美術館　平面図式、内観

fig.18　金沢21世紀美術館　平面図式

　組積造の造形の系譜の視点でみれば、バロック以降の空間から、ザッハの建築のようなチューブ系の建築への変容は、動きをはらんだ造形が、建築の容器的な性質を、突き破っていくような試みではなかろうか。それは、「構築」という概念ではなく、敷地周辺の環境の流れを再編成するような概念でとらえることもできるだろう。そして、ニューヨークのグッゲンハイム美術館のように、線と面からなる経路が、螺旋状の造形と一体となると、場が流れ出してくる。

　また、ミースが内から外へとのびるような壁面によって、様々な流れの誘発をはかり、内から外へと伸びる感覚をもって組積造の可能性を見せていたが、アメリカに渡ってスチールの構造体を得ると、回遊性の自由はガラスの箱に閉じ込められてしまった。

　組積造は、どうしても容器的な性格にとらわれやすいが、いわば不均一性や環境の差異、いわばムラがあると、そこに流れの道筋が発生して、温熱環境などの平衡状態に向かって、流れるような場を生み出すといえるのではないだろうか。

3　場としての性格をみせる木造軸組構成の展開

一方、以上のような容器的な空間の変容に対して、場としての性格を持つ空間は、どのような展開をみせてきただろうか。

木造軸組構造、母屋－庇構造は、場としての性格を持ちやすいだろう。フロアに柱を建てて、ルーフで覆い、生活の場所をつくる。例えば、腰掛けと屋根からなる東屋のような建築は、堅固な壁面が先行せず、場としての基本的な性格を見ることができるだろう。

流れ、動的、運動といった流動性をめぐる概念は、日本の伝統的な木造軸組の建築と、西洋の伝統的な組積造では、異なった傾向で使われることが多い。組積造が主に造形から流動性をめぐる概念があらわれていたのに対し、木造軸組の場合は、場の状態の変化する際に使われているのではないか。可変性、フレキシビリティ、多機能性、仮設性といった、日本建築にみられる流れの概念は、昼と夜、あるいは四季の変化に応じて、時間的に流動的な使い方があることを示すものが多い。

熱力学的な視点では、環境の全体から任意に取り出される部分が、系に相当するが、容器的な性格の空間では、その系を形成する境界が堅固であって、物質の流出入は、窓などの開口部に限定されていた。しかし、特に日本建築では、縁側などの境界によって温熱環境の系が形成されているところに大きな特徴があるだろう。

外部的環境と内部的な環境は、縁などの境界によって、庭の環境が徐々にグラジュアルに変化して室内的な人の生活環境を形成していく。例えば、明るい－暗い、暖かい－寒い、湿っぽい－乾いている、気流を感じる－感じない、といった温熱環境は、対立する二項ではなく、スカラー場の様に数量的に展開して、人の快適な領域が計画されている。例えば、照度分布図や温度分布図で、その場の状態を示すことができるだろう。さらに、室内部分では、続き間の仕切り、襖や欄間などの開け閉めによって、室内環境の連続性の状態も複数つくることができる。ライトが目指していたような、庭と建築の連続性、梁や柱・壁と天井の連続性は、すでにここに実現されていたのではないか。

こうした場としての性格を、木造の軸組建築の系譜で検討してみよう。

日本古代の貴族住宅、寝殿造は、平安京といった都市のコートハウスである。塀で囲まれた中に、コの字型に配置された建築群と南庭がある。庭は儀式のための空間であって、寝殿などの室内と一体的に使われる。建築は、当時の寺院建築などと同じ構法でつくられており、その内部は非常に開放的であり、柱が立ち並んだ、いわばがらんとした空間である。例えば類聚雑要抄指図巻　巻第二室礼指図（川本重雄、小泉和子編集 1998:32）や東三条殿の復元図（川本重雄 2005: 図45）から境界の状態を確認してみよう。fig.19

西洋

道→（外縁部）築地塀／棟門→中門廊／中門→（南庭）→（建築外周部）蔀／妻戸／遣戸→御簾／几帳→（室内の仕切り）壁代／屏風／襖→（生活・儀式の場）畳／茵→御帳／御座→塗籠

建築外周部は、蔀、御簾、几帳といった、空気の流出入が容易で、透過性の高い境界で形成され、大きな一室的な空間に、室礼や仕切りといった境界を調整することによって、行事や人の活動の場が形成されている。

また、書院造りの初期的な様式でもある主殿造りの光浄院客殿（1601年）の境界とその領域はどのようなものだろうか。そこには今日、ごく一般的に和風と呼ばれるような庭と建築の状態をみることができるだろう。

広く池に張りだした縁に足を踏み入れてみよう。上部の庇が、池の反射光をとらえて、ゆらめいた光が室内的領域へと導かれている。室礼によって場がつくられるのではなく、襖などの仕切りによる続き間などによる使い方の可変性やフレキシビリティを確認することができる。

南からの境界の状態を確認してみよう。fig.20

（築山）→池→（建築外周）広縁→遣戸二枚、明障子一枚→（室内の仕切り）襖

外部的環境から、順次、グラジュアルに、境界の性質が変わってゆく。そこから空気感や環境がうつろう境界が、流動性を生み出しているのではないか。それは、環境の諸要素、光や雨がかりが時間的にも変化する場であり、人が快適に過ごすことのできる温熱環境でもある。

そして17世紀、桂川のほとりに桂離宮が計画される。現在の周囲の風景は、一部の田畑と接している以外はほとんど、庭園と隔絶している。桂垣とも呼ばれる竹の生垣の境界によって、いわば箱庭のように、池を巡る庭園と建築群が連続した世界が拡がる。fig.21　今日の見学順路のように、古書院の中門前の小さな広場部分から、池の周囲を巡ってみよう。

池の周囲を巡るにつれて、庭園の風景は、変化していく。すべてを一挙に見渡すような一つの場所は用意されていない。道を進むにつれて、池の気配や様々な場面の仕掛けを、ちらりちらりと感じていくのだ。刈り込みから不意に開ける池の風景、橋を渡って築山を上った先に待ち受ける賞花亭とそこからの庭園の眺望、さらに静かな木立の中を進みながら垣間見える池とその先の御殿群の様子など、回遊の道が進むごとに、風景が変化する。また、古書院の興寄せ前庭では、アプローチの畳石は斜めに走るなど、建築の正面も、一気に視界に入らないように注意深く計画されている。こうして私たちが進むにつれて光景が刻々と変化するように計画されていることが、人や視線の流動性を生み出しているのではないか。

すなわち流動性は、庭園を形成する経路から生み出されており、ここにおいて庭園とは、複数の経路の束なのである。その束は、分岐や合流を繰り返すことで、面的な場所をも形成しており、私たちは自由な意思で、行動する速度の変化を生み出すことができる。私たちは、ゆるやかに、やや快速に、活発に活動し、時には静かに休む……いろいろな音楽の速度記号を使いながら、風景と一体になっていく。散策路は目的地をもたず、経路自体が、その目的であり、活動の場でもある。またお茶屋群は、流れの変化を伴った滞留の面であり、温熱環境の系の分布図にもつながっていくだろう。

　進行するリニアな道としての「線」的な経路、そして、私たちが自由に気ままに歩き周囲を眺めたり、憩うような「面」的な経路の領域。複数の線と面が、それぞれほどよく混合されることで、建築と庭園は一続きの連続体となり、豊かな庭園としての建築、あるいは建築としての庭園が形成されるのではないか。そして、その線的経路と面的経路の混合によって、F.L.ライトがニューヨークのグッゲンハイム美術館でみせた流動的な建築空間が、庭園へとあふれ出している。

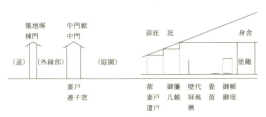

fig.19　寝殿造り　境界の図式

fig.20　光浄院客殿　断面図

fig.21　桂離宮の庭園の図式（点線部：線的な経路 / 太線は見学経路）、庭園写真

西洋

　そして、またもう少し小規模な民家レベルの庭園と建築でも、境界のグラジュアルな変化をみることはできる。

　大阪府羽曳野市の名主であった吉村家（主屋は17世紀前半頃再建）は、大和棟でも知られるが、昭和の解体修理以降の主屋からは、生活の各領域が、奥に進むごとに性格が変わってくことを確認できる。表から奥へ、居室部から客室部へ、より格式のある奥座敷へ、静かで聖なる領域へとその造作等が変化する。出入り口である広い土間の右手は、納屋や台所で、使用人や馬の領域、そして左側の畳の間を奥に進むにつれて、仕切りの建具は、板戸から襖へ変わり、最も奥の部屋は、数寄屋的な技巧を凝らした欄間や引き手、床のある奥座敷である。ここは、かつて子供は入れなかった場所ともされた。その奥座敷は、北と南の庭に挟まれて、光や風の流れを感じられる場所でもある。奥座敷まわりの境界の状態は、（北の庭、池）→広縁→付書院→奥座敷→縁→（南の庭）といったように連続した環境が奥座敷を形成する。fig.22

　豊かな環境になる条件の一つに、時の変化、例えば四季の変化に対応するような外部的－内部的環境を感じられることが挙げられるだろう。

　また、東京都新宿区にある林芙美子邸（1941年）は、近代建築の騎手でもあった山口文象の手になりながらも、少し抑えられた数寄屋的な技巧が感じられる民家でもある。一階

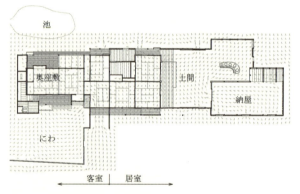

fig.22　吉村家平面図　1階平面図：人と風の流れのイメージ、内観（奥座敷方向をみる）

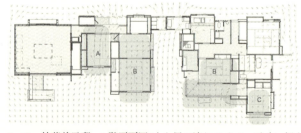

fig.23　林芙美子邸　1階平面図：人と風の流れのイメージ（A.個人的領域（執筆）　B.団らんの領域）
C.個人的領域）、内観

平面は 2 棟が結び付いた形状であるが、そのうち生活棟と呼ばれる東の棟は、家族の生活の多くの時間が費やされる場所でもあった。平面的に、廊下に挟まれた島のようにつくられた茶の間は、6 畳の広さではあるが、広い廊下状の縁と一体につくられているため、心理的な広さは、図面の情報よりも広く感じられるだろう。fig.23

　境界の状態は、南の庭→広縁→茶の間→廊下→台所→裏庭といったように、ここは茶の間中心につくられている。庭の環境に親しくつくられた家族の間でもある。そしてこうした昭和の後期以降、失われてきた「茶の間」のように、時間によってその使用方法が流動的に変化することが、この建築の見どころの一つになろう。

　このように場としての特性は、特に、建築が庭と一体になるような木造軸組で確認しやすい。

　外部的な環境（光、温度、湿度、雨、音等）から内部的な環境へ、うつろう境界、縁側、仕切りといった境界が流動性を生むだろう。

　また人が動き回り回遊できる庭園。線的な経路と面的な経路領域がほどよく混合され、一挙に全体が見渡せるのでは無く、ちらりちらりと垣間見える池などの風景が、流動性を生む。

　そして、こうした人の動きが、一日や季節の移り変わりとも互いに作用し合って、さまざまな時間的スパンの流動性が生み出されていく。状態の変化や運動は、時間的概念とセットになっているのだ。そうした時間は、物理的に計測されるような時間ではなく、人の生活の感覚が延長され、それぞれの個人によって異なるような時間でもある。そうした時間は、日常的な生活の感覚が延長された空間と共にある。例えばエドワード・ホールが論じたような個体距離や社会距離や、いわゆるパーソナル・スペースなど、私たちの活動状況に応じて変化する距離感、それが生きられる時間と空間を生み出す。

　こうしてさまざまな流れが、より生き生きとした人の活動領域、快適な温熱環境などをつくり、その影響のもとに、環境の再編成が行われたとき、自然界からリズムが引きだされてくるだろう。

　それは、小声でひっそりと歌い、口ずさむような詩になる。

　歩きまわる地表面の状態によって発生する音の高低や音色が変わり、庭園から建築の広がりと狭まりが、空間に濃淡をつけ、さらに私たちにリズムのバリエーションが増加する。身体がもつ複数の感覚と、自然環境のいくつかの要素のポリフォニックな共振作用。

　流れる空間とは、さらに歌われる自然のリズムとも呼応し、自らもリズム・メロディを発し、ハーモニーを形成し、歌い、響きあう活動の前触れなのでもある。

西 洋

参考文献

ヘラクレイトス 1997『ソクラテス以前の哲学者』廣川洋一訳、講談社

鴨長明 2011『方丈記』浅見和彦校訂・訳、筑摩書房

V. スカーリー 1966『近代建築』長尾重武訳、鹿島出版社

S. ギーディオン 1969『空間　時間　建築』太田寛訳、丸善

中川武 2002『日本の家　空間・記憶・言葉』TOTO 出版

太田博太郎 1983『日本建築の特質』岩波書店

『広辞苑第四版』岩波書店

物理学辞典編集委員会編 1984『物理学辞典』培風館

鹿園直達 2009『地球惑星システム科学入門』東京大学出版会

アリストテレス 1980『ギリシアの科学（アリストテレスの自然学）』藤沢令夫訳、中央公論社

M. ヤンマー 1980『空間の概念』高橋毅・大槻義彦訳、講談社

I. ニュートン 1979『ニュートン（自然哲学の数学的諸原理）』河辺訳、中央公論社

R. デカルト 2001『方法序説ほか』井上・水野訳、中央公論社

伊丹敬之 2005『場の論理とマネジメント』東洋経済新報社

F.L. ライト 2009『有機的建築』三輪直美訳、筑摩書房

岡倉覚三 1929『茶の本』村岡博訳、岩波書店

川本重雄・小泉和子編集 1998『類聚雑要抄指図巻』中央公論美術出版

川本重雄 2005『寝殿造の空間と儀式』中央公論美術出版

ファシズムのイタリア、余暇の建築

奥田　耕一郎

はじめに——楽しみのための未来像

　ファシズム期のイタリアで発行されたある雑誌に、右図（fig.1）に示す未来の都市についての記事がある。その本文は、映画「狼男」（1941年）の脚本を書いたことで知られるアメリカのSF作家C.シオドマク（Curt Siodmak, 1902-2000）のテキストの引用にはじまり、未来の都市には電磁石の地下鉄が走り、ヘリコプターが飛び交い、動く歩道があって……というような、さまざまな想像上の交通手段の描写を中心とする未来都市像が記述されていく。ページ中の図版も、翼で複数の胴体が連結された航空機、V.マルキ（Virgilio Marchi, 1895-1960）の描いた未来派建築に似たイラスト、車輪によって移動可能な集合住宅といったものだ。このような未来の都市像

fig.1 「未来の都市」、
「ジェンテ・ノストラ」1931年6月7日号

が現代のわたしたちにとってステレオタイプにみえるのは当然としても、A.サンテリア（Antonio Sant'Elia, 1888-1916）が1914年に描いた未来都市の精緻さや緊張感をおもうと、その約17年後のものとしてはなんとものどかな印象なのだが、これは美術や建築の最新動向を伝える専門誌ではない。これは、国民の余暇活動の組織的運営を目的として1925年5月にファシスト政府が設立した半官半民の行政機関「全国ドーポラヴォーロ事業団（Opera Nazionale Dopolavoro、以下O.N.D.）」による会報誌「ジェンテ・ノストラ（Gente Nostra、われらが人民）」の1ページである。その主たる読者、すなわち会員は、企業や工場で働く一般の従業員や労働者たちで、この雑誌は彼らの息抜きや気晴らし、楽しみのために発行されていた。それを彼らが好むか好まざるかは別としても。

西洋

1　仕事のあと：「ドーポラヴォーロ Dopolavoro」

　このO.N.D.と「ドーポラヴォーロ（Dopolavoro）」と呼ばれた余暇制度については、1981年に出版されたV. デ・グラツィアの包括的な研究によって、その現代的・政治的な意味の考察や再評価がなされている。ドーポラヴォーロの基本的な構想は、ジェノヴァ近郊ヴァード・リグーレにあった米ウェスティングハウス社の子会社でマネジャーを務めていたM. ジャーニ（Mario Giani, ?-1930）という人物によるものであった。労働者の福利厚生事業について独自の検討を行っていた彼は、この事業を「仕事のあと」を意味する「ドーポラヴォーロ」と命名、1919年に自らの研究所を設立し、1923年には雑誌「イル・ドーポラヴォーロ」を創刊するなど、その普及に努めていた。このジャーニのアイディアがファシスト労働組合総連合の目にとまり、1925年にはO.N.D.として発足するのだが、その理想とは異なるかたちで具現化されていく。彼の研究は元来、アメリカ型の経営管理方法、とりわけてテイラー・システムを下敷きに、工場の規律に労働者をいかに適合・調和させ、生産性を向上させるかを主題とするものであった。しかし、「ドーポラヴォーロ」活動とO.N.Dは、労働者への各種便宜の提供、彼らの集うさまざまなサークルやクラブ、レクリエーションやスポーツの集合体、あるいはそのために各地域に設立される余暇センターとして組織化されていく。

　その余暇活動の内容は、1933年にO.N.D.が発行した事業団の活動パンフレットによくまとめられており、O.N.D.はその事業を体育事業、芸術事業、教育事業、援助事業の4領域に分類している。体育事業としては、スポーツ、ゲーム、エクスカーションがこれを代表し、具体例としてキャンプや遠足、自転車ツーリング、競歩、スキーなどが挙げられている。芸術事業については、「カッロ・ディ・テスピ」と呼ばれた巡回演劇、オペラ、映画などの観劇・鑑賞のほか、事業団会員が出演するアマチュア民衆演劇「フィロドラマティカ」、コーラスやバンド演奏などの音楽活動、ラジオ聴取をその例としている。一方、教育事業は「大衆文化と専門化教育」を、援助事業は「保健衛生、公的割引、社会保険と各種控除」を行うものとしているが、その具体例は挙げられていない。後述するが、O.N.D.は1930年に気晴らしとしてのレジャーそのものを提供する機関へとその運営方針を転換しており、教育事業としては識字率向上のための授業のほか、イタリアの伝統文化などが伝えられていたが、援助事業は低調で、1937年発行の事業団年報をみると、鉄道、博物館、ショッピングにおける割引制度が主体となっている。

　このように、O.N.D.というファシズムの行政機関は、一見して建築と無関係のように思われるのだが、実は建築の分野においても決して無視できない活動を行っていた。雑多な試みの反復と取るに足らない結果の集積のように見受けられるその活動も、特に意匠の

面において注意深い調整や制御が行われていたのである。

　このO.N.D.による建築関連の活動は、その事業内容や組織運営に着目すると、労働者の住宅問題への介入と、余暇のための拠点施設整備という2つに分類される。以下それぞれにわけて確認していきたい。

2　労働者住宅にふさわしい趣味の開発

　この余暇のための全国事業団は、1927年から33年における約7年間、援助事業の一環として労働者の住宅問題への関与を試みた。具体的には、労働者住宅に適した家具と室内装飾の開発を促す全国規模のデザイン・コンクールを1927年から30年にかけて開催したことと、1930年と1933年のモンツァおよびミラノのトリエンナーレにてO.N.D.会員のためのモデル住宅「ドーポラヴォリスタの家」を展示したことがこれにあたる。

　余暇の組織がなぜ住宅に関心を示すのか。そこにはまず、終業後まっすぐに帰宅し自宅でくつろぐような、まじめな生活をおくるO.N.D.にとっての理想的な労働者像があった。例えば、家長が居酒屋に足が向いてしまうのは「家族団らんの場における楽しみの不足」のせいだと言うのである。ドーポラヴォーロの生みの親で労働管理に重きを置いたジャーニは、O.N.D.におけるファシスト党の支配が強化された1927年に組織を追われているが、その後のO.N.D.としても、労働外の大部分を占める自宅での時間の過ごし方が職場での勤務態度や生産性に影響を与えるということに考えはもちろん及んでいたであろう。しかし、この住宅への関心にはまた別の側面があった。それは、彼ら労働者、一般の国民にとってふさわしい生活様式とそのデザインを探る試みでもあったのである。

　1928年2月、O.N.D.は「国民住宅のための経済的家具・室内装飾全国コンクール(Concorso Nazionale dell'ammobiliamento e dell'arredamento economico della casa popolare、以下全国コンクール)」の要項を公示する。その開催目的は「(工場)労働者とつつましい事務労働者の住宅に向けられた、美しさ、耐久性、実用性と良き趣味の基準に応えつつ、控えめな価格を伴った家具一式の量産を促進すること」と謳われた。安価で美しく頑丈で機能性に富んだ家具のプロトタイプを開発しその量産・普及を目指す、という明快なテーマがここに打ち出されているが、そのなかにある「良き趣味」という語が注目される。これは「公共の趣味 il gusto pubblico」とも言い換えられ、その開発はこのコンクールの目標のなかでもとりわけて強調された。

　この目指すべき「公共の趣味」とはどんなものであったのか。O.N.D.によるその記述をみると、漠然とした標語に留まるものではありながらも、一定の傾向を持つことが読み取れる。例えば、このコンクールにおいて、芸術家・職人たちの手によって「ありふれた

西洋

fig.2　全国コンクール家具部門
G. ポンティと E. ランチャによる寝室案

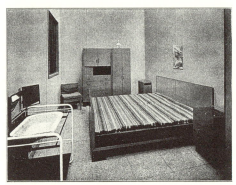

fig.3　全国コンクール家具部門
L. フィジーニによる寝室案

趣味による様式の複製の類ではなく、実用にのみ即し十分に検討された本物の趣味」[8]へと国民を回帰させなければならないとし、また「芸術的で豪華な家具の気取った模造品」[9]の拒絶が表明されている。さらに、「初歩的な必要性にかたくなに応えるだけで、シルエット、色彩、ディテールのひとつもない——つまり簡素すぎる——家具がつくるなんの趣味もない住宅ほど貧しいものはなく、そのような住宅は心地よい光景を与えるだろうか」[10]とも語られた。つまり、様式家具の模造は否定し、その一方で簡素すぎるものは受け入れないという程度には、その姿勢が打ち出されていた。

この O.N.D. の理想の趣味は、全国コンクールの最終審査において「好感 simpatia」という性質とともにさらに具体化される。例えば G. ポンティ（Gio Ponti, 1891-1979）と E. ランチャ（Emilio Lancia, 1890-1973）の設計によるラ・リナシェンテ百貨店出品の寝室案（fig.2）に対しては、「その勝利の範囲を拡大し、適切な好感をますます周囲に創り出している」[11]という評価が与えられた。また室内装飾の部門では、チェラミカ・イタリアーナ社とリチャード ジノリ社の2社が出品した陶器以外には「こんにち最も現代的で、最も好感の持てる、わかりやすい趣味と十分に控えめな価格の陶器を見つけることは難しい」と評価している[12]。この一方、L. フィジーニ（Luigi Figini, 1903-1984）の設計による I. ダッシ社の寝室案（fig.3）に対しては「節度を持ち、故意に控えられた、おそらくは過剰な簡素さ（semplicità）による若々しい家具だが、それでも上品である」と評されたように、行き過ぎた簡素さ、先鋭的な感覚には抵抗感が示された。要するに、「好感」と「簡素さ」とのバランスにおいて見いだされる、先進的すぎない新しさという感覚が求められたのである。

このコンクールの成果を受けて設計された、2つのトリエンナーレにおけるモデル住宅は、労働者に対する O.N.D. の真面目な取り組み、温情のプロパガンダとして展示された。この一連の事業でさぐられた、労働者住宅における「良き趣味」あるいは「公共の

趣味」とは、当時の大衆がもつ美的感覚の最大公約数ではなく体制の考える理想であり、O.N.D. がその事業の享受者たちにふさわしいと考えるような、ほどほどのモダン・デザインによる住宅とそのインテリアが開発されたのだった。

3　余暇のための専用施設――「カーサ・デル・ドーポラヴォーロ」

　一方、O.N.D. の多様なレジャーはどのように運営・組織され、提供されていたのだろうか。ファシスト党書記長であった A. トゥラーティ（Augusto Turati, 1885-1955）が1927年に O.N.D. の長である「特別コミッサーリオ」の地位に就くと、党による O.N.D. の支配が強まるとともに、ローマの中央事務局を頂点とする集権化がすすむ。各県都には中央事務局の直下にあたるものとして県委員会と県ドーポラヴォーロ事務局がおかれ、その配下に各都市の市町村ドーポラヴォーロ、地区ドーポラヴォーロというさらに小さな単位をおいた[13]。このように、余暇のための事務局と場所は、地方行政単位を基礎とする樹形状の指揮系統とともに、ファシスト期イタリアのすみずみに設置されていった。

　その余暇の事務局と場の整備においてはまず、既存の各地のサークル・労働者クラブの拠点や、「人民の家 Casa del popolo」、「人民大学 Università Popolare」が O.N.D. に強制的に編入され組織の一部となった。また、あらゆる地方・地域に「カッロ・ディ・テスピ」や映画の野外上映が巡回し、仮設施設を用いたマス・レジャーが供給されるとともに、各地につくられたスポーツ施設では O.N.D. が組織する各種の競技が行われた。

　そして、ファシスト党の地方支部として知られる「カーサ・デル・ファッショ」に、O.N.D. の関連施設が含まれることもあった。「カーサ・デル・ファッショ」はその初期において、党の事務所とファシズム運動のなかで殉死した同士「カメラーティ」の慰霊施設としての役割を主としていたが、ファシストの政府がさまざまな新しい施策のための各種事業団を設立するなかで、行政施設としての役割をも持つようになっていった。

　さらに、1930年9月に A. スタラーチェ（Achille Starace, 1889-1945）が特別コミッサーリオの地位に就くと、O.N.D. の事業は、楽しげで、軽快で、手に入れやすいレジャーの重点的な提供という方向に大きく舵を取ることとなり[14]、余暇の機会をさらに増大させる O.N.D. は、ドーポラヴォーロ専用の独立施設である「カーサ・デル・ドーポラヴォーロ」の設置をもすすめていった。

　この「カーサ・デル・ドーポラヴォーロ」については従来十分に知られてはこなかったが、O.N.D. の発行した各種出版物や当時の写真絵葉書を手がかりに、その設置の事実を個々に確認することができる。例えば、市町村のレベルにおかれたものとしては「イーモラ市ドーポラヴォーロ」（1932年、fig.4および5）、「ピエンツァ市ドーポラヴォーロ」（1934年、

西洋

fig.4 イーモラ市ドーポラヴォーロ

fig.5 旧イーモラ市ドーポラヴォーロ　現況

fig.6 ピエンツァ市ドーポラヴォーロ

fig.7 旧ピエンツァ市ドーポラヴォーロ　現況

fig.6 および7）などが現存例としてあげられる。前者は現在、部分的にイーモラ市が使用するものの放置された状態にあり、後者は第二次世界大戦の空襲によって南側ファサード部を除く後方部分のほとんどが崩壊し、戦後に再建されたのち、現在は民間の宿泊施設として利用されている。

　この市町村支部の上位におかれた県ドーポラヴォーロは、先述のように中央事務局の指示を県下へと伝えるハブの役割を果たしたことから、とりわけ重要な拠点施設である。O.N.D. は全国を現在のイタリア各州にほぼ相当する 15 のゾーンに分割して管理しており、1939 年の O.N.D. 年報をみると、それらゾーンが管轄する県都の合計数は 92 であり[15]、これらすべての県都に O.N.D. の事務局が置かれていたと考えられる。だが、トリノ、ミラノ、ローマなどの大都市では企業によるドーポラヴォーロが活発で、このほかにも都市的な余暇の機会がすでに十分にあったことから、O.N.D. によるマス・レジャー供給は低調であった。また、1938 年の事業団年報は、すべての県都での「カーサ・デル・ドーポラヴォーロ」設置を目指すにあたり、財政的な必要からしばしば民間所有の建物を借りて施設を整備したため、その賃料が全県における設置への障害となっていると伝えているなど[16]、すべての県都に何らかの拠点が置かれたにせよ、それがみなドーポラヴォーロ専用施設として設置されたとは考えにくい。したがって、都市的な余暇に親しみながらもいまだ発達の途上にあった中小規模の県都に、余暇の総合センターが重点的に建設されたと推察される。この県都の O.N.D. 専用施設について、規模や現存状況からとりわけ注目される、キエーティ県ドーポラヴォーロ、パルマ県ドー

ファシズムのイタリア、余暇の建築（奥田耕一郎）

ポラヴォーロ、ヴェルチェッリ県ドーポラヴォーロの3事例の特徴を確認してみよう。

3-1　キエーティ県ドーポラヴォーロ

1934年10月24日、スタラーチェの同席のもと開館式が行われたキエーティ県ドーポラヴォーロ（fig.8）は、キエーティ旧市街の南端、11月4日通りに沿って現存し（fig.9）、現在は国立キエーティ・ペスカーラ大学自然史博物館として利用されている。その設計者はナポリの「傷痍軍人会館 Casa del Mulitato」（1940年）の設計者として知られるナポリ出身の建築家 C. グエッラ（Camillo Guerra, 1889-1960）で、この施設の南にたつ「学生の家（Casa dello studente、現アブルッツォ州文化振興局図書館）」も彼の設計である。

fig.8　キエーティ県ドーポラヴォーロ

fig.9　旧キエーティ県ドーポラヴォーロ　現況

この建築は傾斜地にたつRC造2階建で、次第に地下となる下層階と上層階からなる。下層階には400人を収容する劇場兼上映室や運動場があり、上層階には図書室や県ドーポラヴォーロの事務局が置かれていた。

同建築において最も特徴的な部分のひとつは、現在のトレント・エ・トリエステ広場に向けられた北側正面である。劇場兼上映室の入口となる中央玄関の左右に階段を配し、これを上ったテラスを、ファシズムのシンボルである「ファッショ・リットーリオ」にかたどられた高さ約17mの2本の柱が対になって

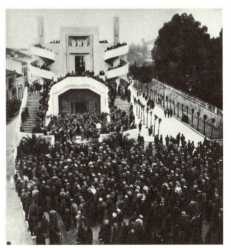

fig.10　キエーティ県ドーポラヴォーロ
　　　　野外コンサートの様子

貫き、これを軸とした螺旋階段が野外劇場として利用可能な屋上へのアプローチとなっており、この特徴的な正面を利用した野外コンサートの様子が記録されている（fig. 10）。現況の外観においては、「ファッショ・リットーリオ」の斧の部分が取り外され、正面部分でバリアフリー化などが行われているが、大幅な変更箇所は認められない。内部は博物館

への転用時に大きく改変されており、下層階には中二階が設けられ、これを展示室としている。

3-2　パルマ県ドーポラヴォーロ

パルマ県ドーポラヴォーロは、パルマ市の歴史的中心地区の南側外縁部、パルマ川に沿ったバゼッティ通りに現存し、現在「財団テアトロ・デュエ Fondazione Teatro Due」とその劇場および宿泊施設として使用されている。

この建築は1902年に建設が開始された公衆浴場（fig.11）をO.N.D.が接収、1935年にO.N.D.施設として開館したもので（fig.12）、新築の施設ではない。この県ドーポラヴォーロへの転用時に建築内外がモダニズムのスタイルへと大幅に変更された。

同建築は、O.N.D.県中央事務局の事務所、音楽その他の教育に用いる教室、集会室、サービス部を備えた体育館、スポーツ・クリニック、公衆浴場、シャワー、野外プールを有し、このほかに券売所や守衛の当直室を備えていた。[17] これを伝える1938年の事業団年報は、アトリウム、廊下、階段の広さを強調しており、そのファ

fig.11　パルマの公衆浴場

fig.12　パルマ県ドーポラヴォーロ

fig.13　旧パルマ県ドーポラヴォーロ　現況

サードは「注目に値する建築的重要性」をもつとしている。

プールの取り壊しや宿泊施設増築などを行った改築工事は2003年に終了し、現況（fig.13）においては、1936年に設けられた映画館兼劇場を主要部として使用している。また外観においては、県ドーポラヴォーロとなった1935年の状況を基礎としているが、建築正面に装飾的な構造物が付加されている。

3-3　ヴェルチェッリ県ドーポラヴォーロ

ヴェルチェッリ県ドーポラヴォーロは、ヴェルチェッリ市の歴史的中心地区の南西外縁部、現在のチェーザレ・バッティスティ広場に面し現存している（fig.14）。設計はF. フランチェーゼ（Francesco Francese, 生没年不明）という建築家で、1938年のO.N.D.年報では、[18]

同年に開館したことから大きく取り上げられており、片側1ページの全面を使ったモンタージュ写真（fig.15）で紹介されている。ここで実施可能な余暇活動はパルマのものを数において上回っており、内部にはO.N.D.県中央事務局および市ドーポラヴォーロの事務所、県旅行局の事務所、義勇軍協会の支部、音楽隊、コーラス部の学校と夜間学校、図書室、ダンスと集会のためのホール、バー、ゲーム室、スポーツ・クリニック、座席数700の劇場兼映画館、楽屋、小リハーサル室、売店、フェンシング室、軽運動室、守衛当直室、その他サービス部があると伝えられている。またその周囲には、ボッチェ（O.N.D.が普及を推進したボール・ゲームの一種）場、バスケットボールとバレーボールの兼用コート、ローラースケート場、野外プールがあり、このプールには更衣室、シャワーのほかレストランやビュッフェが付属すると記述されている。

　この建築は近年まで民間の映画館とスポーツクラブとして利用されたのち放置されていたが、現在はこの地方の稲作文化を伝える広報センターとしての活用に向け準備がすすめ

fig.14　旧ヴェルチェッリ県
　　　　ドーポラヴォーロ　現況

fig.15　ヴェルチェッリ県ドーポラヴォーロ

られている。一方、建築南側に所在するプールは市営プールとして現在も夏期に利用されており、その改変状況は外観からは判別が難しいが、現在料金所として利用されている部分は建築当初のものを留めていると推察される。また、北側と東側の2カ所にある門には、「OND」のロゴタイプが施された金属製の門扉が現在も残されている。

　以上のように、これらの建築は建設の経緯や設計者、規模、意匠もさまざまである。外観に注目すれば、キエーティの事例ではファシズムのシンボルを掲げているが、それは付加的な要素で、建築全体としては未来派的な感覚が見てとれる一方、パルマ県ドーポラヴォーロでは明らかにモダニズムの建築となるよう改築が行われており、ヴェルチェッ

リの事例はおだやかに単純化された歴史主義の建築のようにも見受けられる。市町村ドーポラヴォーロの2例についても、イーモラの事例はリバティ・スタイルを想起させ、ピエンツァの事例はこれよりも装飾に乏しく平滑な表面を持つもののモダニズムの建築とは言い難く、これらO.N.D.の余暇施設が一定の様式的傾向を持っていたようには思われない。しかし、多様であるがゆえに明確なのは、ローマのEUR地区にたつ建築のような、ファシズムの力を誇示し見るものに威圧感を与えるフォルムとは明確に異なっていることである。いずれもどこか素朴で、斬新さを追求しないわかりやすいモダン・デザインに留められている。それは、冒頭にあげた未来都市のファンタジックな姿や、家具コンクールにおいて目指された「好感」と「簡素さ」からなる趣味に通底して見てとられるものである。ファシズムとその芸術と言えば、問答無用の強制をただちに想起させるような、あからさまな権力の表象を考えがちだが、ドーポラヴォーロとこれに関係した建築をみるかぎり、それはもうすこし複雑で繊細であるように思われるのである。

4 ドーポラヴォーロのかたち　その現代的な意味について

　デ・グラツィアが指摘するよう、ファシズム期のO.N.D.が提供した余暇には、権威主義的な性格があった。「真の文化とはエリートによってつくられ、大衆に調達されるもの」[19]であり、ドーポラヴォーロの文化とは、知識人の文化を一般に手に入れやすく、わかりやすい普及型に落とし込んだものであった。ファシストは「自分たちではない彼ら」に与えるべきものを、できるかぎり幅広く供給、つまり押し付けた。「官製のポップ・カルチャー」ともいえるドーポラヴォーロの文化とその建築や空間は、まさにそのようなわかりやすさを目指し、知識人のそれとの距離感を維持するようかたちづくられていた。

　では、そのようなわかりやすさによって、当時のイタリア国民は体制への熱狂的支持を駆り立てられたのだろうか。デ・グラツィアは、ファシズムの強制力なしにO.N.D.の活動は実現できなかったとする一方、ドーポラヴォーロがその支配の支柱として機能したとまでは考えていない。ドーポラヴォーロの「非政治性」は一定の従順な国民をつくりだしたが、その手っ取り早い余暇や娯楽という性格がゆえに政治的動員は困難であったとしている。また、デ・グラツィアのほか、アンヌ・マリ・ティエッスも指摘するよう[20]、労働者の余暇の組織化というテーマは、ファシズムという体制に限らず1930年代における欧米を中心とした各国の関心事のひとつであった。集団的な余暇は、労働者に対する支配力を強めつつ、彼らを知的にも健康・衛生的にも向上させる良きものと考えられていた。こんにちのわれわれにとって文化的統制あるいは自由の束縛としてみえるこの余暇の組織化ということ自体が、当時において政治的な領域に属するものとは捉えられてはいなかったの

である。

　実際、O.N.D. は第二次世界大戦後に後継機関 ENAL（Ente Nazionale Assistenza Laboratori、国立労働者支援公団）へと移行、この公団は 1978 年まで存続する。ENAL によるドーポラヴォーロ活動も活発に行われ、ENAL の県事務所はそのまま「県ドーポラヴォーロ」と呼ばれた。その出自が示すよう、ドーポラヴォーロは完全なるファシズムの産物ではなく、体制の倒れた戦後の自由な余暇もまた「ドーポラヴォーロ」だったのである。

　ドーポラヴォーロの建築は、大衆向けの組織的な余暇の普及・発展がかつて国家を統治する上での重要事項のひとつと考えられたこと、そしてこれを大きく成功させたのはファシズムだったことを、その強制のイメージとは対照的な、どこか親しみのある表情によって教えてくれる。このとき胸にとめられるべきものは、むしろファシズムが手中におさめる以前におけるその出自と、この歴史的な事実に対する現代のわれわれの捉え方ではないだろうか。そう考えるとき、ドーポラヴォーロとそのかたちは、イタリア・ファシズムの枠を超えて、何らかの手段でひとびとをあやつれるのではないか、ひとびとの自由な意志決定に影響できるのではないかという発想あるいは誘惑の、20 世紀における初期的なあらわれとその脅威を伝える遺産として見えてくるのである。

註

1　Opera Nazionale Dopolavoro, *Gente Nostra. Illustrazione fascista*, Roma, Anno I, n.1 (3 marzo 1929) - Anno XII, n.30 (28 ottobre 1940).

2　De Grazia, Victoria, *The culture of consent. Mass organization of leisure in Fascist Italy*, Cambridge, Cambridge University Press, 1981（豊下楢彦他訳 1989『柔らかいファシズム：イタリア・ファシズムと余暇の組織化』有斐閣）.

3　O.N.D., *Realizzazioni e Sviluppi dell'Opera Nazionale Dopolavoro*, Borgo San Dalmazzo, Istitute Grafico Bertello, 1933.

4　O.N.D., *Annuario dell'Opera Nazionale Dopolavoro 1937*, Novara, Istituto geografico De Agostini, 1937.

5　O.N.D., *Bollettino mensile dell'O.N.D.. I concorsi Nazionali per l'Ammobiliamento e 'Arredamento Economico della Casa Popolare*, n.3-4, Anno II, Roma, marzo-aprile 1928, p.131.

6　Ibid., pp.81-82.

7　Nebbia, Ugo, *Gusto del popolo*, in *Bollettino mensile dell'O.N.D.*, ibid., pp.215-220.

8　Ibid., p.218.

9　Ibid., p.225.

10　Ibid., p.22.

西　洋

11, 12　Reggiori, Ferdinando, *Il concorso nazionale per l'ammobigliamento e l'arredamento economico della casa popolare. promosso dall'Opera Nazionale Dopolavoro e dall'Ente Nazionale Piccole Industrie*, in *Architettura e Arti decorative*, Roma, fasc.XI, anno VIII, luglio 1929, p.498

13　O.N.D., *Realizzazioni e Sviluppi dell'O.N.D.*, op.cit., p.13.

14　Starace, Achille, *L'Opera Nazionale Dopolavoro*, Collana Panorami di vita fascista Vol.II, Milano, Arnaldo Mondadori editore, 1933, pp.13-14.

15　O.N.D., *Annuario dell'O.N.D. 1939*, Novara, Istituto Geografico De Agostini, 1939, pp.265-374.

16-18　O.N.D., *Annuario dell'O.N.D. 1938,* Roma, Società editorice di Novissima, 1938, pp.228-230.

19　De Grazia, op.cit., 邦訳 p.318.

20　Thiesse, *Anne-Marie, Organisation des loisirs des travailleurs et temps dérobés (1880-1930)*, in Corbin, Alain, *L'avènement des loisir 1850-1960*, Paris, Aubier, 1995, pp.299-322（「労働者の余暇組織と隠れた時間（一八八〇－一九三〇年）」、渡辺響子訳 2000『レジャーの誕生』藤原書店：353-380）.

図版出典

fig.1　*Gente Nostra*, Anno III, n.23, 7 giugno 1931, p.5

fig.2, 3　Reggiori, op.cit., p.484

fig.4　古写真　撮影・印刷年不明　著者蔵

fig.5　著者撮影　2012 年 6 月

fig.6　*Gente Nostra*, Anno VI, n.43, 28 ottobre 1934, p.6

fig.7　著者撮影　2013 年 9 月

fig.8　写真絵葉書　1936 年印刷　著者蔵

fig.9　著者撮影　2013 年 3 月

fig.10　O.N.D., *Annuario dell'O.N.D. 1939*, op.cit., p.327

fig.11　Gonizzi, Giancarlo, *I luoghi della storia. Atlante topografico parmigiano. vol.3*, Parma, PPS editorice, 2002, p.180

fig.12　O.N.D., *Annuario dell'O.N.D. 1938*, op.cit., p.230

fig.13　著者撮影　2012 年 6 月

fig.14　著者撮影　2012 年 8 月

fig.15　O.N.D., *Annuario dell'O.N.D. 1938*, op.cit., p.229

南アジア

インド・イスラーム墓廟建築とヒンドゥーの伝統的建築計画

黒河内　宏昌

はじめに

　中川教授のアジア最初のフィールド調査は、南アジアの島国スリランカで、1983年から1991年にかけて行われた。小規模な学術調査であったが、中川研の多くの有志が参加して、全員で作り上げていった調査であった（中川1991）。私は1984年からこの調査に参加し、スリランカ古代建築をテーマとして研究する機会をいただいた。そして研究を進めるうちに、スリランカやインドなどの南アジア地域に、仏教、ヒンドゥー教の宇宙観に根差した固有の建築計画があることを、当地の伝統的建築書から知った。それ以来、私はその建築計画を遺構から検出する研究を続けた。

　その後私は、こうした伝統的な建築計画が建築職人集団のみならず、一般の人々にも理解されて意味をなし、さらに仏教、ヒンドゥー教の建築にとどまらず、より広範な対象に用いられたのではないかと考えるようになった。本稿ではそれを物語る一つの例をご紹介していきたい。

　舞台はムガル帝国（1526〜1858年）前半期のインド亜大陸北部である。ムガル帝国の皇帝たちは中央アジア出自のイスラーム教徒であったが、多数派のヒンドゥー教徒をいかに統治するかに悩み続けていた。彼らはタージ・マハル廟を代表とする多くのモニュメントを建設したが、それらにはイスラーム建築としては説明のつかない謎がある。本稿はこれらの謎が、伝統的なヒンドゥーの建築計画を取り入れたことによって生じたものであり、それはヒンドゥー教徒に「このモニュメントにはヒンドゥーの神々が宿っている」と想起させることが目的であったという仮説を御紹介する。

1　ムガル帝国前半の皇帝たちと墓廟

1-1　フマユーン廟〔インド、デリー、1565〜72年（アクバル治世）〕

　ムガル帝国は初代皇帝バーブル（在位1526〜30年）によって開かれたが、彼は目立った廟は建設していない。

　第2代皇帝フマユーン（在位1530〜40、55〜56年）は、長くインドを追放されていた時

南アジア

期があり、ペルシャの支援を受けてムガル帝国を再興させたものの、直後に急死してしまった。

フマユーン廟（写真1）は、ペルシャからチャハル・バーグ（四分庭園）という四方相称の庭園形式を移入し、配置図の上ではその中央に墓廟が建っている。墓廟もペルシャ様式で、中央の墓室に摸棺が置かれ、真の棺は基壇内に収められている。王妃や王子たちも合葬されている。

写真1　フマユーン廟

1-2　アクバル廟〔インド、シカンドラ、1600～13年（アクバル～ジャハーンギール治世）〕

第3代皇帝アクバル（1556～1605年）は、ヒンドゥー教徒と姻戚関係を結ぶなど、異教徒と融和する政策を実行し、現在のインド・パキスタンの北半分を勢力下に置く大帝国を築いた。

アクバル廟（写真2）はフマユーン廟同様、チャハル・バーグの中央に建つ配置をとる。墓廟はペルシャ様式をとらず、基壇上にはヒンドゥー折衷様式の赤砂岩による柱梁造の構造物が立ち上がる。そして白大理石の壁で囲まれた

写真2　アクバル廟

最上層が乗るが、そこには屋根がなく、置かれた摸棺は野天にさらされている。ヒンドゥー教徒であった正室のマリアム・ウッザマーニの廟（1623-27年）は、アクバル廟の南西約1kmのところに建つ。

1-3　ジャハーンギール廟〔パキスタン、シャーダラ、1627～37年（シャー・ジャハーン治世）〕

第4代皇帝ジャハーンギール（在位1605～27年）は、父王に引き続き異教徒への寛容政策に努めた。しかし治世後半は病気がちとなり、王妃ヌール・ジャハーンらが実権を握った。

ジャハーンギール廟（写真3）は、チャハル・バーグの中央に墓廟が配置されるが、基壇とミナレットのみで、ドームばかりか建築そのものがない。真の棺は基壇内に安置されており、廟としての機能は一応満たしているが、基壇

写真3　ジャハーンギール廟

上にミナレット 4 本と小さな墓標だけしかない光景はアンバランスな印象を与え、未完成との印象すら与える。ジャハーンギール廟の西約 800m には、妃のヌール・ジャハーンの廟がある。

1-4 タージ・マハル廟〔インド、アーグラ、1632～53 年（シャー・ジャハーン治世）〕

　第 5 代皇帝シャー・ジャハーン（在位 1628～58 年）は、領土の拡大に努め、多くの歳入をもとに建設活動を盛んに行ったが、異教徒に対する寛容政策からは転換を図ったとされる。

　シャー・ジャハーンが正室のムムターズ・マハルのために建てたタージ・マハル廟（写真 4）は、洗練されたプロポーションと細部衣装で、インド・イスラーム建築の最高峰とされる。墓

写真 4　タージ・マハル廟

廟はチャハル・バーグの中央にはなく、庭園の奥にヤムナー川を背にして建つ。川の対岸にはメフタブ・バーグ（月光庭園、～1652 年）が造営されているが、シャー・ジャハーンはそこに自らの墓廟を建てる予定だったとする伝説もある。

1-5 ビービー・カ・マクバラー廟〔インド、アウランガーバード、1651～61 年（シャー・ジャハーン～アウラングゼーブ治世）〕

　第 6 代皇帝アウラングゼーブ（在位 1658～1707 年）は、インド亜大陸のほぼ全土を版図としたが、イスラーム教至上主義のため、没後はヒンドゥー勢力が離反し帝国は勢いを失った。

　ビービー・カ・マクバラー廟（写真 5）は、アウラングゼーブの正室ディルラス・バーヌー・ベーガムの墓である。墓廟はチャハル・バーグの中央に戻っている。基壇上にモスクと並んで

写真 5　ビービー・カ・マクバラー廟

建つ墓廟は、ひょろ長くてプロポーションが悪く、白大理石の代わりに多く漆喰が使われている。これらの点を総じて、タージ・マハルの劣悪なコピーとする見方が多い。アウラングゼーブは 18km 離れたクルーダーバードで質素な墓に眠っている〔この章は（渡辺 1988）、（Koch2002）、（Koch2006）参照〕。

南アジア

2 廟にひそむ謎とインド建築書に見るヒンドゥーの建築計画

これらを調べていくと、既往研究でも解明されていない謎がいくつか浮かび上がってくる。
①フマユーン廟は配置図ではチャハル・バーグの中央に建つが、実際庭園に立って注意深く観察すると四方相称に見えない。
②アクバル廟にはなぜ屋根がないのか。
③ジャハーンギール廟にはなぜ建築そのものがないのか。
④タージ・マハル廟はなぜチャハル・バーグの奥に建てられたのか。
⑤ビービー・カ・マクバラー廟はなぜタージの劣悪なコピーと揶揄される建築になったのか。
〔(山田 1997)、(渡辺 1988)、(Koch 2002) 参照〕

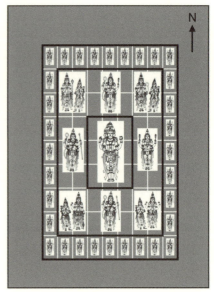

図1　建築マンダラの一例
中心・内周・外周の3重の構成をとる

これらの謎を解くカギとなるのは、次のヒンドゥーの建築計画である。インドの伝統的建築書は、敷地の選定から完成後の入居式に至るまで、広範な内容を扱っているが、その中の一つに「建築マンダラ（ヴァストゥプルシャ・マンダラ）」がある。これは庭園も含めた敷地全体、あるいは個々の建築の敷地に米粉などで碁盤の目状の図形を描き、地鎮祭を行って各区画に定められた神格を降臨させるというものである（図1）〔(Dagens1994) 参照〕。

この「建築マンダラ」は、実際の建築群の配置や、建築と外部空間の関係にも影響を与える。「建築マンダラ」の中心には最高神の一つブラフマーが宿るが、この区画には敷地においては建築を配置してはならず、建築の場合は屋根で覆ってはならないとされる。そこは神と通じることができるように、常に自然と繋がっていなければならないのである。「建築マンダラ」を通じ敷地や建築に神が宿ることは、建築職人のみが理解することではなく、敷地の中央から建物がずれて配置されたり、建物の中央に中庭が設けられることで、一般の人々も十分知覚し得たと考えられる。

3 皇帝廟・王妃廟の謎を検証する

3-1 フマユーン廟はなぜ四方相称に見えないのか（①の謎）

フマユーン廟のチャハル・バーグは、水路により縦横それぞれ6等分割されているが、東端の縦一列の地表面が1mほど低くなっている（図2、写真6）。つまり、鳥瞰で見ればチャ

インド・イスラーム墓廟建築とヒンドゥーの伝統的建築計画（黒河内宏昌）

写真6　庭園に見られる段差

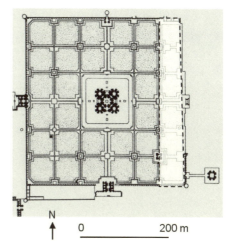

図2　フマユーン廟　配置図
点線白抜き箇所が地表面の低い部分

ハル・バーグは正方形で墓廟は中央に建つのだが、実際には同一レベルの庭園部分は正方形ではなく、墓廟は中心よりも東にずれて建つように見えるのである。このずれは、「建築マンダラ」の「敷地の中央には建築を配置してはならない」に一致するのではなかろうか。

また庭園の南東隅には、通称「理髪師の墓」（1590～91年、用途不明）が後世増築された。南東隅は「建築マンダラ」ではイーシャ（最高神の一つシヴァの別名）という位の高い神が宿る区画である。

フマユーン廟は、墓廟はイスラームのペルシャ様式だが、配置にはヒンドゥーの建築計画が潜在しているのではなかろうか。

3-2　アクバル廟が屋根を持たなかった理由（②の謎）

アクバル廟の墓廟はペルシャ様式ではなく、ヒンドゥー様式に似た柱梁構造の躯体を基壇上に立ち上げている。さらに基壇内の墓室はほぼ無装飾で（写真7）、ヒンドゥー寺院の本殿聖室を連想させる。アクバル廟は墓廟をより直截的にヒンドゥーの様式に近付けたのである。

とすれば、アクバル廟の最上層に屋根がなく摸棺が露天にさらされていることは、屋根が未完成だったのではなく、「建築マンダラ」における「建築の中央には屋根をかけてはならない」との関連でとらえられるのではなかろうか。摸棺（あくまでも摸棺で真棺ではない）が屋根で覆われることなく自然に直結していることは（写真8）、アクバルとヒンドゥー神が一体化することを暗示する表

写真7　真の棺がある無装飾の墓室

109

南アジア

現であったのかもしれない。

このように見ていくとアクバル廟は、王が神と一体化してデーヴァラージャとなるカンボジアのピラミッド型ヒンドゥー寺院や、数段の基壇上に仏塔をのせたインドネシアのボロブドゥールやインドのケサリア仏塔などと、一脈相通じる建築であったとも言えるのではないだろうか。

3-3　ジャハーンギール廟が墓廟を建てなかった理由（③の謎）

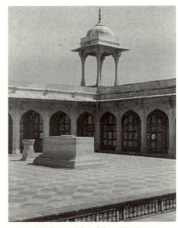
写真8　最上層で野天にさらされている摸棺

ジャハーンギール廟が未完成であるとする考えは否定しきれない。建設期間はタージ・マハルと重なっており、なおざりにされたということも十分にあり得る。しかし、ジャハーンギールの母の墓廟である先述のマリアム・ウッザマーニ廟（写真9）や、ヌール・ジャハーンの墓廟も、ほぼ基壇のみの形式であり、ジャハーンギール廟もあながち未完成と断じることはできない。

写真9　マリアム・ウッザマーニ廟
こうした基壇とミナレットのみの形式の墓廟は多数ある

もしジャハーンギール廟が完成形なのであれば、それはアクバル廟の系譜の上に位置づけられるのではなかろうか。ジャハーンギール廟では墓廟建築は省略されているが、摸棺（墓標）が野天にさらされて置かれている点は共通である。ジャハーンギール廟は基壇上の墓碑を直接自然のもとにさらすというより単純な方法で、ヒンドゥー神との一体化を表現したと見ることができるのではないだろうか。

写真10　ジャハーンギール廟
基壇上の古写真

3-4　タージ・マハルの配置に込められた意味（④の謎）

アクバル廟とジャハーンギール廟は、墓廟そのものがヒンドゥー的であったと考えられるが、タージ・マハル廟の墓廟はペルシャ様式に回帰している。しかし配置計画はどうで

あろうか。

ヤムナー川対岸にシャー・ジャハーンが自らの墓廟を黒大理石で建てるつもりであったという話は、風聞の枠を出ない。しかし、のちに皇帝が合葬されたものの、タージ・マハル廟は棺の配置を見れば明らかに王妃のための墓廟であるし、タージ・マハル廟と同時に造られたヤムナー川対岸のメタハフ・バーグの幅が、タージ・マハル廟の敷地と一致していることは、両者が同一計画上にあったことを示唆している。アクバルやジャハーンギールも、正室の廟は近接して建てられており、シャー・ジャハーンがメタハフ・バーグに自分の廟を建てる予定だったということは、十分にあり得ることであろう。

写真11 タージ・マハル廟から望むメタハフ・バーグ

ではもしシャー・ジャハーン廟が、タージ・マハル廟を南北反転する形でヤムナー川の対岸に建設されていたならば、その光景はヒンドゥー教徒の目にどのように映ったであろうか（図3）。2つの廟の敷地を一つと見なせば、「建築マンダラ」で空けておくべき敷地の中心を、ヒンドゥー教徒がガンガー女神の住処と考えた聖なるヤムナー川が流れ、それと並んで夫婦の墓廟が「建築マンダラ」の中心区画に建ち、ヒンドゥー女神に守られていると彼らはとらえたであろう。タージ・マハル廟の配置は、こうした「建築マンダラ」によるヒンドゥー神との融合を、壮大なスケールで可視化しているのではなかろうか。

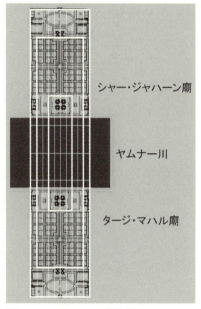

図3 タージ・マハル廟と想像のシャー・ジャハーン廟に縦横10等分割の「建築マンダラ」を当てはめた図

3-5 第2のタージ・マハルはアンチ・タージ・マハル？（⑤の謎）

ビービー・カ・マクバラー廟には、これまでとりあげてきた例と違い、「建築マンダラ」を想起させるような特徴は何一つない。墓廟は四方相称のチャハル・バーグの中央に建ち、建築もすべて屋根で覆われている。ヒンドゥー神の存在を意識させるような仕掛けはここにはない。

南アジア

　ビービー・カ・マクバラー廟で特徴的なのは、基壇上のモスクである。タージ・マハル廟でも敷地内にモスクはあるが、ここではそれは墓廟とともに基壇上に建てられている。墓廟の立面は縦長の不安定なプロポーションをとっているが、それは隣接するモスクと一体となって初めて安定して見えるように、意図されたデザインだったのではなかろうか。そしてそれはモスク＝イスラーム教の重要さを表現しているのではなかろうか。

写真12　墓廟脇に建つモスク

　アウラングゼーブは、イスラーム至上主義を取り入れた皇帝であった。ビービー・カ・マクバラー廟はヒンドゥーの建築計画を排除しており、その視点から見ればタージ・マハル廟のコピーというより、それを否定しようとしたモニュメントであったと考えられよう。

おわりに

　アウラングゼーブののち、ムガル帝国は150年あまり続くが、1858年、最後の皇帝がイギリスにより追放され滅亡した。しかしムガル帝国の墓廟のストーリーは、人々の記憶に残り、後世の歴史に引き継がれていく。

　インド帝国総督カーゾンは、ビクトリア・メモリアル（1905～21年）をカルカッタ（当時）に建設する。このビクトリア記念堂は、正面、背面はタージ・マハル廟と似ているが、両側面から見るとキリスト教会堂を思わせる。カーゾンはインド人のタージ・マハル廟の記憶を咀嚼して、イスラームとヒンドゥーならぬ、ヨーロッパとインドの融合を訴えたのであろう。

写真13　ビクトリア・メモリアル
　　　　斜め正面から見る

　一方インド市民は1926年、カルカッタにナコーダ・モスクを建造した。そのデザインは、イスラームとヒンドゥーの融合を目指したアクバルの廟を手本としていた。反イギリスに向け、イスラーム教徒とヒンドゥー教徒の結束を呼びかけるメッセージが、そこからは読み取れる。

　こうした事例は、ムガル帝国の墓廟が単なるイスラーム

写真14　ナコーダ・モスク

の産物ではなく、ヒンドゥーの建築計画を取り入れてインドの伝統との融合を表現しようとしたものであったことの、表れではなかろうか。

参考文献

中川武 1991『スリランカの古代建築：Ancient Architecture in Sri Lanka』早稲田大学アジア建築研究会

山田篤美 1997『ムガル美術の旅』朝日新聞社

渡辺建夫 1988『タージ・マハル物語』朝日選書352、朝日新聞社

Dagens, B.1994, Mayamatam, Vol.I & II, Kalāmūlaśāstra Series – 14 & 15, New Delhi & Delhi

Koch, E.2002, Mughal Architecture：An Outline of Its History and Development (1526-1858), New Delhi

Koch, E2006, Complete Taj Mahal：And the Riverfront Gardens of Agra, New York

図版出典

図2；Stierlin, H. ed., Volwahsen, A., Islamic India, Architecture of the world 8, Köln, p.78 を加工

図3；渡辺建夫 1988『タージ・マハル物語』、朝日選書352、朝日新聞社、p.183 を加工

写真8；Asher, C.B. 1992, The New Cambridge History of India, Architecture of Mughal India, Cambridge, p.109, Plate57

写真10；http://defence.pk/threads/lahore-old-pictures.160223/, 2014.6.6

他は筆者による

18世紀末期から19世紀初期における
タイ・バンコクの寺院伽藍配置と壁画の研究

チャイヨシ イサボラパント

はじめに

　歴史上では、タイの現在の都「バンコク」の基礎が築かれたのは1782年である。19世紀初期まで（ラーマ第1世王から第3世王まで）、バンコクは中国と西洋国（イギリス、アメリカなど）から、貿易の既成緩和を要求されていた。(1)チャックリー王朝時代の初めに、海外との商業取り引きだけではなく、さまざまなテクノロジーが輸入される。例えば、中国からは文学、宮大工、画工などの渡来が伝えられ、西洋からは、カメラ、活版の活字、絵画の遠近法などである。1782年から1851年（ラーマ第3世王の亡くなった年）の69年の間、バンコクは大きな都市ではなかったが、少数の寺院と建物が、雄大に、また美術的に造られ、壁画、彫刻なども多くが造られて豊かな都市となった。都市の市民にとっては、必然的に価値観や空間感覚などを含むかたちで、生活環境が変わっていった。

　18世紀の末期は、宮殿あるいは仏教寺院の建築に要する労力は小さく、規模も小さい。その後、特に中国を中心とする海外貿易がきっかけとなり、建物や壁画、彫刻などの活動が増大した。その結果、現在のバンコクに見られる寺々のいくつかの形式は、ほとんどこの時代から残されたものとなっている。

寺院壁画

　プッタイサワン講堂（国立博物館蔵）（図1）の壁画の物語を検討すると、画面は3部（左上、右上、中下）に分けられることがわかる。左右対称の構図で表現されており、中下部に物語のメインイメージとなる宮殿建物がバランスをとって表されている。さらに、建物の空間表現には奥行きがなく、平面的に描かれている。奥行きを表現する方法は、人や建物などを斜方向に重ねるという特徴がある。

　これと、19世紀初期の壁画を比較すると、大きな変化がある。例えば、プラチェトゥポン寺の9番の壁画（図2）は、3つの空間を分け、左右非対称の構図で表現されている。画面の中部は広場を表現しているが、特に3つの空間に分けられた町はトリミングがされていて、建物群が分割されている。奥行きの表現方法は、斜方向に重ねる表現技法に代わ

南アジア

図1　プッタイサワン講堂の壁画

図2　プラチェトゥポン寺の壁画

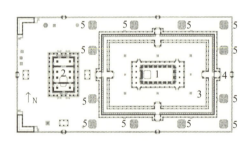

図3　サケット寺の伽藍配置
1 本堂　2 講堂　3 回廊　4 中門　5 仏塔　6 説法堂

り、アイソメトリックス法が使用され、空間の奥行を強調するため、出入口門に使用人が配置されている。

左右非対称の構図は、一点透視ではなく複数点透視である。絵を理解するためには、中心の絵だけを見て理解するのでなく、部分を理解して組み合せる必要がある。つまり、見る人は自分で自由に解釈ができる。壁画全体を理解することは難しいと考えるが、視点を変えれば視覚的に面白い効果があると考えられる。[2]

寺院建築が設けられ、タイの都となった新たなバンコクでは、経済活動が発展し、建築界はよりいっそう活発となった。寺院建築が次第に数を増していったことは明らかであろう。残念ながら、18世紀末期に建てられた仏教寺院の多くは、19世紀初期に立て直されており、旧来を踏襲する建物は少ないと言える。考察できる例として、18世紀末期に建てられたサケット寺の伽藍配置（図3）を見ると、中門（東）、本堂、裏門を中心線上に並べ、回廊は中門から裏門（西）に達し、北門と南門を正面から見て左右対称に並置している。18世紀末期のサケット寺式といわれるチャックリー王朝時代初めの基本的な伽藍配置と

考えられる。19世紀初期に変更された点としては、回廊の外側の12棟の仏塔（プラング形）と、立像大仏を安置する講堂など、多くが建立されたと考えられる。伽藍全体の奥行きに特性をもたせて完成させたことが認められている。

　その過渡期として、19世紀初期の寺院の伽藍配置にはさまざまな変化があり、その特徴は次のように諸寺院から見ることができる。

1）ラーチャオロス寺の伽藍では、本尊を安置する本堂、経を講ずる講堂、回廊、回廊の正面に開かれる中門、回廊の外側に建てられる仏塔、説法堂、鐘楼、経楼のほか、もっとも重要かつ最大の建築である涅槃堂が裏側に配置されている。本堂は小規模で東の正面にあり、涅槃堂は大規模であり伽藍配置の中心的存在と言える（図4）。

2）テープチダラム寺の伽藍では、本堂と講堂はほぼ同じ規模で左右に並置されるが、仏塔が本堂を巡る回廊の4つの隅にたてられる仏塔（プラーン形）から解釈すると、講堂より本堂を重視したことが認められる。伽藍としては仏塔は大きくなく、寺院を訪れて東大門を入ると、開放的な視覚効果を及ぼす（図5）。

3）プラチェトゥポン寺は、18世紀末期の伽藍配置の復元が考定できる。歴史的にチャックリー王朝に関わりが深いため、始めから寺院全体の建築が印象的かつ雄大に建造されている。本堂を中心として対称を成し、回廊（大と小）と、その4つ面に開かれる門、回廊の内と外側に建てられる仏塔、背面には経楼、大衆院（アユタヤー時代における寺院本堂に相当）と鐘楼を確認することができる（図6）。

　19世紀初期の変化の特徴としては、本堂を拡大し、仏塔の数を増し、数種類の中国式石組庭園を築き、庭園に隠者のヨーガ姿の彫刻を立て（治病効果を公衆に知らせるため）、製薬方法や文学に関する書が碑文に刻まれ、中国から輸入された彫刻を数点配置したことが認められる。裏側には、仏塔、庭園、涅槃堂と経楼など、多くのものが大規模に建てられ、寺院全体に複雑さと奥行きを入り組ませることとなっている。

4）スタット寺は、チャックリー王朝の初めに建造され、バンコクにおける象徴的な須弥山を表現するために、他寺院とは異なり北を正面とする。19世紀初期に完成した伽藍中心部は、講堂として壮大な建築を配置し、講堂を巡る回廊は各面に門を配する。南には、最も長い本堂が講堂の背面に置かれている。全体には、塀と小講堂、鐘楼が多数並んでいる。寺院の北大門から入り見上げると、視線の最後は堂々たる本堂の屋根によって受け止められる（図7）。

　結びとしては、これら寺院を比較した結果、18世紀末期から19世紀初期までの期間に、伽藍配置が変化したことが見て取れる。その配置は、以下の4つに分類できる。

1）ラーチャオロス寺のように、本堂が小規模、東が正面、裏（西）側に大規模な講堂が

南アジア

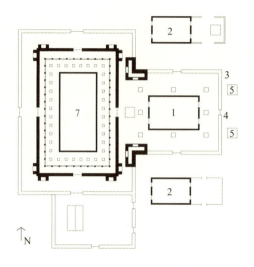

図4 ラーチャオロス寺の伽藍配置
1本堂　2講堂　3回廊　4中門　5仏塔　7涅槃堂

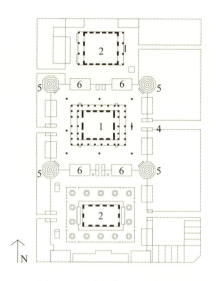

図5 テープチダラム寺の伽藍配置
1本堂　2講堂　4中門　5仏塔　6説法堂

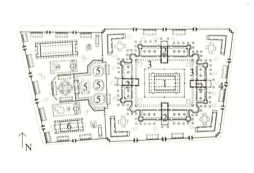

図6 プラチェトゥポン寺の伽藍配置
1本堂　2講堂　3回廊　4中門　5仏塔　6説法堂

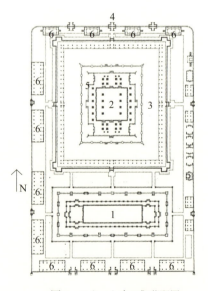

図7 スタット寺の伽藍配置
1本堂　2講堂　3回廊　4中門　5仏塔　6説法堂

認められる例。

2）テープチダラム寺のように、本堂と講堂が東を正面としつつ、同規模で左右対称な伽藍配置である例。

3）プラチェトゥポン寺のように、本堂を中心として、回廊、4つの門、仏塔、多数な建物を並置した、大規模な伽藍である例。

4）スタット寺のように、北を正面、講堂を中心として、回廊の南側に最も長い本堂が横たわる例。

　1）と2）は中規模寺院、3）と4）は大規模寺院であるが、訪問者から見て、壮大な建物が、数々の意匠が凝らされた構築物に囲まれる配置は、時代的な特徴と言えるであろう。

おわりに

　以上より、バンコクの経済や社会変化に関する美術や建築への影響として、表現方法が変化してきたことを見た。以下に整理する。

1）壁画に関しては、伝統的な表現方法からの変更として、平面から奥行きを表現する点が興味深く見られる。建築についても、本堂を中心に据えた数々の伽藍配置計画の試みが認められる。結果として、壁画と建築は奥行きを表現しており、参拝者の視覚上の効果を及ぼしている。

2）壁画の場合は、参拝者が絵画のある部分を徐々に鑑賞してゆき、物語や美意識について知ることになる。建築に関しても同様に、本堂の周囲には大小さまざまな建築が伽藍上配置されている。寺院を訪れ、建物の細部意匠の部分を徐々に発見し、全体の建築を自身で作ることになる。

3）寺院建築に遠近法が用いられて設計された可能性が高い。ラーチャオロス寺、テープチダラム寺とプラチェトゥポン寺において、それぞれの本堂の正面と側面の寸法値を比較すると、およそ、2：3、2：3、1：2の比率を成している。同様にスタット寺の本堂は2：7である。この横に長い本堂は、講堂と回廊の間の空間を回る参拝者が、視覚的に背景として仰ぎ見ることを意図した可能性が高いと考えられる。

註

1　Nidhi Eoseewong. *Pen and Sail: Literature and History in Early bangkok*, Chiangmai, Silkworm Books, 2006（英語）.

2　パヌポン・ラオハソム・チャイヨシ・イサボラパント『バンコク初期の寺院壁画の研究』Bangkok, Muang Boran Publishing, 2006（タイ語）.

シヴァ祠堂の見えない内部構造を探る：
ジャワ島中部地震により被災した世界遺産プランバナン寺院の修復史調査

小野　邦彦

1　本稿の目的

2006年5月27日に発生したジャワ島中部地震によって、インドネシア共和国ジャワ島の古都ジョクジャカルタの世界遺産プランバナン遺跡群が深刻な被害を被ってから、早8年の時を刻もうとしている。

震災直後から、日本の文化遺産国際協力コンソーシアムによる復興支援（調査団団長：大和智 筑波大学教授・当時）が進められ、コンソーシアムの活動としては、3度にわたる現地調査に基づく修復計画をインドネシア政府へ上梓したことをもって2008年度末に終結している[1]。

他方、2008年度から2013年度までの6年間は、科学研究費基盤（A）の採択を受け、筑波大学（研究代表者：上北恭史 筑波大学教授）を中心として、インドネシア政府文化観光省歴史考古局および国立ガジャ・マダ大学との国際共同研究を進めるとともに、2009年度からは、文化庁から筑波大学への委託事業として、文化遺産保護に携わる人材育成を目的に据えた研修ならびに研究交流を行っている[2]。

日イによるプランバナン遺跡群の復旧・復興を巡る連携および協力は、2006年7月に口火を切った後、相応の年数を重ね一定の成果をあげてきたといえるが、事業発足当初からのメンバーである筆者は、過去の修復工事に係る記録収集ならびに修復履歴等の調査研究を行ってきた。

本稿は、地震発生後から今日に至るまでのプランバナン寺院シヴァ祠堂の修復方針策定を巡る諸問題に対し、筆者の調査研究成果を振り返りながら、日本調査団の学術的成果、とりわけ構造調査の意義を再検証することを目的とする。

2　プランバナン寺院の被災状況とシヴァ祠堂の修復履歴
2-1　各祠堂の被災状況

ジャワ島中部の古都ジョクジャカルタの東方15kmのプランバナン地区の中心に、世界的な仏跡ボロブドゥールとともに、古代ジャワ建築の双璧をなす、ヒンドゥー教の3大神

南アジア

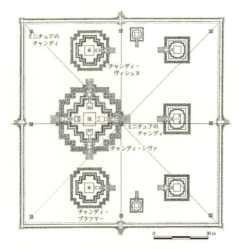

図1　プランバナン寺院内苑配置図

写真1　ヴィシュヌ祠堂屋蓋小塔の落下による南側面基壇上欄楯の崩落

を祀るプランバナン寺院がある。プランバナン寺院の北のセウ寺院を含む地域が史跡公園として整備され、1991年に世界遺産登録されている。

　プランバナン寺院は東を正面とし、3重の周壁によって囲まれた寺苑からなる。内苑は110km四方で、西側中央にシヴァ神、その南にブラフマー神、北にヴィシュヌ神に捧げられた3つの祠堂、その東側に正対してやや小ぶりの3祠堂が並び建ち、シヴァ祠堂（チャンディ・シヴァ）の前の祠堂にはシヴァの乗物の雄牛ナンディの像が置かれている。ヴィシュヌ祠堂（チャンディ・ヴィシュヌ）とブラフマー祠堂（チャンディ・ブラフマー）の前の祠堂には、ヴィシュヌの乗物の聖鳥ガルダ、ブラフマーの乗物の水鳥ハンサが置かれていたわけではないものの、便宜上、ガルダ祠堂、ハンサ祠堂と称しておく。その他、内苑の南北辺の中央東寄りにアピット祠堂が正対して配置されている（図1）。

　2006年のジャワ島中部地震により、プランバナン寺院でも、祠堂の屋蓋の小塔（ラトナ）が落下し、外壁石積みに亀裂や歪みが生じるなど被害は甚大であった（写真1）。しかし破損の状況は、シヴァ祠堂とその他の祠堂とでは大きく異なっていた。

　各祠堂の破損状況は（東京文化財研究所 文化遺産国際協力センター 2008: 107-125）に詳しいので割愛するが、シヴァ祠堂以外の祠堂では、基壇外縁に回された欄楯の崩落、その上に載る小塔の落下、さらに屋蓋の小塔の落下等の破損が極めて顕著であった。対してシヴァ祠堂では、身舎脚部で石材の目地のずれ・亀裂・剥落があり、基壇へ昇る独立建造物の塔門（ゴープラ）に破損は認められたが、欄楯およびその上に載る小塔、屋蓋およびその上に載る小塔はほぼ健全で、崩落・傾倒・落下・弛緩等の被害は頗る些少であった。シヴァ祠堂とその他の祠堂におけるこうした破損状況の相違は、採用された修復手法の相違によ

るものと考えられる。

被災後、シヴァ祠堂以外の祠堂については、現地当局によって修復が完了しているが、他方シヴァ祠堂の修復・補強方針の策定は最後まで保留されることになった。

2-2　シヴァ祠堂の修復履歴の概要

シヴァ祠堂の最初期の修復は、オランダ統治時代にまで遡る。ボロブドゥールの「隠れた基壇」を発見したアイゼルマン（J. W. Ijzerman）が20世紀初頭にプランバナン寺院の発掘清掃に着手した際、倒壊した瓦礫が低い丘状を呈しており、その上に雑草が生い茂っている状況であった。雑草が駆除され、石材は全て敷地の隅に無造作に山積みされ、基壇および一部建ったまま残っている身舎の壁体が露出された（写真2）。

写真2　オランダによる修復前のシヴァ祠堂（インドネシア文化観光省歴史考古局所蔵）

石材収集の最初の段階は、まず散乱材を、その形状と元からあった場所とによって、選り分けて集めるのが定石である。同形の装飾を有する石材同士は同一の場所に区分けをして、東側で拾った材は東側に、他もそれに準じて発見された側に集めるようにする。これは今でこそ常識であるが、プランバナン寺院の最初期の手当てでは、乱雑に石材を山積みしてしまったことで、その後の修復工事は著しく困難なものとなった。

写真3　シヴァ祠堂（北東から望む）

1918年、石材のマッチング作業に着手したのは、オランダ領東インド考古局の第2代局長のボス（F. D. K. Bosch）であった（Soekmono 1976: 5）。20年近くの長きにわたる散乱材の選り分け・マッチング・仮組み等の検証を経て、1930年代後半より本格的な再構築作業が着手されることとなる。

総高約47mのシヴァ祠堂（写真3）は、国内の歴史的遺跡の祠堂建築としては最大規模であり、再構築作業には応分の期間がかかることは想像の範囲とはいえ、再構築から竣工までにおよそ15年もの歳月を要したことには相応の理由があった。

南アジア

写真4　シヴァ祠堂西出隅部南面崩落部分

看過できない出来事として、1942年の日本軍のジャワ上陸に伴いオランダ植民地政府が転覆し、現地の遺跡保存修復体制が機能を失ったこと、その後1945年にインドネシアの独立が達成されたものの、1947には再植民地化を画策するオランダによる武力攻撃に対し、いわゆる独立戦争が勃発し国内が大きく混乱したことがあった。

そして1953年、35年の歳月を経てシヴァ祠堂が竣工を迎え、折しも歴代のオランダ人考古局長から襷を受け、インドネシア人としてスクモノ（R. Soekmono）が初の局長に抜擢され、インドネシア人主体の考古遺跡調査及び保存修復の礎が築かれることとなった。

3　修復手法の相違で相違する破損の度合
3-1　シヴァ祠堂の目地モルタル

　被災直後の日本調査団の調査において、筆者が現地職員に聞き取りをしたところによれば、シヴァ祠堂の修復では、化粧材を含む外壁を構成する石材において、隣接する材の合端に穴が穿たれ、その穴と目地の隙間にモルタルが充填され、据付の安定を図っているとのことであった。

　事実、写真4は、被災後、シヴァ祠堂の身舎の出入隅で石片が剥落した状況を示すが、目地に隙間なく注入された混じり気の少ない白色のモルタルが視認される。

　シヴァ祠堂の修復が竣工した後、1970年代に修復が行われたブラフマー祠堂でも、修復当初、基壇外壁に目地モルタルが施されたが、酸性雨とモルタルとの化学反応により溶出した強酸が石材表面へと滴り落ち、安山岩とアルカリ骨材反応を起こし、それが表面剥離の深刻な要因になるとの分析の下、基壇第2層より上部は必要最小限の接着剤（モルタル）で再構築を行っている。

　また、ブラフマー祠堂を始め、1970〜1990年代を中心に順次修復工事が実施されたヴィシュヌ祠堂、ナンディ祠堂、ガルダ祠堂、ハンサ祠堂においては、解体作業の際、必要に応じ基礎まで含めた全解体を行い、鉄筋コンクリートの基礎を打って補強されている。また、再構築の際、これも必要に応じ、石積み内部の見え隠れ部分に鉄筋コンクリートを導入して構造的補強を行っている。

その際、インドネシア政府当局の方針として、コンクリートやモルタルが石材に直接触れ合うことを是とせず、また内部の鉄筋コンクリート構造体へ雨水が侵入するのを防ぐため、コンクリートと石材との境界に防水層を設けることとしている。

　単純化していえば、外観上の見えない部分、すなわち建造物の内部や基礎に、剛の構造を持つ鉄筋コンクリートの函形を導入し、その表面に化粧材を貼り付けるような復原が行われているが、コンクリートの函形の外側を覆う被膜のように建てられた石積みは、シヴァ祠堂とブラフマー祠堂の基壇第1層が目地モルタルとなっているのを除き、アルカリ骨材反応の悪影響を回避するため、目地材の使用を必要最小限に留め構築されている。

3-2　シヴァ祠堂と他の祠堂の破損状況

　先に述べたとおり、シヴァ祠堂以外の祠堂では、被災後の破損として、欄楯や小塔の崩落・傾倒・落下・弛緩が極めて顕著であった。これは、地震の震動に対し、要所にのみ使用される接着剤（モルタル）や鉄心等の強度が不十分であり、小塔が落下・傾倒・弛緩したことによる。

　他方、シヴァ祠堂では、欄楯や小塔はほぼ健全で、その崩落・落下等が認められなかったのは、目地モルタルによって据付の安定が確保され、地震の揺れに効果的であったことが主たる要因であったと推断できる。コンクリートやモルタルの弊害、すなわち石材と接する箇所でのアルカリ骨材反応を深刻な課題と捉えるインドネシア政府当局の姿勢は一貫したものに映るが、仮に中部ジャワ地震が、未明ではなく日中に勃発したならば甚大な人的被害に及んだ可能性もある。結果として、オランダ領東インド考古局の手になるシヴァ祠堂のみが、屋蓋の小塔等の落下を免れたという意味では、地震国における組積造建築の修復手法の選択に、確たる正答を導くことの困難さが垣間見えるし、アルカリ骨材反応を起こさない目地材の使用という発想にも及び難かった背景として、真正性の観点から、従来の建築の空積み工法からの逸脱を最小限に留めたい現地側の意向が働くなど問題が複層していたといえる。

4　シヴァ祠堂の内部構造

4-1　三重大学・花里利一教授による構造調査

　シヴァ祠堂の目地モルタルがもたらした大きな課題として、なまじ損壊が比較的軽微なものであったため、内部構造及びその破損状況の確認がより一層困難となったことが挙げられる。日本の調査団は、必要最小限の解体を伴う微破壊調査も提案し、内部のコンクリート構造の特性を調査する必要性も訴えたが（東京文化財研究所 文化遺産国際協力セン

ター 2008: 103, 126, 154)、たとえ一部であれ世界遺産にメスを入れることへの現地当局の抵抗感は強く、観光客の参拝も概ね解放している今日に至るまでそれは実現していない。

　目地モルタルの除去と石材の解体は、範囲を限定したとしても容易ではなく、その過程で当初材の毀損に繋がるリスクを重く見る現地当局の懸念も首肯されるべきである。ただし、内部構造の破損状況が直接的に確認されておらず、構造解析による検討及び被害原因の把握と耐震性能の評価も困難な状況は大きく変わっていない。

　しかし、地震国である日本は、建造物の耐震性、地盤状況に関する解析等の分野で学術的・技術的蓄積が豊富であり、日本の協力の柱となる詳細調査として、三重大学の花里利一教授を中心に、地盤調査・建造物と地盤の常時微動測定・構造解析及び材料調査を実施している。

　まず、地盤調査としては、ボーリング孔を利用した標準貫入試験、PS検層（弾性波探査）等の調査結果から、プランバナン寺院内苑の地盤は、ごく表層及び端部を除いて自然堆積地盤であり、人工的な盛り土ではないこと。そして基礎の数cm程度の不同沈下は、中部ジャワ地震によるものではなく、傾斜角度も小さく構造物の耐震性に影響を及ぼすとは考えられず、現時点で基礎地盤改良や基礎の耐震補強等の必要はないことが指摘されている（東京文化財研究所 文化遺産国際協力センター 2008: 96-97）。

　そして、シヴァ祠堂について、修復時の設計図書及び施工記録の類が著しく不足し、内部の構造条件の把握に一定の限界があったものの、現認される範囲の情報に基づく地震応答観測、亀裂変異や温湿度の長期モニタリング等の調査の結果、この被災建造物は現在構造的に安定していると評価されている（花里紗知穂、花里利一、上北恭史、箕輪親宏 et. al. 2011）。また、地盤と建物の動的相互作用を考慮に入れたモデルとして、三次元有限要素法を用いた解析を行った結果、地震によりシヴァ祠堂の内部構造が損傷した可能性は小さいと判断されている（花里 2014）。

4-2 『シヴァ祠堂修復作業四半期報告書』の概要

　シヴァ祠堂の内部構造の把握は、修復方針策定のため、現地当局の差し迫った課題のひとつと位置づけられ、修復時の設計・施工関係資料の収集・整理・分析に従事したのが筆者であった（小野・大和・花里 2009）（小野・上北・花里 2010）。その過程で発見したのが、ジョクジャカルタ考古遺跡保存事務所資料室所蔵の『シヴァ祠堂修復作業四半期報告書』である。幾度かコピーを重ねた風が有り、オリジナル版は今なお所在不明である。

　本書は、日本軍政期に該当する1943〜44年の2年間における、シヴァ祠堂の修復工事に関する季報であり、報告書の全和訳を（Ono & Ishida 2008）に所収しているが、1943年

第1～2四半期報告書は、ある意味衝撃的な前文から始まっている。

> ……皇紀2603（1943）年1月1日、筆者はプランバナン・シヴァ祠堂の修復工事主任に命ぜられた。この工事は、オランダ時代には土木工学専門の副調査官が担当し、日本軍がこの地を占領してからはプランバナン考古遺物局局長の管理下にあった。<u>現在に至るまでこの工事に関する報告書は作成されたことがなかった</u>。そのため、工事中に何が問題になったのか、そしてそれがどのように解決されたのかなどを記した報告書がやはり必要なのではないかという声が8月に起こった。工事の主任格の人間にはそのような報告書は大変役に立つ。それによって今までどんな作業が行われ、それがどんな結果を生んだのかが分かり、今後の参考にすることができるからである。……（下線筆者）

著者のサミングン（Samingoen）は、当時のプランバナン考古遺物局の職員で、日本軍政の下、オランダ人局員不在の状況で、慣れない報告書の執筆に戸惑いながらも、シヴァ祠堂の修復へ向けた強い熱意が瑞々しい筆致で読み手に伝わってくる。

また、この種の報告書の作成が、業務として常態化されていなかったらしいことが窺い知れるが、これまで20余年ジャワのヒンドゥー、仏教遺跡の研究に従事してきた立場で、筆者の目に留まる資料が希少であったことも、こうした事情に拠るものと了解できる[3]。さらに、1949年まで続く戦時下の混乱期に、修復工事自体が中座を余儀なくされたとともに、図面等500枚以上の資料が遺失したとの報もある（Soekmono 1976: 14）。

本書は、屋蓋や欄楯の再構築が実施された際の報告が主となり、仮設足場の設置、化粧材の再構築と充填材の補填、石材表面鑿仕上げ、鍛冶（鉄製工具・アンカーピン等の自作）、地上作業等、各工程の作業が詳細に記録されている。

崩落部材の選り分け、マッチング、そして仮組みの過程で屋蓋各段の側壁の高さを求める根拠を求めるにあたって、隣接する小塔（ラトナ）に残された痕跡から高さを比定したり、また再構築時の積石の微少な不陸の施工レベルでの微調整法等が記載されている。その他、新材の表面仕上げをどの程度まで行うかでも議論を尽すなど、技術者であるサミングンの実直な試行錯誤の軌跡が文面から滲み出てくるようであった（小野邦彦、大和智、花里利一 2008: 763）。

記述の範囲は、屋蓋の迫出し部分や、屋蓋の内部構造（寸法を含む鉄筋の配筋状況、コンクリート組成等）であるが、当時の修復の状況を知るに貴重な情報源といえる。

南アジア

4-3 『シヴァ祠堂修復作業四半期報告書』から看取される内部構造

　まず、戦時の物資窮乏に伴い、ポルトランドセメントの入手が滞った場合、代替品として現地産の石灰（ライム）セメントや、火山堆積土壌のトラスセメントを使用していたことが分かる。石灰セメントは、現在も山岳地で豊富に産出する石灰石を主原料としたセメントである。また、トラスセメントは、白色の固い地層の土壌を主原料

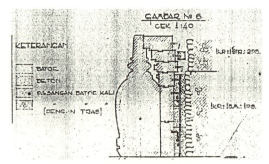

図2　シヴァ祠堂屋蓋第2層の内部構造

としたセメントであり、硬度は低いが撥水性が優れており、その性質を利用し、内部空間の天井に雨水が侵入しないよう、屋蓋内側の表層石材目地に防水層としてトラスセメントを用いるなど、材料の性質を見ながら用途に応じた使い分けを行っていたことも確認される（Ono, K. & Ishida, N. 2008: 76）。石灰（ライム）セメントはポルトランドセメント程の強度は得られないと推測されるが、それに関係する問題はシヴァ祠堂で生じていない[4]。

　さらに、再構築時の石材相互の緊結や毀損石材の補修において、アンカーを入れて接合面に接着剤としてポルトランドセメントを使用することが出来なくなったことを受けて、千切り継ぎ、枘継ぎ、蟻継ぎ、相決り等の継ぎ手を場面に応じ使い分けながら補強を行うなど、新たな工夫が講じられている（Ono, K. & Ishida, N. 2008: 100-102）。

　そして、本書内における屋蓋第2層の内部構造に関する記述は極めて興味深い。まず、川石を骨材として、石灰（ライム）セメント1：赤セメント1：砂1を固化材とする擁壁[5]を立てる。化粧材の背面と擁壁との間に約30cmの空隙を設け、そこに鉄筋の柱梁骨組を立てる。化粧材の背面に鉄製のアンカーを埋め込み、化粧材と擁壁の間の空隙に、ポルトランドセメント・石灰セメント・トラスセメント・砂・砂利を混ぜたコンクリートを流し込む（図2）。

　つまり、当初材は見えがかりの箇所にのみ復位し、その背後にコンクリートの擁壁を立て、当初材との間に約30cmの空隙を設け、そこに鉄筋の柱梁骨組を構築し、中詰コンクリートを流しながら化粧材の目地にもそれを充填させる方法を採っている。

　この修復手法は、原則として他のプランバナン内苑内祠堂にも共通したものであるが、1点大きな相違として、目地モルタルを施すのはシヴァ祠堂及びブラフマー祠堂の基壇第1層のみであり、他の祠堂では化粧材とコンクリート擁壁との境界に防水層を設けることは既述のとおりである。

5　その他の古写真、図面等資料から確認されるシヴァ祠堂の内部構造

5-1　オランダ領東インド考古局による古写真資料

オランダ領東インド考古局は、1900年代前半期、考古学的な遺跡や遺物を中心に2万枚超の写真記録を残している。写真資料を所管する歴史考古の局長及び記録管理課長の許諾を得て、筆者は全写真データを閲覧の上、修復に関連するものも含め、536枚のシヴァ祠堂の写真データを入手した（小野邦彦、大和智、花里利一 2008）。

写真5　シヴァ祠堂屋蓋再構築の様子
（J. Polak 氏所蔵）

ただし、残念ながら当該写真資料は、シヴァ祠堂の内部構造を窺い知るに十分といえるものではなかった。折に触れて現場を訪れるオランダ人による散発的な記録に留まっており、また主として考古学的資料として位置付けられ、着工からの高頻度の定点観察記録の呈をなす資料ではなかった。

5-2　オランダに於ける文献的調査

2010年1月、筆者はオランダを訪問し、王立地理言語民族学研究所（KITLV: Koninklijk Instituut voor Taal-, Land- en Volkenkunde）、国立公文書館（Nationaal Archief）、王立図書館（Koninklijke Bibliotheek）、ライデン大学ケルン研究所（Kern Instituute）、古代インドネシア美術資料センター（Documentation Centre for Ancient Indonesian Art［J. Polak 氏個人の蔵書］）の各所にて、シヴァ祠堂の修復に関連する資料の所在を尋ね、報告書・論文等13点、図面6点、写真11点を入手した。

これらの資料も、一定の限界を持つものではあったが、シヴァ祠堂の内部構造の把握に関連して、以下の2点が明らかとなっている。

1. 鉄筋コンクリートの柱梁構造を内部に導入する構造的補強措置

写真5は、屋蓋の再構築時の写真と推察されるが、四半期報告書の記述と併せて、鉄筋コンクリートの柱梁構造を内部に導入する構造的補強措置が採用されていると推察できる。また、シヴァ祠堂の躯体や基壇においても、同様の構造的補強がなされていた可能性が高いと類推できる。

2. 解体及び再構築範囲

図3に付されたA～Oの番号は、四半期報告書におけるA～O層の記述と整合性が確

南アジア

認出来る。四半期報告書では、A～Oの各層がシヴァ祠堂のどの部位に相当するかが明示されていないため、逆に図3と照合することによって正確な理解が可能である。この点については、より詳しく別稿にて論じる予定であるが、その前提に立てば、シヴァ祠堂の解体及び再構築範囲は、「身舎脚部から上部」ということになる。

6 まとめ

2006年5月27日未明にジャワ中部を襲った大地震は、多数の人命とともに、有形・無形を含め文化遺産にも深刻な被害を及ぼした。なかでも世界文化遺産に登録されているプランバナン遺跡及びその周辺の遺跡群は、屋蓋の装飾部材が落下し、各所に亀裂が生ずるなど深刻な毀損を被った。

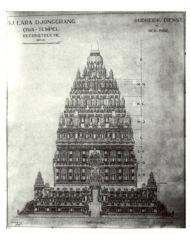

図3 シヴァ祠堂再構築時の図面
（ライデン大学ケルン研究所所蔵）

あれから約8年の月日が流れ、被災した各祠堂の復旧が進み、プランバナン寺院の入場制限も解かれ、問題となるシヴァ祠堂にしても、シヴァ神を祀る主房及びガネーシャ像を祀る側房以外は観光客の出入りが許されている。現地当局も、シヴァ祠堂については壁体の亀裂に樹脂を挿入するなどの補修を行う程度で、大がかりな修理や補修を行う必要は無いと判断しているようである。

ただし、シヴァ祠堂の内部の毀損の有無や構造条件について、必要最小限の解体を伴う微破壊調査も敬遠され、またシヴァ祠堂の内部構造を推察するに足る設計図書及び施工記録が著しく限定されている以上、安全性を保証する根拠の所在が問われることとなる。

そうした中で、花里による地盤調査では、建造物の基礎地盤は自然堆積地盤であり、鉛直支持力も十分で地震時も安定していることが明らかにされている。そして、安定した地盤の上に、何等かの地業が施され、巨大なシヴァ祠堂が築造されたと推察されるが、基礎及び2層の基壇までは、当初のそれをそのまま残し、再構築作業が実施されたと判断できる。仮に基礎地盤が脆弱で、地盤改良や基礎の耐震補強が必要な状況であったならば、そもそも地震後の被害もより深刻なものとなっていた可能性も否定はできない。

そして、シヴァ祠堂の構造体としての安全性を担保する貴重な科学的根拠として、日本調査団の花里が導き出した地盤調査、地震応答観測、亀裂変異や温湿度の長期モニタリング等の調査結果は、東南アジアで少なくとも5傑に入る秀麗なヒンドゥー教寺院の主祠堂の今後を巡って、益々重い学術的意義を持つであろうことは想像に難くない。

註

1. 報告書（独立行政法人国立文化財機構東京文化財研究所 文化遺産国際協力センター 2008）において、被災建造物の構造特性、地盤特性、破損状況に関する科学的分析、過去の修復に関する記録（月報、写真、図面）等の整理による知見に基づき、現地における実現可能性を考慮し、耐震対策等の観点から要求される性能の確保のための補強法等の修復設計案を提示している。

2. 科学研究費基盤研究（A）「世界遺産プランバナン遺跡群の地震被害と修復に関する保存工学的研究」（2008～2010年度）。科学研究費基盤研究（A）「インドネシアの木造建造物保存に関する国際共同研究－日本型修理技術の適応と保存意義」（2011～2013年度）。文化庁委託事業「文化遺産国際協力拠点交流事業」（2009～2013年度）。

3. （小野邦彦、上北恭史、花里利一 2010）において、筆者は「シヴァ祠堂の内部構造を把握するに必要な資料の残存状況が限られたものであり、現状で確認されるもの以外、主要なものはもはや"現存しない可能性が高い"」と推定している。

4. 報告書（独立行政法人国立文化財機構東京文化財研究所 文化遺産国際協力センター 2008: 126）において、結果としてシヴァ祠堂で不具合が認められないことを踏まえ、石灰（ライム）セメントについては、可逆性の有る材料として、今後の修復時の材料選択のオプションとして検討の余地があることが述べられている。

5. 石灰（ライム）セメント製造の過程で、（高熱焼却前に？）石灰石粉末に赤煉瓦粉末を混入したものを「赤セメント」と呼ぶようである（Ono, K. & Ishida, N. 2008: 76）。

参考文献

小野邦彦 1999「インドネシアにおける建築遺産保護の軌跡と展望」『月刊　文化財』426号、文化庁文化財保護部監修、pp.20-26

小野邦彦 2001「インドネシアにおける保存修復」『保存工学の課題と展望：アジアの文化遺産保存協力』早稲田大学建築史研究室、pp.143-176

小野邦彦、是澤紀子 2006「遺跡の修復履歴について」『ジャワ島中部地震による世界遺産プランバナン』独立行政法人国立文化財機構東京文化財研究所　文化遺産国際協力センター、pp.17-27

小野邦彦、是澤紀子 2007「修復履歴調査」『ジャワ島中部地震被災文化遺産の保存修復に係る協力調査：世界遺産プランバナン遺跡復興支援報告』独立行政法人国立文化財機構東京文化財研究所 文化遺産国際協力センター、pp.13-36

小野邦彦、是澤紀子 2008「過去の修理との関連について」『世界遺産プランバナン遺跡修復協力事業報告』独立行政法人国立文化財機構東京文化財研究所　文化遺産国際協力センター、pp.7-26

南アジア

小野邦彦、大和智、花里利一 2008「ジャワ島中部地震により被災した世界遺産プランバナン遺跡群 その5：シヴァ祠堂修復工事四半期報告書およびオランダ領東インド考古局による古写真資料」『日本建築学会大会学術講演梗概集 F-2、建築歴史・意匠』日本建築学会、pp.763-764

小野邦彦 2008「プランバナン」『［新版］東南アジアを知る事典』平凡社、pp.392-393

小野邦彦、大和智、花里利一 2009「ジャワ島中部地震により被災した世界遺産プランバナン遺跡群 その6：シヴァ祠堂修復工事四半期報告書から見たシヴァ祠堂修復の歴史的意義」『日本建築学会大会学術講演梗概集 F-2、建築歴史・意匠』日本建築学会、pp.367-368

小野邦彦、上北恭史、花里利一 2010「シヴァ祠堂の修復工事に係る文献的調査報告（於オランダ）：ジャワ島中部地震により被災した世界遺産プランバナン遺跡群　その9」『日本建築学会大会学術講演梗概集 F-2、建築歴史・意匠』日本建築学会、pp.251-252

独立行政法人国立文化財機構東京文化財研究所　文化遺産国際協力センター 2008『世界遺産プランバナン遺跡修復協力事業報告』

花里紗知穂、花里利一、上北恭史、箕輪親宏、小野邦彦、中谷朱希 2011「ジャワ島中部地震により被災した世界遺産プランバナン遺跡群：その12 地震と構造安定性に関するモニタリング調査」『日本建築学会大会学術講演梗概集 F-2、建築歴史・意匠』日本建築学会、pp. 895-896

花里利一 2014「ジャワ中部地震で被災した世界遺産プランバナン寺院・シヴァ祠堂のモニタリング調査」公益財団法人前田記念工学振興財団平成24年度研究報告、11頁

Ono, K. & Koresawa, N. 2007 "Historical Review on Restoration", *Investigation for the Assessment of Damage to Cultural Heritage Resulting from the Central Java Earthquake*, Japan Center for International Cooperation in Conservation, National Research Institute for Cultural Properties, pp. 19-32

Ono, K. & Koresawa, N. 2007 "Survey on Restoration", *Assessment Report on Damaged Prambanan World Heritage Compounds, Central Java*, Japan Center for International Cooperation in Conservation, National Research Institute for Cultural Properties, pp. 16-40

Ono, K. & Koresawa, N. 2008 "Historical Review on Restoration in the Past", *Survey Report and Restoration Plan on Prambanan World Heritage Temples*, Japan Center for International Cooperation in Conservation, National Research Institute for Cultural Properties, pp. 9-37

Ono, K. & Ishida, N. 2008 *Historical Documents of Prambanan Temple*, Japan Center for International Cooperation in Conservation, National Research Institute for Cultural Properties

Soekmono, R., 1976 "Sedikit Riwayat", *50 Tahun Lembaga Purbakala dan Peninggalan Nasionnal 1913-1963*, Jakarta: Pusat Penelitian Purbakala dan Peninggalan Nasional

謝辞
　本稿を執筆の最中、本プロジェクトを立ち上げた大和智氏（文化庁文化財鑑査官）の訃報に接することとなった。抜きん出たリーダーシップと果断なる決断力、そして何より慈愛に満ちたお優しさをもって、粘り強く時間をかけてインドネシアとの交流の道を切り拓かれた。それが決して容易いことではないことを、長年同国をフィールドに研究を行ってきた筆者は良く承知している。本稿は、大和氏の作った尊い道の延長に著されたものである。ここに深甚なる謝意を込め、心から哀悼の意を表したい。

カンボジア

伽藍計画のアジア的特質

溝口　明則

はじめに

　本論考は、アジアにおける二つの地域の伽藍計画をとりあげ、その技法の一般的な性格について考察する。精確には、日本古代寺院の伽藍計画法および明確になりつつあるクメール寺院の伽藍計画法を比較することで、アジアにおける伽藍計画の技法（規模計画、寸法計画など）とともに、数的処理の技法について検討を行う、という試みである。

　古代における数的処理の問題は、すでに指摘してきたように[1]、現在の数学的な操作とは趣が異なる。数そのものに原理的な相違があるわけではないが[2]、数を介した技法と思える建築計画や伽藍計画の結果は、ときに私たちの理解を超えた前提に立っている。そのような理解不能の現象に出会うと、私たちは、設計者の主観的な判断に起因するものだとみなし、設計技法の追求を止めてしまう。しかし、往時の数的処理の前提が理解できれば、たんに設計者の主観とも見えた現象が、一定の客観的な手続きの結果であることが理解できる可能性がある。この種の現象をよく検討し、背後の技法を復原的に捉えようとする試みは、かえって、古代の技法に潜在する前提的な認識へたどり着く可能性を秘めているといえる。建築設計技術の変遷を史的な過程として正しく捉えていくためには、数的処理の前近代的性格をよく理解することが、ほとんど必須の条件である。

1　日本古代寺院の伽藍計画

　古代寺院の伽藍計画については、現在でも不明な点が多い。とくに地方寺院の伽藍計画は、資料の乏しさもあって分析が困難な事例が数多く残されている。本論考では、比較的最近になって伽藍計画が解明されつつある山田寺伽藍と法隆寺伽藍を採り上げ、これらに共通する伽藍計画を整理する。

　皇極天皇2年（643年）に造営が開始された山田寺は、一部が発掘された回廊東辺、および金堂跡から、唐尺（小尺、300mm程）の計画が推定された[3]。伽藍計画もまた同様の造営尺によって計画されたことが明らかになっている[4]。伽藍中央部の規模計画は、回廊の外側柱筋を以て計画されたが、その計画手順は、まず、伽藍中央部の敷地規模を決定する際

137

カンボジア

に、唐尺で300尺四方の規模を基本計画とし、南北を100尺ずつ三等分し、南端から100尺の位置に塔（芯）、塔から北へ100尺の位置に金堂（芯）を配置し、金堂芯から北端までを100尺とする。これを、12.5尺の柱間を持つ、上記の輪郭に外側柱筋を合わせた回廊24間で囲もうとするが、回廊の中央に扉口を設けることが優先されたようで、奇数間である23間に調整された。その結果、南北全幅は柱間1間を減じて287.5尺に縮小している。回廊一間分の縮小は、中央に位置する塔と金堂の相対位置100尺の距離を固定し、南北それぞれで半間分を差し引いたと考えられる。東西幅は、中門との柱間の取り合いを考慮して、回廊の柱間1.5間を300尺から差し引くという計画であったようである。中門の規模に関わることだが、柱間を半間ずらすことで柱間の歩みを調整するという考えであったと思われる。単純計算では東西幅は281.25尺となるが、おそらく端数を嫌って厳密な値をとらず、280尺を取った可能性が残る。(5)

　建物配置計画と基本となる伽藍の規模計画は、平易であると同時に緊密な関係を持っていることが判る。また、敷地中央部の規模計画が回廊を対象として掌握され、中門がこの規模計画の輪郭から外へ踏み出している。この技法がすべての伽藍に適用できるかどうかは不明確だが、十分に注目しておくべき手順である。

　最終的に700年頃に実現した法隆寺伽藍は、従来、高麗尺（大尺、360mm程）が想定されてきたが、他の造営尺を排除できるだけの確かな根拠はない。北辺の回廊外の柱筋から金堂（芯）および塔（芯）まで唐尺で100尺、東回廊外の柱筋から金堂（芯）まで、また西回廊外の柱筋から塔（芯）まで、いずれも唐尺で100尺であることに注目すれば、予想される造営尺は唐尺以外にない。

　法隆寺伽藍は、基本となる敷地規模計画を東西300尺、南北200尺とし、これを回廊外柱筋に当てるという基本計画が予想される。山田寺回廊と同じく回廊柱間を12.5尺としたため、基本計画の南北回廊は、このままでは16間の構成をとる。中央に扉を設けるためこれを奇数間に変更するが、回廊南辺に中門を置くため、中門と金堂、塔の相対距離を勘案して、回廊1間を（減ずるのではなく）加えることで奇数間を実現した。東西全幅は、中門と回廊の柱間との取り合いから、回廊半間分を加えたと思われるが、6.25尺を忠実に加えたのではなく、端数値を嫌って5.0尺を加えたと見られる。中門が南回廊の中央に位置しないことは、金堂と塔という非対称の配置に対し、相対的な位置を勘案したことは予想されてきた通りであろうが、具体的な位置決定は、回廊の柱間構成とのとり合いに支配されたと考えられる。基本計画で100尺とした金堂（芯）と塔（芯）の距離はやや離れ、105尺（106.25尺）に変化している。

　山田寺伽藍と法隆寺伽藍に共通する計画技法の特質は、唐尺を造営尺に用い、敷地規模

伽藍計画のアジア的特質（溝口明則）

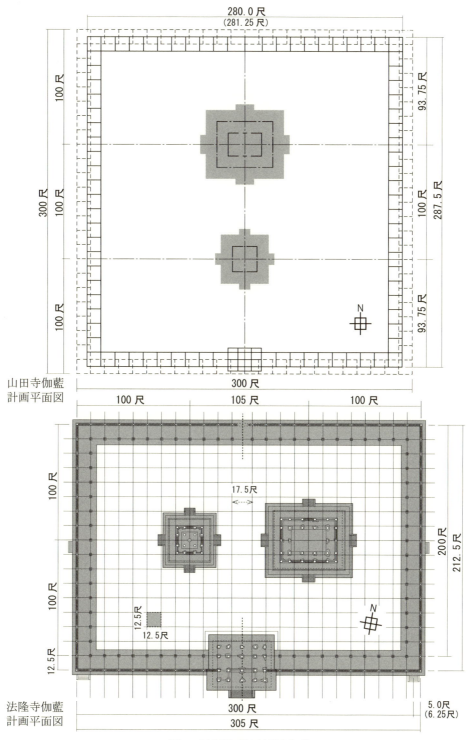

図1　山田寺伽藍と法隆寺伽藍

カンボジア

の基本計画を100尺の簡単な倍数によって決定していることである。これはまた、金堂と塔の、回廊内の相対的な配置の前提として機能している。回廊柱間は、100尺の簡単な分割値（八分の一）とし、最終的に奥行きを奇数柱間構成とするため、回廊1間を単位とする増減を施した。基本計画に余裕のある山田寺伽藍では1間を減じ、狭小な奥行きの法隆寺伽藍では1間を加えている。中門の取り付きについては、寸法計画として完数を先行させるが、回廊の柱の歩みと中門の位置が干渉を起こさないよう、半間を以て調整を施そうとしたと見ることができる。塔と金堂を南北に配置する山田寺伽藍では、たんに中門の側柱と回廊の柱との相対位置を考慮するため柱間を減ずる操作となったが、法隆寺伽藍では中門と塔、金堂の相対的な位置関係を勘案して半間を増加することで対処した。基本計画から展開した回廊柱間の増減の方向は異なるが、両伽藍が非常によく似た技法を用いたことが認められる（図1）。

2　クメール寺院の伽藍計画

　クメール寺院の伽藍計画について、現在の時点で判明したものは、アンコール地域のトマノン、バンテアイ・サムレ、アンコール・ワット（未解明の部分が残る）、コー・ケーのプラサート・トム、プラサート・プラム、さらにベン・メアレア、プレア・ヴィヘアの山頂伽藍などである。いずれも当時の造営尺（ハスタ）の実長を412mm前後と判断したとき、その計画手順をよく理解することができる。これらの伽藍のうち、トマノンとバンテアイ・サムレの伽藍規模計画がよく似ているため、両伽藍の計画を採り上げたい。

　トマノンはアンコールワット期の初期の造営と考えられており、およそ1100年頃、一方のバンテアイ・サムレは、ほぼ半世紀程後の建立で、バイヨン期に至る直前の建立と考えられている。いずれの寺院も東面し、中央祠堂（プラサート。本殿）の東に拝殿（マンダパ）を接続し、その前方脇に、トマノンでは1基、バンテアイ・サムレでは2基の経蔵を配置する。トマノンは東西二つのゴープラ（門楼）を持つほかは伽藍を周壁で囲む簡単な構成をとるが、バンテアイ・サムレは二重の回廊を巡らし、内外の四方に計8基のゴープラを持つ。構成は一見して大きく異なるようだが、両遺構はよく似た伽藍計画を持っている。トマノンの周壁とバンテアイ・サムレの内回廊の南北全幅は100ハスタあり[6]、バンテアイ・サムレの外回廊の南北全幅は200ハスタである[7]。寸法計画の規準となる位置は、「基座」と呼称している基壇下に位置し地表に接する部材の外端である。この部材がかたち作る輪郭は建物の最大値であり、試行錯誤の結果、この位置で平易かつ計画意図の窺える完数を見いだすことになった。

　トマノンとバンテアイ・サムレ内回廊の伽藍東西幅は、いずれも112.5ハスタと見るこ

伽藍計画のアジア的特質（溝口明則）

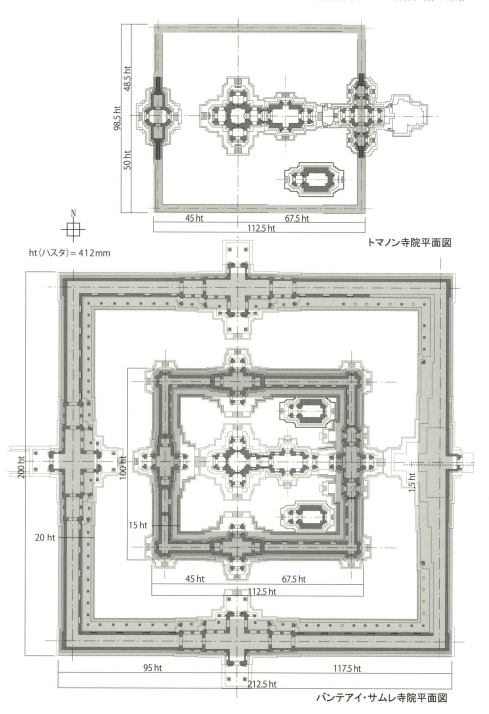

図2　トマノンとバンテアイサムレの伽藍計画

カンボジア

とができる。この値はにわかに理解できない値のようであるが、南北全幅100ハスタを八等分し、一つ分を100ハスタに加えたものだと考えられる。結果的に、東西全幅は、南北全幅の八分の九という値である（図2）。バンテアイ・サムレは、さらにこの外周に外回廊を持っており、その南北幅は200ハスタ、東西幅は212.5ハスタと見られる。トマノンとバンテアイ・サムレ両伽藍を比較すれば、バンテアイ・サムレの規模計画は、外回廊の輪郭が計画的に先行しているようにはみえない。バンテアイ・サムレの計画は、先にトマノンと同規模の内回廊の計画があり、これをもとに拡大したように見える。建立の手順は、原則として内から外へ向かうため途上で計画変更が介在したようにも思われるが、現在のところ確かな手がかりは見いだせない。[8]

　東西に長い矩形の平面をつくる技法として考えられる技法は多様であり、10世紀に遡るコー・ケー、プラサート・トムの想定された前身伽藍では、南北全幅100ハスタ、東西全幅120ハスタとし、同じくコー・ケーのプラサート・プラムの基本計画では南北全幅100ハスタ、東西全幅130ハスタとする。[9]これらの規模計画は一見して分かりやすい計画だが、東西全幅の寸法値決定に際し、完数をとるとはいえ恣意的な判断の余地も認められる。この技法に対し、トマノンとバンテアイ・サムレに見られる東西幅の獲得法は、一見してやや不明瞭な値のようにも見えるが、南北全幅100ハスタに基づく明確な手続きをとっており、東西幅と南北幅は一定の相関関係を獲得している。

3　伽藍計画の特質

　7世紀の日本の寺院にみられる伽藍計画と12世紀のクメール寺院の伽藍計画について述べてきたが、いずれも一般的な技法といっていいかどうかは分からない。いずれも一定の範囲の規模を持つことが条件であり、これより大規模な伽藍計画あるいは小規模な伽藍計画の場合、また別の技法を持つ可能性が高い。この技法を実施するには、そのように限られた規模の範囲も予想されるが、両者の計画技法には、驚くほどの相同性を見いだすことができる。まず、いずれの伽藍規模計画も、造営尺（尺あるいはハスタ）の100倍を一つの単位として伽藍の規模計画を制御していることである。山田寺伽藍は300×300単位、法隆寺伽藍は300×200単位、トマノンの伽藍は100×100単位、バンテアイ・サムレの伽藍は200×200単位をそれぞれ基本の規模計画とする。さらに、この大きな寸法単位を基に、これを八等分した値である12.5単位（尺・ハスタ）を下位の、あるいは第二次の単位とし、これをもって伽藍計画の二次的な調整を行っている。山田寺伽藍は南北でこの単位一つを減じ、法隆寺伽藍では一つ分を加える。一方、トマノン、バンテアイ・サムレでも、単位一つ分を東西に加えている。これらクメールの伽藍では、この単位は規模の拡大のほか

142

は明確な機能を見いだせないが、山田寺伽藍、法隆寺伽藍では、この単位が回廊の柱間寸法にそのまま現れている。ここでは単純で平易な完数寸法を用いるのではなく、100単位をもとに、これを半減法によって、つまり二等分割を繰り返して獲得できる値を用いている点が興味深い。この結果は、平易といいがたい数値が現れているが、寸法計画を困難にするほど複雑な数値が現れるわけでもない。したがって、結果として現れる寸法値が、比較的簡便な値をとることが意識された点は間違いないであろうが、しかしこの技法の本質は「等分割技法」と捉えるべき技法であり、度制システムに従った素直な完数制とは異なる技法である。山田寺金堂の柱間寸法計画は、「総間完数制」と呼ぶ等分割技法によって、古代では例外的に端数柱間寸法を用いているが[10]、この種の技法は、比較的小さい部位や部材に多用されるとも予想された。しかし、個別に見ていると分かりにくいが、日本の古代伽藍とクメール伽藍の計画法を比較すれば、伽藍計画のような大規模な対象であっても、等分割技法を用いる場合があったことが判る。

対象の長さから、より短い長さを導く技法として、前近代の技法では完数制と等分割技法とが予想される。このうち完数制は、本来、より下位の度制単位を用いて同様の操作を行うが、度

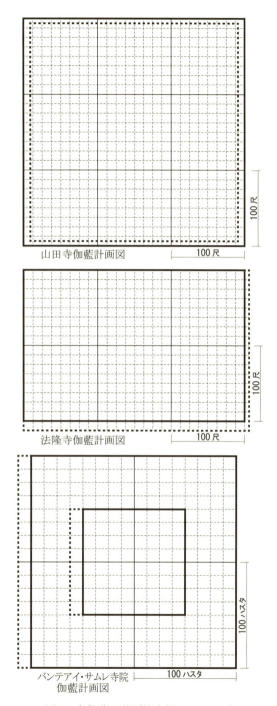

図3　各伽藍の計画技法(等尺スケール)

制単位を手がかりとする以上、完数の値だけが導かれる結果になる。しかし、等分割技法は、対象となる長さを適宜等分割するため、端数の値をとりうる技法である。二つの技法を混同したような議論も存在したが[11]、これらは操作の内容から見て異質な技法である。ところが、等分割技法は、場合によって、その操作の結果を完数値に導くことも可能である。1尺を五等分すれば結果は2寸であるから、結果だけを見れば、完数制か等分割技法かを直ちに判断することが難しい。したがって両技法を混同したかのような議論の現れる余地があった。しかし、前近代の建築設計技術を検討する際に、等分割技法の存在は、完数制と同等に重要な手がかりと考えられる。

　後代のようにさしがね技法が発達すると、等分割技法は、多様であるとともに複雑な細分割が可能になるが、古代の等分割技法は二等分、三等分などに限定され、これを複合した技法が一般的なようである[12]。述べてきた伽藍計画の八等分の技法は、一見して複雑な操作とも見えるが、これは二等分を繰り返す素朴な技法、半減法である。その操作の結果が12.5単位という、平易な完数とは捉えにくく、しかし端数ともいい切れない数値が現れた原因である。素朴かつ原理的な技法は、普遍的な技法として各地の遺構で見いだされることが判る。と同時に、山田寺伽藍と法隆寺伽藍の計画は、クメール伽藍との比較によってはじめて、単純な完数計画ではなく等分割技法と複合した技法によるものであったことが判る。

むすび

　日本各地に残る寺院遺構の発掘調査の結果をみると、回廊柱間寸法に尺の倍数をとる例が多数を占めている。ところが、山田寺の回廊と法隆寺回廊にみられる柱間寸法は、桁行と梁間をともに12.5尺とする。なぜ12尺でも13尺でもなく5寸の値を伴うのだろうか。通例の柱間完数制からみれば違和感の残る値である。とはいえこの違和感は、明確な端数柱間寸法ではないため決定的なものとならず、見過ごされかねないものでもある。しかし、クメール伽藍と比較することによって、12.5尺という回廊の柱間寸法は、100尺を大きな単位とする、先行する伽藍規模計画の規準寸法を対象に、等分割技法によって獲得した二次的なものであることが理解される。やや大きめの柱間寸法は、100尺から容易に導くことができる値であるとともに、伽藍規模とのバランスが考慮されたものであろう。

　相互に離れた時代と地域、建築材料と構法、宗教および文化等々、これらの大きな相違を超えて日本の伽藍とクメールの伽藍に相同の計画技法が見いだせることは、設計技術における基本的な技法が、数の操作も含めて普遍的な性格を持っていることを示している。その内容は、造営尺との関係で複雑な様相をみせるが、完数制と等分割技法、そしてそれ

らが複合した技法である。このように普遍性が認められる技法こそ、古代遺構の分析にとって、重要な手がかりとなりうる技法として注目していく必要がある。

註

1 溝口明則 2007『数と建築　古代建築技術を支えた数の世界』鹿島出版会。

2 数そのものは、古代も現在も同様のものとみて誤りではないが、厳密にいえば、数概念は時代によって異なる。ただ、もっとも限定した数概念（自然数以外を数とみなさなかった）を唱えたピュタゴラス学派の主張も、現在の数概念の一部に該当するから、現在の数概念と本質で矛盾することはない。このことが、古代の数概念を正しく認識することを困難にしている。

3 溝口明則 1990.9「山田寺金堂の造営尺度」（史標 1）および 1998.10「山田寺金堂と法隆寺中門の柱間寸法計画について　古代建築の柱間寸法計画と垂木割計画 1」日本建築学会計画系論文集 516 号。

4 発掘の初期では、造営尺として高麗尺（大尺）と唐尺が併用されたとも考えられる見解が示された（佐藤興治、村上訊一 1984.4「飛鳥の寺々」（『発掘——奈良　国文学解釈と鑑賞　別冊』所収、至文堂）「……それぞれの建物が建てられた基準尺を考えてみると金堂と回廊は高麗尺、講堂と塔は唐尺と考えてよく、金堂・回廊が早く建築に着手されたことが分かる」と指摘された）が、金堂跡の分析では、高麗尺も唐尺も成立しないとする見解も示されていた（川越俊一、工藤圭章 1979.2「山田寺金堂址の調査」（『仏教芸術』122 号）。しかし、金堂は唐尺を用いたと考えることが妥当であり（註 3 参照）、回廊も同様であることから、伽藍計画も唐尺が予想された。『大和山田寺跡』（奈良文化財研究所 2002 吉川弘文館）では、唐尺を用いたと考えているが、想定された金堂柱間寸法計画は、私見（総間完数制）とは異なる（註 11 を参照）。

5 溝口明則 2012『法隆寺建築の設計技術』鹿島出版会。

6 伽藍計画の詳細については、以下を参照。溝口明則、中川武、浅野隆、斎藤直弥 2007.3「Thommanon 寺院と Banteay Same 寺院の伽藍寸法計画——クメール建築の造営尺度と設計技術に関する研究 1」日本建築学会計画系論文集 613 号。

7 トマノンの周壁南北幅は、厳密には 100 ハスタではなく 98.5 ハスタである。しかし本殿、拝殿、東西ゴープラの中心を貫く伽藍中軸線からみれば、南半は 50 ハスタ、北半は 48.5 ハスタであるから、クメール寺院にほとんど例外なく認められる中心線の伽藍相対位置の偏向を実現するために、100 ハスタの南北幅北辺で、1.5 ハスタを切り取るという計画法が想定された。つまり 100 ハスタの幅を以て基本計画としていたと考えられた。

8 バンテアイ・サムレは各所に改造された痕跡が見いだされる。現在の内回廊の前身として、一旦周壁が作られた。これは内回廊に付属するゴープラ側壁に周壁を当てた痕跡が残るこ

カンボジア

とから疑問の余地がない。しかし、現在回廊下部に埋没しているもとの周壁の基座の推定位置は、寸法計画からみて不明瞭な位置を占めており、計画上は当初から回廊が予定されていたように見える。とはいえこの回廊は幅が狭いうえに連子窓を並べながら入口を持たない。そのため、後に回廊の内側に沿ってテラスを設けるという改造の痕跡も見いだされる。当初から出入り不可能な狭小な回廊が計画されたと考えていいかどうかためらいも残るが、現在の内回廊が形成する輪郭は、回廊を巡らすにはもともと無理のある規模であり、同程度の規模の伽藍で回廊を持つ事例はいまのところ見いだせない。

9　中軸線の偏向を生み出すため、敷地計画の南辺で 1 ハスタ分を拡張し、最終的に 101 ハスタとする。詳細は以下を参照。溝口明則、中川武、佐藤桂、下田一太 2010.5「プラサート・プラムの寸法計画　クメール建築の造営尺度と設計技術に関する研究 4」日本建築学会計画系論文集 651 号。

10　前掲註 3 参照。山田寺金堂は、正面総間寸法を 50.0 尺とし、これを 3 間の等間構成としたため、1 間の柱間寸法は 16.666……尺となって循環小数が出現した。完数柱間制が支配的な古代では例外的な技法だが、完数をとる総間を対象として等分割技法を用いた結果である。同様の計画技法は、法隆寺金堂の中央の 3 間、法隆寺講堂（創建、再建とも）の中央の 6 間の柱間にも見いだされる。

11　竹島卓一 1975『建築技法から見た法隆寺金堂の諸問題』中央公論美術出版。
　　上に掲載した論考が抱える完数制と等分割技法の捉え方およびその問題点については、註 5 掲載の論考で検討している。

12　たとえば、ウィトルウィウスの建築書に見られる「アッティカの柱礎」の細部は、二等分と三等分を繰り返して細部の大きさを制御する。結果からみれば複雑にみえる形状であっても、ごく単純な分割を組み合わせたものにすぎない。

タ・ネイ遺跡に見られる建造途中の改変について

佐藤　桂

はじめに

　古代クメール建築史研究の先駆者に数えられるフランス極東学院アンリ・パルマンチエ (1871-1949) が残した大量の未刊行原稿は、現在、パリに所在する同学院図書館で閲覧することができる。中でも 1920 年代から精力的に取り組まれた遺跡詳細インベントリーは、[1]当時の遺跡の状態だけでなく、彼の遺跡に対する独自の視点を知る上でも一見の価値がある。以下では同資料の中から、アンコール地域内に位置するバイヨン様式初期の寺院の一つ、タ・ネイ遺跡に関する記述を取り挙げたい。[2]

　同資料は 1940 年 2 月に現場で作成され、翌年に完成されたもので、このとき如何なる発掘調査も行われなかったことから、目視による観察がほぼ全ての情報源となっている。タイプ打ちされた 16 頁にわたる原稿には簡単な遺跡全体の配置図が添えられるが、最新の実測図面[3]（図 1）と比較すると、両者には幾らかの相違点も見受けられる。しかし本稿の目的は同資料の正確さについて一つ一つ確認することではないため、これらを詳細に述べることはしない。ここで注目したいのは、彼が指摘していた「建造途中の改変」の痕跡である。

1　疑似窓から疑似扉への改変

　パルマンチエは、タ・ネイ寺院は一度に造られたものであるが、幾らかの後補と「建造途中の改変」があったと記していた。前者は第三周壁及びその楼門と、これに続く東西のテラス、また中心祠堂と第一北楼門とを結ぶ建物を指しており、以上は同寺院の中で時代が下るものと判断されている。この見解は現在でも一般的で、ここで改めて特筆すべきものではない。だが後者は現場を丁寧に観察する彼らしい指摘であり、しかも一読しただけでは文意の理解が難しい。それは次のような記述である。

　　ここでは石材の積み上げと仕上げとの間に構想の変更があった。三本の連子子を伴う
　　疑似窓が彫刻されるはずの場所に用意された砂岩には、もともとは五本の連子子を想

カンボジア

図1 タ・ネイ遺跡 実測平面図
(東京文化財研究所・APSARA機構, 2014)

定されていた。しかし装飾された出入口を中庭に向けて開くため、外側にもこれに対応する疑似扉が求められた。……（後略）[(4)]

　ここに述べられているのは、砂岩とラテライトの使い分けに着眼した指摘である。同時代の他の例にもれず、タ・ネイ遺跡でも彫刻を有さない箇所にはラテライト材が多用されており、砂岩材の使用は主要な建造物と屋根や開口部回りに限られている。中心祠堂とその四方に配置される塔状の建造物以外は、壁体は基本的にラテライト造であり、必要箇所にだけ砂岩を用いて彫刻を施し、その上には、現在は失われているものの、仕上げの塗装を施してこうした材料の違いをカバーしていた。ところで、中心祠堂を囲繞する第一回廊南北辺の中央の疑似扉は、その下地として準備された砂岩材を大きくはみ出すように彫刻が施されている（図2）。この下地の砂岩材が両側の疑似窓と同様の大きさであることに加え、疑似扉上部に彫り出されたリンテルの出幅が僅かしかなく、通常は備えられるべきコロネットも不在であることから、これが当初は疑似窓として計画され、石材を積み上げた後に計画が変更され、やや無理矢理に疑似扉が造り出されたものと解釈されたことが分かる。

　実際に遺構を観察すると確かに不自然である。連子子の数は全ての疑似窓で三本となっているが、中央の疑似扉を別とすれば、両側の疑似窓の下地には余白が残り、五本の連子窓が収まりそうに見える。パルマンチエはおそらく、これらは石材を積んだ段階では五本の連子窓を想定したもので、その後に五本から三本へ、さらに中央部分では疑似窓から疑似扉へという、二段階の変更がなされたと推察したようである。

　さらに石材の積み方について詳細に観察すると、北辺外壁では中央の疑似扉の下地として砂岩材が四つ、横積みにされているだけであるのに対し、両側の疑似窓に関しては、同様の四層の横積みの材に加えて、それぞれの中央側にもう一つの砂岩材が縦方向に挿入され、五つの材でほぼ正方形を成していることが了解される。屋根部分の構法からも、この場所において石積みが両側から中央に向かい進められたのは明らかで、縦使いの砂岩材がいずれも中央寄りに位置していることも、施工の進行方向を示すものと思われる。しかしながら、同じ回廊内でも縦方向の砂岩材は真の開口部以外に認められないため、北辺の中央部分のみが若干建造時期が早い可能性が指摘され、今後、さらに詳細に検討すべき課題であろう。

　以上より、おそらく第一回廊北辺中央に準備された砂岩材の下地として縦方向の材が挿入されなかった時点で、これらの疑似開口部の幅を狭める決定がなされていたはずであり、その後は横積みのみで工事が進められたことが推定される。回廊中央の疑似窓はこのよう

カンボジア

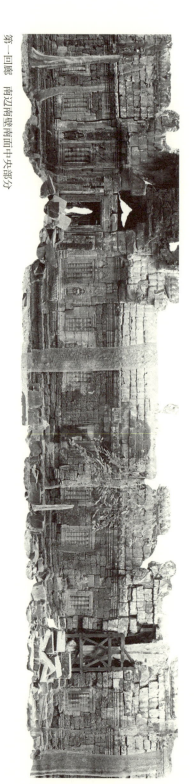

第一回廊　北辺北壁北面中央部分

第一回廊　南辺南壁南面中央部分

図2　タ・ネイ遺跡　第一回廊壁面オルソ写真
(東京文化財研究所・APSARA 機構、2014)

に多少の無理を伴いながらも疑似扉に変更され、同箇所で屋根はクロスされ、回廊を横切る出入口の意匠が強調された。ただし最近の実測調査の結果、この位置が回廊東西全長を正確に二分していることが判明したことから[5]、改変は意匠的、あるいは工法的理由に過ぎず、開口部の位置それ自体は当初計画の通りとも判断される。

3　開口部の位置が示すもの

クメール遺跡の伽藍配置に関する既往の見解として、いわゆる「縦深型伽藍」の中心祠堂（本殿）とこれを取り巻く回廊の両側面につく楼門（側面ゴープラ）との位置関係について、時代毎に分析したものがある[6]。側面ゴープラは、本来は中心性を強調する「初期ピラミッド型伽藍」に付随する要素であったが、次第に本殿前方に拝殿を有する「縦深型伽藍」にも備えられるようになる（11世紀後半以降）。その過渡期的段階として、側面ゴープラが本殿の中心に軸線を合わせるのではなく、回廊奥行きを二等分する位置に備えられる事例が、同研究では挙げられている[7]。

タ・ネイ遺跡は、拝殿を有さないものの、側面に対して閉鎖的な特徴を示す「縦深型」の性質を備えている。加えて、その伽藍配置はバイヨン時代に新たな展開を見せる「曼荼羅型」（クラスⅡ）の典型でもある[8]。上記論考と同様の観点に基づけば、本殿に中心を合わせた側面ゴープラ（曼荼羅状に配置された祠堂塔）に加えて、回廊の奥行きを二等分する第二の開口部を有する構成であると解釈することができ、従来の「縦深型」と「曼荼羅型」との融合、あるいはその過渡期的段階として捉えることができるように思われる。

他のバイヨン様式諸寺院の伽藍配置と比較してみると、第一回廊側面の中央付近に出入口を備える例は、アンコールのプレア・カーン（南北辺）、バンテアイ・トム（南辺）、バンテアイ・プレイ（南北辺）、タ・ソム（南北辺）、バンテアイ・チュマール（南北辺）、バティのタ・プローム（南北辺）、ワット・ノコール（南辺）に確認することができる。またムアン・シンでは、タ・ネイと同様に、回廊南辺の外壁に疑似扉の存在が観察される[9]。装飾様式や構法に関する網羅的な研究から同様式の主要寺院の相対編年を明らかにしたオリヴィエ・キュナンによれば、タ・ネイ遺跡の第一回廊が建造された時期と同じときにその第一回廊を整備していたのは、プレア・カーンとバンテアイ・クデイ、バンテアイ・トムであり、建造途中の改変はこれらの現場とも密接に関連していたものであろう。とりわけ上述した疑似窓における石材の積み方はプレア・カーンに類例の見られるものであり、さらなる詳細な比較検討が望まれる。現段階では、タ・ネイ遺跡において建造途中に回廊の連子窓を当初計画よりも小さくすることで省力化が図られた一方で、回廊の中間位置に装飾的な開口部と向かい合う疑似扉を造作し、この改造のために少なからぬ労力が注がれたであろう

カンボジア

こと、またこの回廊中心を示す第二の軸線が、10世紀より継承されてきた伝統的な「縦深型」の伽藍配置を強調するものであったことを記すにとどめたい。

おわりに

　以上において、特徴的な構法や様式を呈するバイヨン様式寺院の一つであるタ・ネイ遺跡について、パルマンチエの指摘をもとに、その建造途中の改変について検討してきた。複数の大型寺院が同時並行で造営されたこの時代において、建造途中の改変はむしろ頻繁に行われ、複合伽藍が広域に、かつ急速に発展していった。このようなダイナミックな建築生産のシステムとネットワークこそ、バイヨン様式の核心であり、タ・ネイ遺跡もまたこうした大きな流れの中で解釈されるべきであろう。建造途中の改変を見つめる彼の眼は、まさにこの歴史を捉えていたように思われる。

註

1　パルマンチエがラジョンキエールによる IK: Inventaire descriptif des monuments du Cambodge (1902-1911) の更新を目指して準備していた IDK: Inventaire Detaillé des Monuments Khmers と称された出版計画。しかし諸事情によりその一部が『クメール古典美術』として刊行された以外は未出版のまま残され、学院図書館で保管されている。詳細は拙稿「アンリ・パルマンチエ『クメール古典美術』の再読　その1」（日本建築学会関東支部大会 2008）を参照のこと。

2　タ・ネイ遺跡をめぐる既往研究、及び検討すべき諸問題については、佐藤桂、石塚充雅、朴東熙「アンコール・タネイ遺跡の伽藍配置に見られる特徴について (1)」（日本建築学会学術講演梗概集 2013), pp. 569-570 及び佐藤桂、朴東熙「アンコール・タネイ遺跡の伽藍配置に見られる特徴について (2)」（日本建築学会学術講演梗概集 2014), pp. 671-672 を参照のこと。

3　同実測図は 2011 年から 2012 年にかけて東京文化財研究所（平成 24 及び 25 年度運営費交付金「東南アジア諸国等文化遺産保存修復協力」事業）が内田賢二氏及び JASA の技術協力を得て、アプサラ機構のスタッフを対象として実施した測量技術研修により作成されたものである。

4　Une autre addition est de l'époque même: il y a eu là un changement d'idées entre le montage et le ravalement. Les fonds de grès où devaient se ciseler les fausses-fenêtres à trois demi-balustres étaient prévus pour 5 de celles-ci ; mais ouvrant des portes à composition décorative sur la cour on voulut que sur l'extérieur des fausses-portes y répondissent.（Source: Parmentier, H., *Ta Nei 532 MH. 400*, in Archives H. Parmentier, EFEO, unpub.）

5　前掲拙稿 2014 を参照のこと。

6　溝口明則「クメール寺院の伽藍配置における中心祠堂と側面ゴープラの位置関係について」『アジアの歴史的建造物の設計方法に関する実測調査研究』（早稲田大学アジア建築研究室 1999）pp. 5-7.

7　前掲論考では Pr. Khao Phnom Rung (12c 初頭) 及び Pr. Phnom Wan（1082 頃）の二例が挙げられている。

8　Cf. Olivier Cunin, *De Ta Prohm au Bayon, Analyse comparative de l'histoire architecturale des principaux monuments du style du Bayon*, Thèse de doctorat: Sciences de l'architecture: Vandoeuvre-les-Nancy, INPL, 4 vols. 2004.

9　Cf. *op. cit.*

謝辞

　本稿は文科省科学研究費助成金「GIS を用いた古代クメール都市発展史の復原的研究」（若手 B ／研究代表者：佐藤桂）の成果の一部である。フランス極東学院所蔵の未刊行資料の閲覧にあたっては B. Bruguier 氏の全面的な協力を得た。ここに記し感謝申し上げる。

航空レーザー測量により得られた地形データにもとづく都城アンコール・トム内外の水路網

下田　一太

はじめに

　9世紀より15世紀にかけてインドシナ半島に版図を広げた古代クメール帝国は、その王都をほぼ継続してトンレサップ湖北岸の地に構えた。歴代の治世者はこぞってこの地に護国を念願する寺院を築造し、ヤショダラプラと呼ばれた王都は長年にわたり拡充され、複雑な施設群として整備開発された。

　アンコール遺跡群と呼ばれるこの古代都市に点在する石造や煉瓦造の壮麗な建築群は、19世紀半ばより西洋の研究者らによって再発見された後、20世紀に入ると仏領植民地の文化政策のもと研究や修復工事が進められた。近年にはカンボジアの国内混乱からの平和的な復興に向けた国際的な支援協力の象徴的な事業として各国が保全活動を繰り広げている。古代の建築遺産が常に衆目を集めてきた一方で、こうした建築物の周囲に広がる古代都市の構造に関心が寄せられることはほとんどなかった。観光客のみならず、遺跡の保存官や研究者も、興味の対象は地上に残された建築物に強く注がれ、それらの建築物だけでも学究的好奇心を充足する数々の発見と甚大な保存整備の仕事が求められた。

　こうした中、最近では建築遺構の周辺に残された土木工作痕を頼りに、往時の都市構造や社会背景を読み解こうとする研究領域が広がりつつある。それは、地下構造の探査や航空調査による俯瞰的な視野の獲得、過去の環境変動や生活環境の復原等、新たな研究手法が導入されつつあることによる。また、クメール帝国の地方拠点となる都市遺跡や、同時代の周辺地域における古代・中世の建築や都市に関する知見が蓄積され、それら類例研究の成果を相互に比較分析することが可能となってきたこともこうした関心を支えている。こうした研究への志向は、カンボジアのインフラが広く整備され遠隔地の遺跡を容易に訪れることができるようになりつつあることや、アセアンという経済共同体の連携が強化され研究成果が共有されることで、今後さらに伸長されることであろう。

　前述したカンボジア復興のための国際協力の象徴的活動とされてきた、アンコール遺跡群の保全活動は、遺跡の保存・修復・整備・観光開発・人材育成がその主な目的であるが、こうした活動とは別に国際的な研究チームが遺跡群の考古学的な調査を協働することを目

カンボジア

的として 2012 年にクメール考古学ライダーコンソーシアムが結成された。日本国政府アンコール遺跡救済チームは 7 か国 8 組織によるこの研究チームの一員として、遺跡群上空からの航空レーザー測量に参加した。この測量の目的は詳細な地形情報を得ることにあり、これまで密林に埋もれていた広大な地域において、地上実査では把握が困難であった土手、水路、溜池等の遺構を検出しようとするものであった。測量の結果、多数の遺構が発見されたことに加えて、既知の遺構においてもより正確な形状と規模が明らかとなった他、都城内には格子状に張り巡らされた水路網の存在が浮かび上がった。本稿は、12 世紀後半より築造されたとされる第四次ヤショダラプラの中核地、アンコール・トムの環濠内外で明らかとなった水利網について、既往の研究成果との比較にもとづき考察するものである。

1　アンコール遺跡群で実施した航空レーザー測量

今回実施した航空レーザー測量の方法や使用機器についての技術的な報告は既に掲載された論考に詳しいが（Evans et al. 2013)、概要を示すと以下のとおりである。測量範囲はアンコール遺跡群、ロリュオス遺跡群、コー・ケー遺跡群、クーレン丘上の遺跡群、そして古代の幹線道路や水路沿いの地域で計 370km^2 の範囲におよぶ。この地域の上空にてレーダー測量機材を搭載し、GPS と IMU によって位置情報が確保されたヘリコプターが飛行し、地上に向けたレーザーパルスを照射し反射光を検知することで往復時間より反射距離を取得する。照射密度は平均して 1m^2 あたり 4-5 点であり、測量精度は水平方向、鉛直方向ともに 10cm 単位での精度を保証するように管理された。

その後、膨大な反射点の位置情報群から樹木や現代の建物での反射点群を除去し、地表面のデータのみを選択的に残し分析のための地形図とした。樹林の葉がもっとも薄くなる乾季の終わりを見計らって 2012 年 4 月に測量を実施したが、最終的には地上面での反射密度は 1m^2 あたり平均して 2 点となった。アンコール・トム内の特に大樹に深く覆われた地区の地表面での反射点は少なくなったが、それでも地上に残されたメートル単位の規模の構造物は十分に検出されていることが、現地調査によって確認された。

図 1 は今回の測量によって得られた地形図をグレースケールの段彩式差で表示した地図である。

2　アンコール・トムにおける既往の研究

前述のとおり、壮麗な寺院建築等の石造建造物に注がれた膨大な研究蓄積がある一方、その周辺の目立たない地形痕跡に留意した研究はほとんど見受けられない。アンコール・トム内では、小規模な建造物に着目して包括的な報告を試みたマーシャルの研究以降いく

航空レーザー測量により得られた地形データにもとづく都城アンコール・トム内外の水路網（下田一太）

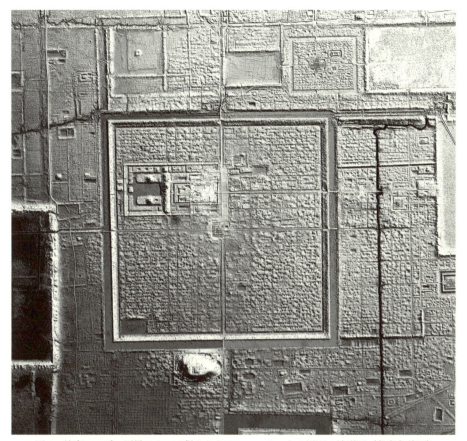

図1　航空レーザー測量によって得られたアンコール・トム周辺の地形図（段彩色差図）

らかの先行研究が挙げられる。以下にはアンコール・トムの概要とあわせて既往の研究経過を略記する。

　アンコール・トムは、正方位にあわせた一辺 3km の方形の地域を、幅約 110m の環濠と高さ約 8m の周壁によって囲繞することで縁取られている。環濠とは呼ぶものの、実際には都城の門に通じる 5 筋の参道によって 5 つの独立した長手のプールとして分割されており、陸橋下に流水して各プールを繋ぐためのトンネルの当初遺構は認められていない。

　アンコール・トムの中心に位置するバイヨン寺院からは、四方へ大通りが延び、方形の都城は四分割されるが、そのうちの北西象限にはさらに周壁に囲繞された王宮跡地が配される。ラテライト造の王宮周壁は東西 1330m、南北 690m の規模であり、その内部には東寄せにしてさらに入れ子状に環濠と周壁が最内核地区を形成している。

　アンコール・トムの環濠の水が周壁内へと取り入れられていたことについては、研究の早い段階で周壁南辺の西角近くに確認されたトンネルの存在によって推測されていた

カンボジア

(Marchal 1918)。さらに、周壁の内側に巡らされている内環濠や、5筋の大通り沿いの水路の存在がゴルベウによる一連の発掘調査より明らかにされた（Goloubew 1933, 1934, 1936, 1937）。ただし、これらの水路は一部で断続していることをゴルベウ、そして近年にはゴシエが発掘調査により確認しており、必ずしも大通り沿いの水路は流水していたわけではなかったようである。

　こうした内環濠や大通り沿いの水路と連結して都城内にくまなく分水するための水路網が存在する可能性をグロリエは示唆していたが（Groslier 1958）、密林に覆われて航空調査ができないこと、また面的な測量には多大な労力がかかることより、その構造を明らかにすることは長く断念されていた。こうした中、都城内に格子状の水路網の全容がゴシエによる地上測量よって近年明らかにされた（図2、Gaucher 2002, 2003, 2004a, 2004b）。ゴシエは都城内の詳細な踏査と測量を敢行し、201基を数える遺構目録を作成した他、水路網に加えて多数の溜池が分布していることを明らかにした。

　一方、アンコール・トムの周辺地区では、トルーヴェによる水路や土塁の記録に研究が始まる(Trouvé 1933)。トルーヴェはアンコール・トムの環濠東辺と東バライとが水路によって連結されていることや、北バライと東バライを連結する遺構が存在すること、そしてアンコール・トムの周辺において複数の直線的な土手や水路が残されている様子を記録した（図3）。その後、グロリエは航空写真と現地踏査の結果より、アンコール・トムの環濠に連結する複数の水路の存在を指摘した（Groslier 1958）（図4）。さらに近年には JICA (1998)による詳細な地図が作成され、アンコール地域の研究や都市開発において基礎的な図面資料を提供したことに加えて、ポチエによるアンコール遺跡群南部の遺構分布の大幅な追記(Pottier 1994)、エバンスによるによるリモートセンシング画像の分析にもとづくアンコール遺跡群周辺の広域な遺構分布図の提示等（Evans et al. 2007）、過去の都市やその周辺地域の全容は大きく刷新された。しかしながら、こうした近年の研究においても、遺跡群の中央に位置する深い森に覆われたアンコール・トム近傍の研究は放置されたままであり、トルーヴェやグロリエによって指摘された水路等の遺構の検証も含め、より実証的な研究が求められていた。

3　考察

　新たな航空測量により、密林に覆われていたアンコール・トム内外の地域に多数の水路・土手・溜池等の遺構の発見がもたらされた。図5は、測量結果にもとづき水路と土手の分布を復元したものである。厳密には水路と土手の区別がつかないものや、水路と土手が平行して連なるものもある。そもそも、水路を掘り込めば、掘り上げられた土砂がわきにの

けられて土手が生じ、その逆もまた然りであり、どちらか一方を造ることで付随してもう一方も整備されたことが推測される。水路と土手道をセットで造る計画であった可能性も想定されよう。また、当初は水路として造られたものが、土手に改変されたり、その逆があったりと、後世に地域の統治管理体制が弱まった中で、無秩序で局所的な改変が横行した状況も想像しうる。現在の地形はこうした様々な改変が重複した結果として残されたものと見做される。

　つまり、本稿では水路と土手とは航空レーザー測量にもとづく現地形から判読して描き分けているものの、厳密には当初はどちらの構造であったのかは必ずしも判別できず、そ

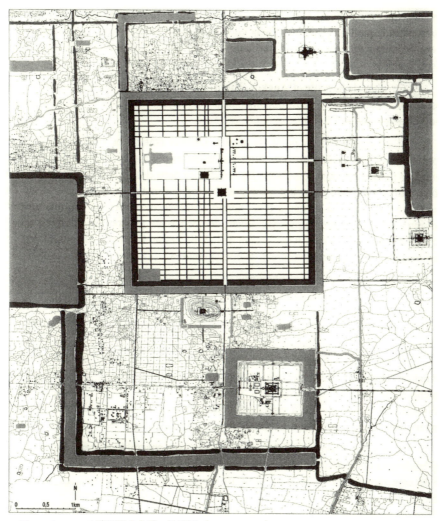

図2　アンコール遺跡群中心部の地形図（Gaucher 2004）
地形図（JICA 1998）のアンコール・トム内にゴシエによる水路網の復元図を加筆した図面

カンボジア

もそも当初の構造が水路と土手道のどちらかに特化した目的で造られたものではなかった可能性にも留意されたい。また、現存する水路や土手の線状痕跡は断続的なものもあるが、当初は連続した構造であったものが浸食したり、人為的に改変されたことが推測されるものもある。特にアンコール・トムの周辺における痕跡は不明瞭なものも多く、薄弱な痕跡を繋ぎ合わせて一続きの遺構に復元したものもある。

以下では、既往研究の検証とともに、新たに得られた地形図よりアンコール・トムの都城内部と周囲に分けて水路や土手等の土木工作遺構に関して考察する。

3-1　アンコール・トム内部の水利構造

アンコール・トムの水利構造は、周壁の東辺北端より80m南に位置する城壁下を貫通する4本のトンネルによって環濠から都城内部へと入水することに始まる。周壁の80-100m内側に周回する内環濠へ導かれた水は、都城内部に格子状に張り巡らされた水路や大通り沿いの水路を満たし最終的には都城の南西隅に位置する溜池ベン・トムまで巧みに導水される。この貯水池の水位が上がると城壁下を貫通する南辺西端の排水トンネルより周壁外側の環濠へと排出される。北東から南西に下る緩やかな勾配を利用した水利構造だが、アンコール・トムの取水口のある北東から、排水溝のある南西にかけては、直線距離約4kmに対して僅か4mの標高差にすぎず、この極めて緩い勾配を巧みに利用するためには、各水路の勾配を制御するための高い測量と施工技術が求められたはずである。この水利構造によって、雨季には過剰な降雨を速やかに城外に排出し、また乾季には生活に不可欠な貯水を溜池と水路に蓄え、また地下水位を高く保つ上でも有用であったと考えられる。

航空測量にもとづく新たな地形図は、ゴシエによる測量が高い精度で行われ、ほぼ正確な図面が示されていたことを証明するものであった。格子状に張り巡らされた水路や溜池の多くはゴシエによって作図された報告と一致するところが大きい。ただし、一部にはゴシエによる測量精度によるものか、あるいは逞しい想像を伴う解釈によるためか、新たに得られた地形情報とは異なる点も認められる。

例えば、王城内南東象限の北半分のエリアにおいて、ゴシエは南西象限と同様に東西に走る線状痕跡を南北に約86m間隔で復元したが、今回得られた地形データからは1筋おきにしか痕跡は認められない。また、南東象限の東端に南北に延びる線状痕跡についても、新たに取得された地形データからはその存在は不確かである。北東象限には東端にも線状遺構の痕跡が明瞭であるため、南東象限にも延伸していた可能性を推察しうるが、その痕跡は皆無である。

このように全体としてみれば些細な修正を加えることはできるが、新たな測量結果はゴ

シエによる既往の報告を追従するものであった。ただし、ゴシエによる測量結果は水路にせよ溜池にせよ、遺構の輪郭を縁取りする線的な情報であったのに対して、新たな測量結果はより面的な標高データを提供したことに加えて、世界測地系の中で扱える定量的かつ客観的な情報として様々な発展的研究に有用である点が強調されるべきであろう。

3-2　アンコール・トム周辺の水利構造
3-2-1　トルーヴェによる解釈との比較を通じて

　以下ではトルーヴェとグロリエによって記録されたアンコール・トム周辺の土手と水路の配置について、航空測量の結果と比較しつつ考察する。まずは1933年のトルーヴェによる記録であるが、5枚の図面に調査によって明らかにされた遺構が描かれている（Trouvé 1933）。これら5枚の図面のうち、本稿での考察対象外となる東バライの北地区を示した図面1枚を除き、残り4枚を繋ぎ合わせると、アンコール・トムの南西方を除く各周辺地区に土手や水路の痕跡がみられる（図3）。新たな地形図より推測される水路や土手の遺構

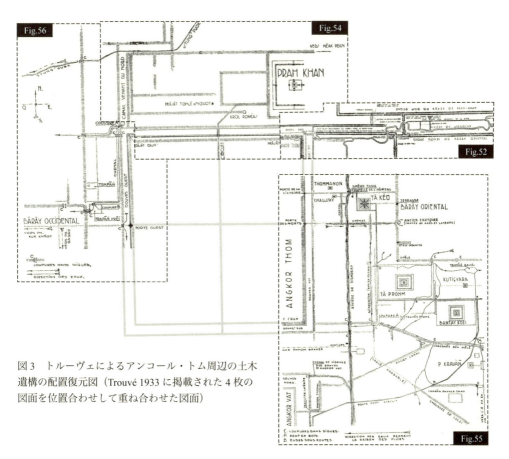

図3　トルーヴェによるアンコール・トム周辺の土木遺構の配置復元図（Trouvé 1933 に掲載された4枚の図面を位置合わせして重ね合わせた図面）

カンボジア

分布と比較すると、トルーヴェによって記録された線状遺構は限定的であるものの、図示された遺構については概ね正しい。些細な点であるが、アンコール・トム南東方の「ベン・メアレアへの土塁」と記された遺構の形状や、アンコール・ワット東側の水路が東方への延伸する構造、Krol Romeas 遺構より西方に土手が連続している点など、若干の相違が指摘される。

　今回得られた航空測量による地形図では、トルーヴェが調査した 20 世紀前半の時点では残されていた歴史的な痕跡が、水田耕作等によって破壊されて今日では失われてしまったり、近年加えられた水路や道路が古代の遺構と重複し、新旧の構造の区別がつかなくなるなど、ここ 100 年間での人為的な破壊や改変によって古代の遺構を検出する上で制約がある。しかしながら、トルーヴェによる図面の信頼性が評価されたことにより、近年破壊されたり、新たな構造物が重複して混乱を招いている箇所の過去の姿を彼の図面を根拠に一部には推測する手だてが得られることとなった。

　例えば、西バライの北東隅より北方へ延びる土手上には、現在アスファルト敷きの舗装路が走り、この土手の新旧の区別が判然としなかったが、トルーヴェによる図面にこの土手が記録されていることから、古代の土手遺構の上に新たな道路が敷設された経緯を確認しえる。研究の最初期において、こうした正確な記録を残したトルーヴェの地道な研究が評価されるところであろう。

3-2-2　グロリエによる解釈との比較を通じて

　続いてグロリエによって示されたアンコール・トム周辺の水路網を確認してみたい。アンコール・トムの環濠が 5 つの独立した長細いプールとして形成されていることを前述したが、以下ではそれぞれのプールごとに周囲の水路との連結関係を確認していく。

a）北東プール

　鉤型に折れた北東のプールにおいて、グロリエは北辺に d5、東辺に d1、d2、d3、d4 の水路が連結する様子を描いている（図 4）。グロリエはいずれも環濠への入水路と解釈しており、また d3 と d5 水路はジャヤヴァルマン 7 世の寺院建築と関連して築造されている一方、その他はそれ以前より存在し、異なる時代の水路と推測した。新たな地形図においてもグロリエが示した 5 筋の水路に対応する遺構が確認されるが、その解釈には修正が求められる。

　つまり、d3 についてグロリエはタ・ネイ寺院の南西隅より西方に延伸する水路として示したが、新たな地形図ではグロリエが示した線状痕跡は水路ではなく幅 10m、高さ 1.5m

程の土手筋であることが確認された。また、この土手はシェムリアップ川の西側において その東端が南側に屈曲しており、連続的な流水を確保しうるものではない(図5)。また、 この土手はタ・ネイ寺院の南辺の延伸線上に位置するものの、タ・ネイ寺院の主軸線角度 とはやや異なり、この寺院建立との築造関連は不確かである。

続いて水路d5について、グロリエはプレア・カーン寺院の環濠南西隅より南に延びて アンコール・トム環濠へと連結する水路をこの1筋のみ記録したが、今回の測量からはプ レア・カーンの環濠南西隅より西に延びる水路、そしてその水路からさらに南へと分岐し てアンコール・トムの環濠北辺へと連結する複数の水路が認められた(図5)。グロリエは タ・ネイ寺院との関係と同様に、プレア・カーン寺院との関係を根拠に水路d5の開削年代 を推測した。たしかに、これらの水路は敷地を区画する地割にもとづくものとも考えられ、 プレア・カーン寺院とこれらの水路とは同一の計画に基づくものと推測することもできる。

北東プールに連結する水路の中ではグロリエがd1と番付したものだけがシェムリアッ プ川からの入水経路で圧倒的な水量を誇っており、それ以外の水路は周囲の表流水を集め

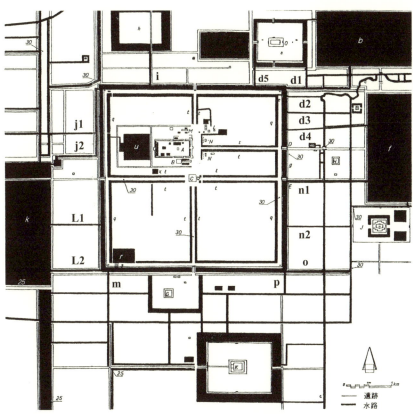

図4　グロリエによるアンコール・トム内外の水路復元図(Groslier 1958)
(邦訳書である中島・石澤1997に掲載された図面の関連する文字を拡大したもの)

カンボジア

たものに過ぎなかったと考えられる。さらに、現状地形から推測すれば、d2～d4の水路はアンコール・トムの環濠側ではなく、シェムリアップ川の方に緩やかな勾配がとられており、表流水はシェムリアップ川へ放水していたものと推測される。ただし、現シェムリアップ川は人工的な河川であり、この掘削時期については検討が必要で、アンコール・トム東側の水路よりも後世の築造であった可能性に留意されるべきである。

この北東プールからはアンコール・トム周壁の東辺北端のトンネルを通じて都城内の内環濠へと水が引き込まれたが、想像をたくましくするならば、このトンネルに堆積物が溜まり機能不全に陥ったことにより、貯水限界を超えた分を放水するために新たな水道が自然決壊によって生じ、それが不規則に蛇行して流れるグロリエがd2に番付した水路になったものと推察されよう。

b) 勝利の門と死者の門に挟まれた小プール

アンコール・トム東辺にある勝利の門と死者の門の参道に挟まれた小プールには連結する水路は認められない。西側は周壁列によって閉じられ、また東側も現地形から判断するに東へと緩い勾配をとるため、プールに流れ込む周囲の表流水も限定されている。現在では両参道の東端にトンネルが抜かれているため北東プールより入水して満たされて、南東プールへと放水しているが、当時にはどのようにこのプールに貯水を図ったのか定かではない。

c) 南東プール

南東プールにおいて、グロリエはn1、n2、oの水路より入水しpの水路より放水したと推測した（図4）。今回の測量結果からは、n1、n2に加えて、東辺にさらに2筋の水路が連結していた可能性が窺われる（図5）。ただし、n1とn2の間の水路らしき痕跡は、プールの東側近傍において不鮮明で、プールと連結していたかどうか不確かである。

グロリエは東辺に連結する水路を入水路と判断したが、現状の水路底のレヴェルは、東側への緩い勾配をとり、これが入水の役割を果たしていたことについては疑問がもたれる。トルーヴェはグロリエに先だってこの水路を記録しているが、水路n1はシェムリアップ川へ放水するものと示している。南辺の水路pは確かに認められるが、加えてその西側にも3筋の水路がプノン・バケンの東参道と考えられる線状遺構まで延びている（図5）。

環濠幅で東方へと延びる水路oは、その機能について検討を要するところである。つまり、水路oは東に勾配をとるため、排水のために機能したことも推測しえるが、これだけ幅広であると水路というよりも環濠と同様に貯水プールとして配され、北側地区の防衛に

航空レーザー測量により得られた地形データにもとづく都城アンコール・トム内外の水路網（下田一太）

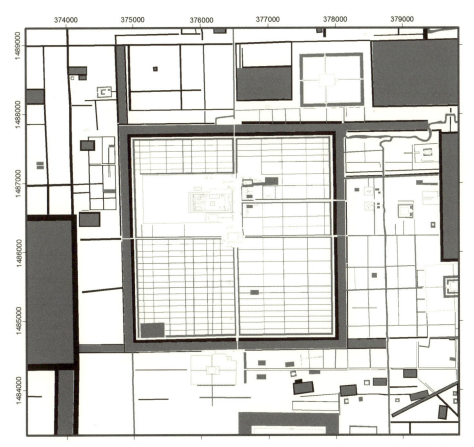

図5　航空レーザー測量による地形図から復元されたアンコール・トム内外の水路・土手遺構の分布図
（薄いグレー：水路、濃いグレー：土手）

資する施設であったと考えてもよさそうである。グロリエは記述していないが、このプールの南辺の西側にはプノン・バケンの周壁東辺と重複した水路があり、現在では、アンコール・トムの環濠よりアンコール・ワットの環濠へと放水している。ただし、この水路の新旧は定かではない。

d）南西プール

南西プールにはベン・トムの貯水が城壁下を貫通するトンネルより放水される。グロリエは西辺の水路11、12と南辺の水路mの3筋が排水路であったと考えた（図4）。新たな測量結果より判断すると、11は西バライの東土手と連結する土手遺構であって水路として機能していたようには見えない。また、水路12についても環濠と同幅という規模からして排水路として機能していたとは推測しがたい（図5）。南側に抜ける水路mが南西プー

ルからの排水路であったと考えて良さそうである。

e) 北西プール

　北西プールでは水路iより取水し、j1、j2より排水したものとグロリエは示している（図4）。今回の測量結果からもこれら3筋の位置に線状の痕跡は認められるが、j1とj2は直接に環濠と接続する水路ではなかったようで、環濠と平行する水路に排水が引き込まれた後に西側に排水しているようである。ただし、環濠と平行する水路への導水の痕跡が定かではない。

　プレア・カーンの西側には、直線的な土手が数筋認められ、複数の貯水池が確保されていたように看取される。グロリエは水路iとして、その貯水池と北西プールと連結していたものと考えたが、新たな地形データではこのグロリエによる水路の存在は認められない。地形データからはグロリエが描いた水路iの西側に、南北に掘削された別の水路が認められるが、これはその他の古代の水路とは掘削深さが異なり、また若干蛇行していることもあり、後世の仕事であると考えられる。

　北西角より環濠と同じ幅で北に延びる水路らしき痕跡もまた入水のためには規模が過剰で、環濠と水路が過去には開放的に連結していた状況は想像しがたい。また、北に延びる水路と環濠とは底面レヴェルが異なっており、同水位で貯水していたものとは考えられず、異なる二つの独立したプールであったと推察するのが妥当であろう。もちろんこの2つのプールを隔てる土手に水門が設けられ、環濠への入水を管理していた可能性は推測されうるが、トルーヴェはこの北に延びるプールの南西隅より西側に土手を切って放水する水路を記録しており（図3）、この水路の新旧を含めて慎重な検討が必要である。

　その他の入水路としては、北辺の中央よりやや西側で入水している水路で、アンコール・トムの中心軸を北方に延びる水路と連結している。なお、この水路は現在大回りコースの土手によって鉤型に折れて入水地点がずらされているが、道路が敷設される前には北参道の脇にそのまま直線的に流入していた可能性も考えられる。

4　まとめと今後の展望

　航空レーザー測量によって得られた新たな地形情報は、都城アンコール・トムを中心とした古代アンコール帝国の都市構造を解明するための革新的な情報を提供した。本稿ではゴシエによって示されていたアンコール・トム内部の水路の構造、トルーヴェとグロリエによるアンコール・トム周辺の水路や土手の構造について、新たな地形情報との比較の上で検証した。いずれの既往研究ともに、航空写真や地上踏査にもとづく断片的な地形の痕

跡をもとに復元的な考察を行ったものであり、想像的な解釈の自由度に差があった様子が明らかとなった。

　ゴシエは高精度の測量データに基づき、新たに得られた地形情報とほぼ遜色のない都城内部の水路網を復元していたことが確認された。トルーヴェは、報告にあげた遺構が限定的ではあったものの、それらは高い検証の上で確かな痕跡のみに制限していたようである。一方、グロリエは航空写真より視認される遺構分布を大胆な想像力にもとづき復元的に考察し図示していたことが推測された。

　こうした過去の分析結果を顧みずに、一足飛びに新たな地形情報から古代都市の構造について考察したい衝動に駆られるほどに、今回の航空測量より得られたデータは膨大かつ精緻なものであるが、先行研究から現在までの期間に失われたり改変された構造物がある可能性を鑑みて、本稿では個別に既往研究による復元案の検証を行った。

　アンコール・トムの環濠に連結する水路についてはグロリエの考察を個別に見直したが、未だ多くの問題が残されている。シェムリアップ川からの入水を得る北東プールと都城内からの放水を受ける南西プールを除く3つのプールは、十分な入水量が予想される水路が認められず、はたして地下浸透水のみで十分な貯水量が確保されたことには疑問も持たれる。南東と北西、南西プールに接続している環濠と同一幅の水路あるいは貯水池の機能についても議論が求められる。これらは貯水に加えて都城の防衛を目的としていたことも推測される。西バライの南東隅より南へと延び、東へ鉤型に折れ曲がる幅広の水路との類似性が指摘されるところである。

　航空測量による新たな地形情報は、過去の認識を更新し、都城アンコール・トムの構造解明に大きく寄与した一方で、さらに複雑で多岐にわたる課題を提示することとなった。本稿ではアンコール・トム内外の水路網に焦点をあてて考察を行ったが、詳細な地形情報は新たに多数発見された溜池や、地割を示していると考えられる線状の水路や土塁遺構の機能、アンコール遺跡群全域におけるより詳細な水利構造の解明、都市全域における各施設の配置計画の手法等々、様々な課題を分析する糸口を与えるものである。膨大な情報量に圧倒されず、これらの課題を一つずつ切り崩していきたい。

参考文献

　Evans, D., Fletcher, R., Pottier, C., Chevance, J.B., Soutif, D., Tan, B.S., Im, S., Ea, D., Tin T., Kim, S., Cromarty, C., Greef, S.D., Hanus, K., Bâty, P., Kuszinger, R., Shimoda, I., and Boornazian, G. 2013, *Uncovering archaeological landscapes at Angkor using lidar*, Proc. Natl. Acad. Sci. USA, 110(31): 12595-12600

Evans, D., Pottier, P., Fletcher, R., Hensley, S., Tapley, I., Milne, A., and Barbetti, M. 2007, *A comprehensive archaeological map of the world's largest preindustrial settlement complex at Angkor, Cambodia*, Proc. Natl. Acad. Sci. USA, 104(36):14277-14282

Gaucher, J. 2002, *The 'City' of Angkor. What is it?*, Museum, 54 (1-2), 28-36

Gaucher, J. 2003, *Premiers aperçus sur des éléments de planification urbaine à Angkor Thom*, Udaya, 4: 41-52

Gaucher, J. 2004a, *Angkor Thom, une utopie réalisée? Structuration de l'espace et modèle indien d'urbanisme dans le Cambodge ancien*. Arts Asiatiques, 59:58-86

Gaucher, J. 2004b, *Schéma Directeur Archéologique d'Angkor Thom- Document d'evaluation du patrimoine réalizé dans le cadre du programme de recherché "De Yasodharapura à Angkor Thom" Mission archéologique française à Angkor Thom*, 2004

Goloubew, V. 1933, *Le Phnom Bàkhen et la ville de Yaçovarman*, BEFEO, 33: 319-344

Goloubew, V. 1934, *Nouvelles recherches autour du Phnom Bàkhen – Rapport sur une mission archéologique dans la région d'Ankor (décembre 1933-mars 1934)*, BEFEO, 34: 576-600

Goloubew, V. 1936, *Recherches dans Ankor Thom, Chronique*, BEFEO, 36: 619-623

Goloubew, V. 1937, *Recherches de M. Goloubew dans Ankor Thom, Chronique de l'année 1937*, BEFEO, 37(2): 651-655

Groslier B-P. 1997『西欧が見たアンコール』中島節子、石澤良昭訳、連合出版. [原著] 1958, *Angkor et le Cambodge au XVIe Siècle d'après les sources portugaises et espagnoles*, Presses Universitaires de France, Annales du musée Guimet, Bibliothèque d'Étude, 63

Groslier, B-P. 1979, *La cité hydraulique angkorienne: exploitation ou surexploitation du sol?*, BEFEO, 66:161–202

JICA Japan International Cooperation Agency. 1998, *1/5,000, 1/10,000 Topographic Map for Angkor Archaeological Area in Siem Reap Region of the Kingdom of Cambodia*

Marchal, H. 1918, *Monuments secondaires et terrasses bouddhiques d'Angkor Thom*, BEFEO, 18:1-40

Pottier, C. 1994, *Carte Archéologique de la Région d'Angkor. Zone Sud*, Unpublished Ph.D thesis (Universite Paris III, Sorbonne Nouvelle, Paris)

Trouvé, G. 1933, *Chronique, Cambodge, Chaussees et canaux autour d'Angkor Thom*, BEFEO, 33(2): 1120-1128

謝辞

　本稿の執筆にあたっては、多くの方にご指導、ご協力いただいた。航空レーザー測量の実現は、各国の調査チームのとりまとめをされたDamian Evans博士の尽力の賜物であった。

航空レーザー測量により得られた地形データにもとづく都城アンコール・トム内外の水路網（下田一太）

また日本チームの参加にあたっては山本信夫先生科研費課題番号：23251017、米延仁志先生科研費課題番号：21101002 より研究費の支援も含むご協力をいただいた。地形図の分析、現地での実査にあたっては原口強先生科研費課題番号：25300004 と千葉達朗博士からのご協力をいただいた。既往文献の読解は佐藤桂女史、またアンコール・トムの研究史については下田麻里子女史の成果に負うところが大きい。アンコール遺跡に研究の場をいただき、長年にわたりご指導いただいた中川武先生に改めて感謝したい。

Central Tower N1 of Prasat Sambor, Sambor Prei Kuk Monument
— Study on Architecture, The Past Renovation and Present Conservation Work —

SO Sokuntheary

1 Introduction

Sambor Prei Kuk (SPK) is an ancient city of Chenla in 7th century name Isanapura[1]. It located in the middle of present Cambodia. This historical archaeology park was divided into City area at the western part and sacred area for religious at the eastern part (Map 1). N1 is a central tower as a main building of the Prasat Sambor group[2] (North group). This tower was built in brick, square plan, isolated seat on its terrace platform ride the ground about 135cm and open to the four directions. Since the past investigations at the beginning of 19th century had been done we don't know the upper structure roof as it was collapsed and ruined[3]. From 1998, Laboratory of Architectural History, Waseda University had conducting the researches at SPK on architecture, archaeology, geography, petrography and other fields concerned.

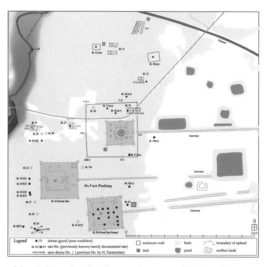

Map 1: Map showing three main group of the temple zone.

2 The Excavation and Clearance Work

2-1 The excavation work and clearance work

The first clearance work since 2001 in cooperated with WFP and villager to move the pile of fallen accumulate brick and in 2002, we conducted the test excavation near the basement of N1 at north-west corner, a little west part of small trench we found sandstone pavement4. Then from 2008 we started the clearance work to move out the remained accumulated collapsed brick and soil (40-70 cm high) of the terrace surface and reaching to original pavement, which started from half of northern face of terrace platform to south twist direction. It was taking four years to complete the whole clearance work in cooperated with villager under limited budget (Figure 1).

2-2 The result from clearance work

The result through the first clearance we had clarified that the basement of tower had double molding, each four entrance's pilaster and pediments, hand rail were extension. It was identified through the analyzing on brick and its chemical component.[5]

Figure 1: The view of clearance work at N1, north terrace (2008).

In general view on terrace platform after we completed the clearance work clarified that terrace of north-east and north-west the sandstone pavement was lost and brick were moved out mostly on northern face. The small size pavement was laid on from eastern entrance to south face and big size pavement was at western entrance face (Plan 1).

Especially, the front terrace of eastern entrance was elevated about 25cm and the traces of wooden columns can be confirmed. It is very clear that the elevated terrace was covered with roof, which supported by four rows of column; and two rows near terrace's staircase. On the elevated brick terrace at north-eat part of terrace it was declined and seems sweep on (the edge of brick was scrubs) for arranging space perhaps using during the ceremonies (Figures 2, 3).

Furthermore, there are objects, sandstone pavement and some renovation work are found the elements of staircase of northern entrance and staircase of terrace and sandstone objects

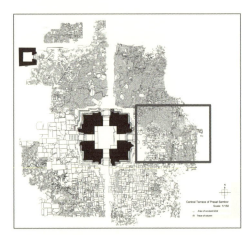

Plan 1: Central Tower N1, showing the brick pavement was scrubs at northeast and the traces of column in front of *mandapa* (SCP 2012).

Figure 2: The activities of cleaning the front mandapa before fixing the terrace with new brick to make safety space for people use during ceremony (2014).

were scattered, luckily we found the spout of yoni, but the brick of terrace from the northern staircase to the terrace's staircase were moved out; that may had some renovation at that time. On the north-west and south-west corner it was cleared that additional small brick towers were located and reused the original lintel and colonettes of Sambor Prei Kuk style on the north-west tower and lintel of Prei Khmeng style at south-west tower. It was unclear that tower on south-east, because less remain structure and north-east tower is disturbing by a big tree.[6]

On the edge of terrace at north face we found 3 drains of spout, one on the eastern part of terrace staircase and two at western part between staircase and N4; two at south face terrace one on west and one on east of staircase and one on the east face terrace at southern part of staircase in situ. Some of these drains remained the figure of makara head at the drain spout (Figures 5-8).

3 The Renovation Work and Destruction Problem

According to the above result it was remark that through of the extension work on pediments, pilaster and basement molding of each entrance face had caused the destruction, which the connecting work between the original structure and extension part was not well done[7] (Figures 10-16). The pediment on the eastern face

Figure 3: The front terrace after arrangement with traces of column.

Figure 4: Lintel and colonette at N4, recording before moved. Figure 5: Drain with makara, located at north of N4

Figure 6: Drain at western part of terrace and of eastern part of northern terrace staircase.   Figure 7, 8: Drain located at south of eastern terrace staircase.

Figure 9: N1, the activities of clearance at south terrace (2011).

was completely collapsed, southern faces were disappeared; but on the northern and western faces remain with figures of palaces and flying apsaras inside the pediment arch, but the lower part of pediment and above the entrance door frame the brick structure was collapsed.

Figures 10-11: N1, east face in 2007 and north face in 2001.

On east face, the upper door frame was leaning down, other three were cracked but still existed in situ; and all the vertical frames were seriously broken. We built the temporary structures support at north, west and south entrances.[8]

Figures 12-13: N1, west face and south face in 2001.

4 The Conservation and Restoration Work

Through the investigation surveys and outstanding evidence religion, architectural style, urban planning that exhibited technological accomplishment and design, artistic innovation that formed the foundation for later Khmer Culture.

Figure 14: N1, basement on west face south wing.

In 2001, the Sambor Prei Kuk Conservation Project (SCP) had been establish under collaborating with Ministry of Culture and Fine Arts and Laboratory of Architectural History, Waseda University, which is under supporting of Sumitomo Funds and Cultural Research Foundation.

Figures 15-16: N1, east face, view after restoration in 2014 and figure of redrawing with the extension mark.

- First of all we had conducting the maintenance activities, weeding, weeding and cut off the dangerous tree, support to the emergency dangerous part, re-arrange inside and outside of temple. A few years

Figures 17, 18, 19: N1, north face, activities of temporary support 2001; north face after clearance on terrace in 2008; south face, after clearance in 2011.

later the villager, whom are living around the archaeological part had been training for the conservation and restoration.

-In 2004, the fragment of pedestal had been re-arranged and reconstructed after the foundation survey was done. A huge monolith yoni was repair and reconnected, the diameter of round whole is 1215mm for linga, names Gambhirrsvara (god of the depth) had erected here but the original material was not existed. After reconstructed the remained scattered stone object inside the tower we found other stone object known as the support structure of yoni, but it was uncompleted form. Then in 2006, we temporary constructed the brick structure instead in order to rises the pedestal on and elevated to its original height (Figures 20-23). Our purpose is wanted to arrange inside and outer space for people comes to pray (Figures 2-3).

-Since the clearance work on the terrace conducted from 2008 and continued to 2011, structures of terrace and the original features were appeared but in deterioration condition on the north, north-west, south-west, eastern and north-east. The first restoration work had started on the edge of west terrace of north-wing for mortar sampling and experimentation; and we continued to restore the northern terrace west wing, the staircase of north terrace and the staircase of north entrance of the tower and its handrails which completed 2010. The restoration was

Figures 20, 21, 22, 23: The activities of re-arrange the foundation of N1's pedestal; pedestal object were connecting and reconstruct the pedestal base by new brick structure.

Figures 24, 25: The activities of re-arrange the staircase of northern terrace; the staircase after reconstructed.

Figures 26, 27: The north entrance staircase, before and after restoration.

Figures 28, 29: The west entrance staircase, before and after restoration.

Figures 30, 31: The activities of restoration work at west entrance staircase.

going on to the west entrance staircase and finished in the end of year 2011, and we continued to restoration the pavement front east of N1's entrance, which was the place to perform the religious ceremonies; we used new brick to support and elevated sandstone pavement which kept the compact soil inside as original (Figures 2, 3, 4-9, 19).

-From the beginning of 2012, the restoration work on upper structure wall on east face, south part had been started in process by surveys, numbering and dismantled. As had been descript above the structure of upper part was going to slide down cause of the renovation work for extension the pediment and its connection between the extension and original was not done well. The dismantled work was

Figures 32, 33: The east entrance staircase, before and the dismantle part.

Figures 34, 35: The activities of brick repairing of eastern entrance staircase, before and after restoration.

Figures 36, 37: The south entrance staircase, before and after restoration

done layer by layer with numbering. When the dismantled brick arrived the ground we were spent time to repaired the broken block and if it was not in good condition or can't re-used it again, so we decided to replace by new brick.[9] When the work of one layer was finished we continued to dismantle another layers, and we also dismantle the pilaster on the south of eastern entrance too. The brick of pilaster remained about 1/3 of the completed form. When we reconstructed the pilaster it has to replace the missing part about 2/3 of new brick (original old brick from N1) (Figures 32-35).

-While the dismantling work finished we started to shape the new sandstone for the two vertical doors frame to replace the original broken. This was first time for us to shape the new sandstone, at SPK the main material of construction is brick. The work was conducted and instructed by technical3 expert from JASA, which trained SPK's worker for three days. But the work cannot continued as short time training course and we had no tools and instruments to did it, so we invited a person who makes sculpture from Santok district, where the Buddha statues and other sculptures are made. For another five days working together with the skill person, our worker learned and can shaped the stone as what we had planned (Figures 38-41).

5 Planning for Future Restoration

The Sambor Prei Kuk Conservation Project plans to complete the restoration on the tower N1 in 2016. The mainly work is consolidation on the upper part of the walls, the pediments on south, west and north parts; and pilaster of north face and the entire top of the walls. The difficulty is the north pediment and pilaster is in serious condition and needs to be skillful to conduct the consolidation on this part (Figure 45).

When we completed the maintenance work at Tower N1, we continue to make clearance and excavation at the eastern, southern and west face south wing of the edge of the terraces. This work may need more people to cooperate.

6 Conclusion

Waseda University is cooperating with Ministry of Culture and Fine Arts, Cambodia is preparing the nomination of Sambor Prei Kuk Archaeological Group, because this site was a State City in 7th century and it is remained structures and traditional belief, so it is very important to descript this site to be World Heritage. The activities of research, conservation and the restoration work are priority to act in order to develop the site for tourism and people who living around will get benefit to make their living be better.

Figures 38, 39: The activities of shaping sandstone of door frame, and activities of transfer to install at eastern entrance.

Figures 40, 41: The activities of installing the door frame of eastern entrance.

Figures 42, 43: Technical discussion before restoration started.

Figures 44: South entrance after completed the restoration work at staircase and new structure supported at the door way. 45: Consolidation on the pilaster, upper part of N1.

カンボジア

Notes

1 Chinese record in Sui dynasty.

2 Parmentier Henri gave the name of the group, L'art Khmer primitif.

3 The drawing of H. Parmentier.

4 2002 Test pit excavation leaded by Mr. Kong Virak, archaeologist expert from JSA, join survey with Heng Piphall, Chhay Visoth and Va Simen.

5 5Shimoda Ichita, Nakagawa Takeshi, SO Sokuntheary, Grand Japanese architecture conference, Toukai, September 2003, p9081.

6 Parmentier, H, L'art Khmer Primitif, EFEO, Paris, 1927, p. 64: N2-5, are corner tower stand on N1's terrace.

7 In 2012, the dismantling work was done on the upper part wall of eastern entrance southern part, the detached section between the original wall structure and extension part, after dismantled the traces on the original brick was remarked that in order to adjust and connect with new additional brick it was chopped the edge of original on some layer but other was keep as good condition. Through hundreds years and the nature dominated the tower, the erosion and other factors caused brick structure weakness especially the join section was without any mortar so the heavy load of brick tend to collapse. Since year 1900 the roof structure already disappeared.

8 In 2001, the emergency support on the dangerous part was done by SCP and later year the collapsed brick above the door frame had been filled the brick to support the upper load of south and west pediment.

9 When the dismantled brick was serious broken we must repaired, but it was so serious broken and can't use again we decided to replace by new brick. This new brick was the original brick from the clearance on the terrace.

Archaeological Survey for Restoration of the Angkor Monuments: Case Study on the Excavation Survey at Eastern Part of the Bayon Complex, Angkor Thom City, Cambodia

Kou VET

Abstract

Archaeological research, in particular, at the historical site of Bayon Complex inside the Angkor Thom city, Cambodia, proliferated within the JASA project conducted in 1996 to present day. On the basis of the excavated features, the foundation mass of the platform building of the outer gallery, laterite enclosure wall, and the southern pond of the Bayon were confirmed with difference period of construction. The purpose of this article is to present the recent results of archaeological research from 2nd January to 28th June 2013 at the eastern part of the Bayon Complex, by centering on the general aspects of the site, recent excavation and the study of the findings.

Keyword: Angkor Monument, Bayon, Angkor Thom, Southern Pond, Foundation, Enclosure Wall

1 Introduction

The Bayon Complex and its surrounding environment was first cleared and surveyed by EFEO (École Française d'Extrême-Orient) in the early 20th century. Continuing in the spirit and tradition of EFEO, the JSA (Japanese Government Team for Safeguarding) /JASA (Japan APSARA Safeguarding Angkor) Projects surveyed from 1996 until present day around the Bayon Complex. The recent excavation surveys helped to further define the method of construction of the basic foundation and the materials used in Bayon temple. Understanding the construction and materials has assisted in defining the process of degradation that ultimately leads to collapse of the monument. This recent research is only a small part of the ongoing efforts at the Bayon that contribute to the understanding of the archaeology of ancient monuments as well as providing insight for conservation, preservation and restoration of cultural heritage in the future.

カンボジア

2 Excavation

The excavation research started in 2nd January and ended 28th June 2013. There are four trenches were set at the eastern part of the Outer Gallery.

3 Size of excavated trenches of BYJA17 (Fig. 01)

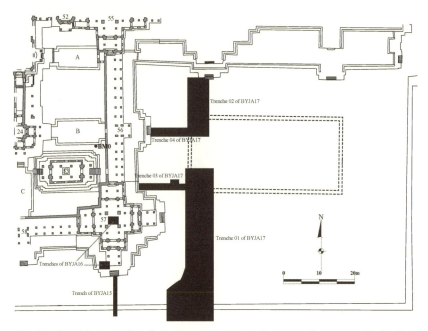

Fig. 01: Plan of the Bayon Complex by Dumarcay 1973, and locations of excavation (black color)

Below is the location, size of the excavated trenches and the purpose of excavation survey (Fig.01):

-Trench 01 was set at the southeastern part of the corner pavilion of Tower 57 with an irregular size (EW) by 3600cm (NS). Excavation of this trench 01 was to clarify the laterite enclosure wall and to study the southern corner of the southern pond.

-Trench 02 was set at the western stair-step of the main east entrance of Bayon temple to the southern side with 900cm (EW) by 1800cm (NS). The excavation of this trench 02 was to study the northern corner of the southern pond and the foundation mass of the main east entrance of the Bayon temple.

-Trench 03 was set to the northern side of the east stair-step of Tower 57 at the plinth of the Outer Gallery by connecting to trench 01 at western side with 300cm (NS) by 1200cm (EW). The excavation of this trench 03 was to study the foundation mass of the Outer Gallery.

-Trench 04 was set by connecting to trench 02 at the western side with 300cm (NS) by 1100cm (EW). The excavation of this trench 04 was to study the foundation mass of the Outer Gallery.

4 Findings

4-1 Features

-Features SA020 and SF030B (Enclosure Wall)

In trench of BYJA15 (surveyed in December 2014), the trace of the laterite enclosure wall (SA020) was confirmed below the present ground level at the southern side of the stair-step of the tower pavilion of Tower 57. The laterite enclosure wall was completely deteriorated and it is difficult to identify its shape. Besides, the feature of the sandstone pavement at the southern part of this laterite enclosure wall was visually recognized (SF030B). Based upon the observation, this feature was later constructed after the laterite enclosure wall and it was built of recycled sandstone elements. This sandstone pavement was constructed on a brownish soil layer at the southern exterior part of the laterite enclosure wall.

However, in trench 01 of BYJA17, after removing the upper soil and parts of collapsed stone blocks, we found a tier of the laterite basement of the enclosure wall (SA020). It was built on strongly compacted light yellowish clayey soil mixed with laterite chips. According to EFEO's restitution map, the wall was built with 7 tiers of laterite blocks.

-Feature SX040 (Foundation Mass) of the Outer Gallery

The excavation results show that in the trench of BYJA15, the foundation mass of the stair-step of the Outer Gallery building was extended about 440cm from the basement of the stair-step to the southern exterior part. Moreover, in trench 03 of BYJA17, the foundation mass of the Outer Gallery was extended about 705cm from the plinth to the eastern exterior part. However, in trench 04 of BYJA17 the foundation of the Outer Gallery was extended about 560 cm from the basement of the eastern stair-step to the eastern exterior part. According to the results from excavation and hand auger test, the foundation trench was formed by excavating the ground to make a deep trench and then the dug trench was filled with sandy soil mixed some stone fragments as a basic foundation mass. Finally, the sandy soil was loosely compacted for stone construction.

-Foundation Mass of the Tower 57

The basic foundation mass inside Tower 57 was confirmed by excavation and hand Auger test in trench of BYJA16. The floor of the tower was paved by sandstone elements. After dismantling the sandstone elements, laterite elements were detected below the sandstone elements, and finally after the laterite elements were removed, sandy soil mixed some stone fragments were found. In order to study the depth as well as the condition of the foundation mass we applied a hand auger test inside the test pit. The total thickness of the sandy soil foundation of Tower 57 is 500cm from beneath of laterite foundation. As the result from the excavation and hand auger test, we can conclude that the foundation of Tower 57 is strong enough to the support the upper structure of the building. The main materials used for construction of the foundation were strongly compacted sandy soil mixed with some stone fragments.

-Feature SX55 (Foundation Mass) of the Main East Entrance

The foundation mass of the main east entrance was confirmed by excavation in trench 02 of BYJA17. It was extended about 4 meters from the plinth of the entrance to the southern exterior part.

-Feature SG50 (Southern Pond Construction)

#Southwestern corner element of the pond (Figs. 02, 03)

The feature SG50 at southwestern side of the excavated trench was detected at the northern part of the excavated trench. The base was buried about 360cm below the present ground level (in deepest location). There are 13 steps of laterite block still remained in situ. It is considered that it was a corner part of the southern pond of Bayon temple. The laterite of the upper step was completely deteriorated. The bottom part of the pond was paved by laterite blocks and the gaps between each block of this bottom laterite were filled with laterite chips mixed with clayey soil.

Bayon Excavated Area, Southern Pond

Fig. 02: Feature SG50, southern pond of the southwestern side

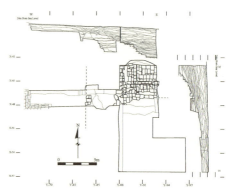

Fig. 03: Plan and section, southern pond

#Northwestern Corner side of the pond (Figs. 04, 05)

The feature SG50 was detected at the southern part of the excavated trtench. Its base was buried about 350cm below the present ground level (in deepest location). It consists of 10 tiers of laterite block. The laterite of the upper tier of the pond was completely deteriorated. The pond's bottom was paved with laterite blocks and the gaps between each block of the pond were filled by laterite chips mixed with clayey soil as same as the one found at the southwest corner part.

Bayon Excavated Area, Southern Pond

fig. 04: Detected feature SG50, southern pond of northwestern side

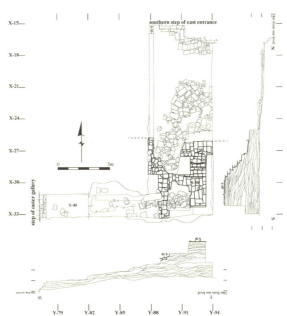

Fig. 05: Feature SG50, southern pond of the northwestern side

4-2 Artifacts

Various objects were uncovered from the excavated trenches. They are included some blocks of collapsed sandstone stone elements from the Outer Gallery building, some blocks of whetting sandstone stones, few pieces of crystal, few pieces of metal, and few pieces of sandstone stone objects as well as potsherds.

In comparison, the potsherds are considerably abundant than other objects were found from the excavated trenches. Local pottery content is widely represented compared to imported pottery, possibly indicating greater local production and demand. Earthenware and durable, higher quality

Khmer pottery were familiar to the local people as everyday commodities. These local potteries are generally used for cooking and storage. The more aesthetic pieces likely served ritual functions, further emphasized by their morphological characteristics. Past studies highlights that many similar vessels were recovered from temple sites in presumably ritual context.

The imported pottery primarily from China includes high quality pottery (mostly celadon, white ware and blue-and-white). These potteries were in high demand in Southeast Asia for both their beauty and quality and were likely prestige, status and wealth items; likely used by upper class high status people and in temples. Chou Ta-Kuan reported that "Angkorian people prefer … green porcelains from CH'UAN (Quanzhou) and CHOU (Longquan)…" These pottery ranks from Song-Yuan 12th century A.D to Ming Dynasty 16th century A.D.

Beside Chinese pottery, Vietnamese pottery dated around 14th to 15th century and latter dated pottery, Thai pottery (Suvannakhalok, Sawankalok) dated around the 15th century, and Japanese pottery dated around 20th century were identified.

5 Conclusion

The foundation trench of the Outer Gallery was formed by digging the natural clayey soil layer to form the bottom part of an impermeable barrier. The clayey soil was added to the barrier to form a berm behind which the sandy soil of the foundation mass was placed. The sandy soil of the foundation mass are fine sandy soil. This foundation soil was lightly compacted with some fragments of various stone.

The significance of the small compacted layer of foundation, the retaining sticky soil barrier, and the presence of non-construction grade stone scatter in the platform foundation soils gives a partial indication of construction techniques and should not be understate. Additional surveys are required to more fully understand the rational and dynamics of the construction of the platform foundation of the Bayon temple as well as the varied components that constitute the foundation and the surrounding environment.

The southern pond of the Bayon temple was found only at the western area; however, the eastern area is still remains unknown. Additional excavations will be required to determine what the full shape of the pond as well as the relationship between the pond and the temple.

The recent excavation surveys helped to further define the method of construction of the basic foundation and the materials used. Understanding the construction and materials has assisted in defining the process of degradation that could ultimately lead to the deformation and ultimate collapse of the monument. This recent research is only a small part of the ongoing efforts at the Bayon that contributes to the understanding of the archaeology of ancient monuments as well as providing insight for conservation, preservation and restoration of cultural heritage in the future.

Acknowledgements

I am grateful to the following individuals and organizations for helping me to carry out my research.

#Prof. Dr. NAKAGAWA TAKESHI, Co-Director General of JASA

#APSARA National Authority

#UNESCO

#Prof. YAMAMOTO NOBUO, Visiting Professor, Specialist of Archaeology

#Dr. SHIMODA ICHITA, JASA Technical Advisor

#All JASA Staffs

ベトナム

フエ王宮宮殿建築の特質

白井　裕泰

はじめに

　ベトナムの阮朝王宮の宮殿建築を調査するためにフエを訪れたのは、1996年8月が最初である。当時、早稲田大学中川武研究室が行っていたフエ王宮の復原研究の調査に参加した。以来毎年フエを訪れている。

　また2005年度から2008年度まで、フエ王宮の隆徳殿修復プロジェクトを実施し、隆徳殿の修復工事を行った(1)。その過程において、隆徳殿の寸法計画、当初材、柱の伸び・転びおよび仕口・番付などの建築技法について考察を行った(2)。

　さらに2010年度から2014年度まで、フエ王宮昭敬殿の復原工事を行った(3)。このプロジェクトは、隆徳殿の修復によって明らかになった阮朝創建時における建築技術を踏まえて、昭敬殿を新たに復原したものである。

　本論文は、筆者のこれまでの阮朝王宮の宮殿建築に関する調査研究を踏まえて、その特質について考察するものである。

1　宮殿建築の格式表現

1-1　配置にみる格式

　皇城は大きく前方と後方に区分される。前方には中央に外朝区（1）、左方に太祖廟区（2）、右方に世祖廟区（3）がある。後方には中央に紫禁城（4）、左方に内務府・幾暇園区（5）、右方に奉先殿区（6）、延寿宮区・長寧宮区（7）がある(4)（図1参照）。

　外朝区にある太和殿（❿）は阮朝の公式行事を行う場所であり、皇城の中で最も格式の高い建物である。

　太祖廟区の中心に太祖廟（⓭）があり、この建物には広南阮氏（初代：阮潢〔グエン・ホアン〕、二代：阮福源〔グエン・フック・グエン〕、三代：阮福瀾〔グエン・フック・ラン〕、四代：阮福瀕〔グエン・フック・タン〕、五代：阮福溙〔グエン・フック・タイ〕、六代：阮福潤〔グエン・フック・チュウ〕、七代：阮福澍〔グエン・フック・トゥ〕、八代：阮福濶〔グエン・フック・コアット〕、九代：阮福淳〔グエン・フック・トゥアン〕）の位牌が祀られていた。太祖廟の左方に隆徳殿、左方前方に昭敬殿、右方に「右方堂」、右方前方に穆思殿があり、歴代阮氏の皇后の位牌が祀られていた。太祖廟の後方には広南阮氏初代阮潢の父、阮淦〔グエン・キム〕の位牌を祀る肇祖廟（⓮）がある。

ベトナム

世祖廟区の中心に世祖廟（㉑）があり、この建物には阮朝歴代皇帝（初代：嘉隆帝、二代：明命帝、三代：紹治帝、四代：嗣徳帝、五代：育徳帝、六代：協和帝、七代：建福帝、八代：咸宣帝、九代：同慶帝、十代成泰帝、十一代維新帝、十二代啓定帝、十三代：保大帝）の位牌が祀られている。世祖廟の右方には土公祀があり、この地の神を祀っている。世祖廟の後方には興祖廟（㉒）があり、嘉隆帝の父、興祖阮福㫻を祀った廟である。

紫禁城は皇帝の私的な空間であり、その中央前方に勤政殿（㉙）および左蕪・右蕪（㉘）があり、皇帝が政治を行う場所である。勤政殿の後方に乾成殿（㉚）があり、皇帝の住居となっている。乾成殿の後方には坤泰殿（㉛）があり、皇帝の嫡子が居住する建物である。その後方にある建中殿（㉜）は、各国使節を接待するための宴会の場所である。また紫禁城の左方には劇場である閲是堂（㉞）、図書館である太平御覧書楼（㊱）、庭園である御園（㊳）が設備されている。

内務府（⓯）は阮朝官僚が政務を行う場所であり、幾暇園区には外国大使が宿泊する欽文殿（⓱）および庭園がある。

奉先殿（㉓）は「諡を捧げる儀礼」、「聖位（位牌）を安置する儀礼」、「忌日に供養を行う儀礼」(5)が行われる建物である。

延寿宮（㉔）は皇后が居住する建物であり、左方に長愉榭、右方に仏堂としての福寿庵、右前方に静明楼（皇后の医療施設）、後方に寿寧殿（皇后の寝殿）がある。長寧宮（㉕）は皇太后が居住する建物であり、正面が東に向いている。この建物は前殿と正殿の間に相殿があり、王宮内宮殿建築のうち唯一の三棟式宮殿建築である。(6)

ところで陰陽思想では南面して前と左を陽（公的・男性的・優）、後と右を陰（私的・女性的・劣）として捉え

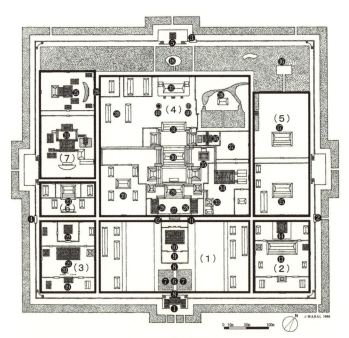

図1　フエ王宮配置図

るが、この考え方を皇城の配置計画に当てはめると、「太和殿（公的・前）－紫禁城（私的・後）」、「太廟（祖先・優・左）－世廟（子孫・劣・右）」、「世廟（公的・前）－奉先殿（私的・後）」、「内務府・幾暇園区（男性・左後）－延寿宮・長寧宮（女性・右後）」というようになり、配置計画に格式秩序がみられる。

1-2　規模にみる格式

　一般的に規模の大きさは建物の格式と密接な関係がある。フエ王宮宮殿建築の中で桁行規模が最大の建物は太祖廟であり、正殿身舎桁行は13間ある。これに対して世祖廟の正殿身舎桁行は9間である。太祖廟は9代の広南阮氏を祀っている廟であるから、身舎桁行は9間あれば事足りるはずである。逆に世祖廟は13代の阮朝皇帝を祀っている廟であるから、身舎桁行は少なくとも13間必要であるにもかかわらず実際には9間しかない。もっとも創建時に阮朝が何代続くか想定できないので、身舎桁行が9間であったのは仕方ないともいえる。世祖廟の身舎桁行を9間と決めた理由は、太祖廟の身舎桁行13間に対して、格式を下げるためであったと考えられる。

　同様に、肇祖廟および興祖廟の正殿身舎桁行を3間としたのは、皇城中心軸上に配置された太和殿・勤政殿の正殿身舎桁行が5間、乾成殿が7間であることから、それらの建物より一段と格を下げるためであろう。また太祖廟の付属建物である隆徳殿・昭敬殿・右方堂・穆思殿、世祖廟の付属建物である更衣殿・土公祀の身舎桁行が1間であるのも、肇祖廟および興祖廟より一段と格を下げるためであったと考えられる。

1-3　構造形式にみる格式

　世祖廟区の建物群をみると構造形式における格式の違いがよくわかる。世祖廟区の中心の建物である世祖廟は、二棟式二重入母屋造であり、正殿身舎の桁行が9間ある。それに対して興祖廟は、二棟式二重入母屋造であるが、正殿身舎の桁行規模は3間であり、世祖廟よりかなり規模が小さい。世祖廟の左方には更衣殿、右方には土地の神を祀る土公祀があり、ともに一棟式二重入母屋造であり、身舎の桁行規模は1間である。興祖廟の左方には神庫、右方には神厩があり、ともに一棟式一重入母屋造で、正面が興祖廟に向き、身舎の桁行規模は3間である。世祖廟前方の顕臨閣は五間三重入母屋造で、門の形式としては最も格式が高い建物である。顕臨閣の左右には三間二重入母屋造の鐘楼門と鼓楼門が付属し、また前方の左方に左従祀堂、右方に右従祀堂があり、正面が世祖廟区の中心軸に向き、一棟式一重切妻造前面庇付で身舎桁行規模は5間となっている。

　このように構造形式をみると、二棟式二重入母屋造／一棟式二重入母屋造／一棟式一重

ベトナム

入母屋造／一棟式一重切妻造（前面庇付）といった格式秩序があったと考えられる。[8]

1-4 彩色にみる格式

　阮朝宮殿建築における彩色技法には、①ソンソンテップヴァン技法（赤色漆の上に龍文などの文様を描き、金属箔や砂子で加飾した上に透明漆を塗り込める）、②ソンソン技法（赤色漆を塗る）、③ソンデン技法（黒色漆を塗る）があるが、『大南會典事例』によると、王宮の主要宮殿建築である太和殿・勤政殿・五鳳楼・世祖廟・奉先殿には「朱丹漆金銀湘飾」とあり、ソンソンテップヴァン技法が用いられている。また肇祖廟・太祖廟・興祖廟には「丹漆湘飾」とあり、ソンソン技法が用いられている。[9]文献にはみられないが、現在の延寿宮正殿は黒（褐）色漆が塗られ、ソンデン技法が用いられている。

　また太和殿の彩色をみると、左右板壁内側で正面側柱内側から背面入側柱までの柱にはソンソンテップヴァン技法が、左右板壁内側の正面側柱外側および背面側柱にはソンソン技法が、左右裳階側柱および入側柱外側にはソンデン技法がそれぞれ用いられ、同じ建物の中でも空間の格式秩序に従って彩色技法を変えている。

　このように阮朝宮殿建築において、建物の格式や空間の格式に従って彩色技法を使い分けていることがわかる。[10]

2　空間構成の特徴

　阮朝宮殿建築の空間構成をみると、二棟式二重屋根形式の建物は、正殿に身舎・庇・裳階、前殿に身舎・裳階、正殿と前殿の間に承霤が設けられていて、裳階は正殿・承霤・前殿の四周に回っている。承霤は正殿前方裳階と前殿後方裳階が重なってできた空間であり、その上部に正殿の前側屋根と前殿の後側屋根が谷となって接し、雨樋が設けられている。この空間構成は、二棟式二重屋根形式の宮殿建築に共通したものであり、梁行は7間で、ただ桁行方向の規模が異なるだけである。二棟式二重屋根形式の正殿身舎桁行3間の建物として肇祖廟・興祖廟、正殿身舎桁行5間の建物として太和殿・勤政殿・延寿宮、正殿

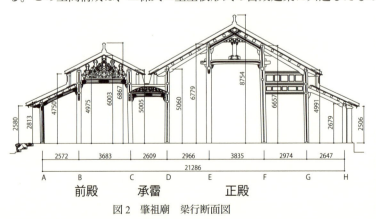

図2　肇祖廟　梁行断面図

身舎桁行7間の建物として乾成殿、正殿身舎桁行9間の建物として世祖廟、正殿身舎桁行13間の建物として太祖廟がある。

　一棟式二重屋根形式の宮殿建築には正方形平面と長方形平面の2種類がある。正方形平面として太祖廟の付属建物である隆徳殿・昭敬殿・右方堂・穆思殿、世祖廟の付属建物である更衣殿・土公祀などがあるが、これらの建物は方1間の身舎の周りに庇、その外側に裳階が取付く空間構成となっている。長方形平面として寿寧殿・左蕪・右蕪などがあるが、寿寧殿は桁行3間の身舎の周りに庇、その外側に裳階が取付き、左蕪・右蕪は桁行5間の身舎の周りに庇、その外側に裳階が取付く空間構成となっている。

　ところで二棟式二重屋根形式の宮殿建築は、正殿と前殿の屋根が接し、そこに雨樋が設けられるといった特有の屋根形態をもっているが、これは我が国における八幡造の神社建築（宇佐神宮）、比翼造の寺院建築（中山法華経寺祖師堂）や二棟造の民家建築（太田家住宅）などと共通性がみられる。この屋根形態が生まれた理由の1つとして、台風による屋根への風圧を減ずるためであったことが考えられる。

3　構造形式の特徴

3-1　柱・ケオ構造

　二棟式二重屋根形式の阮朝宮殿建築の構造形式は、梁行方向の断面にその特徴がみられる。すなわち正殿の身舎・庇は、ケオが庇柱から身舎柱を超えて中心で合掌となり、裳階が裳階柱から庇柱に掛けられたケオによって構成され、前殿の身舎の空間は身舎柱に掛けられたケオが中心で合掌に組まれ、裳階柱から身舎柱に掛けられたケオによって構成されている。さらに柱・ケオ組が飛貫・頭貫で連結されることによって身舎・庇・裳階の空間が形成される。すなわち阮朝宮殿建築の構造形式は、基本的に柱・ケオ組構造によって成立しているといえよう。[11]

図3　隆徳殿の架構

　隆徳殿の番付にみられる身舎梁行筋の「一」、庇・裳階桁行筋の「抗・ダム」[12]、裳階隅脇筋の「且哉・クータイ」、庇・裳階隅行筋の「決・クエット」はいずれも柱・ケオ筋の番付であり、柱・ケオ組の構造形式と番付の密接な関係が窺われる。[13]

　また柱・ケオ組の合掌部は枘差込栓止め、下部は柱に

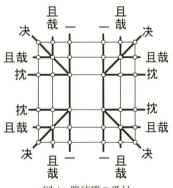

図4　隆徳殿の番付

ベトナム

ケオを輪薙ぎ込みとし、庇部桁行のケオ上部および裳階部のケオ上部は、身舎柱および庇柱に枘差蟻落しとし、柱・ケオ組を連結する飛貫は柱に枘差蟻落し、頭貫は蟻落しとなっていて、いずれも引張り力に対して有効な仕口（mộng thất・モンタット）となっている。すなわち柱・ケオ組の構造を保証しているのは、ケオ上部の枘差込栓止めと下部の輪薙ぎ込みおよび貫の蟻落しの仕口であるといえよう。また中心の4本の身舎柱上部に掛かる大梁・大貫は、貫通して鼻栓で固定され、全体構造の支柱となっている。
(14)

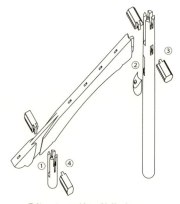

①柱へケオ下部を輪薙ぎ込み
②柱へケオ上部を枘差蟻落し
③柱へ飛貫を枘差蟻落し
④柱へ頭貫を蟻落し

図5　隆徳殿の仕口

3-2　軸部の組立工程

　隆徳殿の組立工程を見ると、まず身舎柱4本を梁行の大梁と桁行の大貫で組んで固め、次に梁行3通りの前後のケオを合掌に組んで、さらに3B庇柱・3C身舎柱・3D身舎柱・3E庇柱に輪薙ぎ込んで固める。同様に梁行4通りの合掌に組んだケオを身舎柱・庇柱に組み、桁行B通りの3B庇柱・4B庇柱およびE通りの3E庇柱・4E庇柱を飛貫・頭貫にて固める。さらに四隅の庇柱と身舎柱に隅ケオを掛け、隅庇柱と隅脇庇柱を飛貫・頭貫で連結して、庇空間を完成させる。裳階空間は、同様に前後の裳階柱・ケオ組を掛け、次に左右の裳階柱・ケオ組を掛け、最後に四隅の裳階柱と庇柱に隅ケオを掛け、隅裳階柱と隅脇裳階柱を頭貫で連結して、裳階空間を完成させる。
(15)

　隆徳殿のように身舎桁行が1間の場合は、次に身舎空間の左右庇柱にケオをかけるが、身舎桁行が3間・5間と規模が大きくなると、中央身舎の左右に身舎と前後の庇を継ぎ足して身舎・庇空間を形成し、その後身舎空間の左右庇空間を柱・ケオ

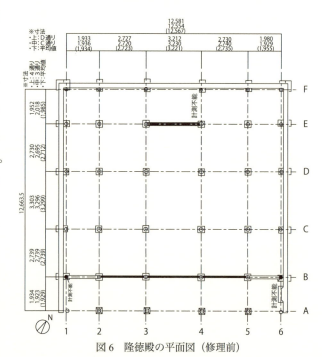

図6　隆徳殿の平面図（修理前）

組で構成する。最後に庇空間の周りに、隆徳殿と同様の方法で裳階空間を完成させる。

　また二棟式二重屋根形式の宮殿建築の場合、まず正殿の身舎・庇空間を組み立て、その次に前殿身舎空間を正殿の前庇柱と連結しながら組み立て、最後に四周の裳階空間を形成すると考えられる。

4　設計方法の特質
4-1　平面計画

　フエ王宮における二棟式二重屋根形式である中心建物の平面計画は、たとえば世祖廟の例をとると、以下のようになる（図7参照）。実測寸法の平均値から推定すると、梁行方向において正殿身舎柱間を10.5尺、前殿身舎柱間を10.4尺（ただし桁行身舎柱間を10.8尺）、正殿庇柱間を8.45尺、裳階柱間を8.35尺、承霤柱間を7尺としているが、これは基準柱間を10尺とし、庇・裳階柱間を8尺（基準柱間の0.8）、承霤柱間を7尺とする基本計画が存在する。庇柱間が8.45尺、裳階柱間が8.35尺であるのは身舎柱に0.25尺、庇柱に0.2尺、裳階柱に0.15尺の転びを付けた結果と考えられる。このように世祖廟の平面計画は柱頂部の柱間を10尺・8尺・7尺といった整数尺で指定し、その後柱の伸びと転びを指定することによって実際の柱下部における柱間寸法が決定されると考えられる[16]。

　一方フエ王宮における一棟式二重屋根形式である付属的建物の平面計画は、たとえば隆徳殿の例をとると、以下のようになる。実測寸法の平均値から推定すると、中間7.7尺、

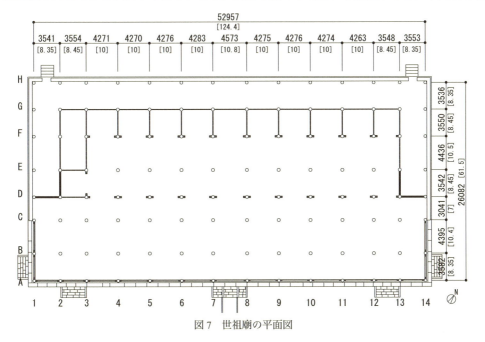

図7　世祖廟の平面図

ベトナム

脇間 6.5 尺、端間 4.6 尺となる。端間に対する脇間・中間の比例値を求めると、

端間：脇間：中間＝ 1：1.413：1.675 ＝ 1：$\sqrt{2}$ ：5／3

となる。すなわち隆徳殿の柱間計画は、柱下部の全体柱間 30 尺を 1：$\sqrt{2}$：5／3 に分割して各柱間を決定したと考えられる。[17]

隆徳殿の柱の伸びと転びは、柱下部における柱間を決定したのちに、身舎柱・庇隅柱・裳階隅柱の転びを 1 寸、庇中柱・裳階中柱の転びを 2 寸、裳階隅脇柱の転びを 1.5 寸とし、庇隅柱の伸びを 2 寸、裳階隅柱の伸びを 3 寸、裳階隅脇柱の伸びを 1.5 寸とした。[18]

このように隆徳殿の柱間計画は、柱下部で決定したのちに柱頂部の伸びと転びを決定したと考えられる（図 8 参照）。

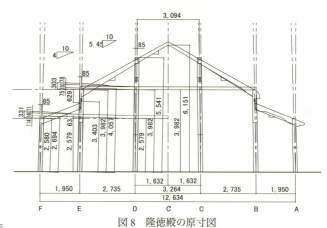

図 8　隆徳殿の原寸図

4-2　断面計画

世祖廟の断面寸法を分析すると、前殿頭貫下端高さと正殿庇柱高さがほぼ同じ高さであることから、正殿庇柱高さ 15 尺を基準高さとした水平線、すなわち第一基準線が設定される。前殿頭貫下端高さと正殿庇柱高さが同じであるのは、前殿後側上屋と正殿前側上屋が谷を形成し、そこに雨樋が設けられるという構造によるものである。また前殿大梁下端と正殿庇柱飛貫下端（天井板下端）が同じ高さ 13 尺であり、この水平線を第二基準線とする。この高さは「前殿梁行身舎間（柱内々）×$\sqrt{2}$」または「裳階間（柱外々）×$\sqrt{2}$」によって決定される。さらに承雷繋ぎ梁上端高さは、「承雷梁間（柱心外）×$\sqrt{2}$」によって決定される。

また正殿身舎柱高さは「正殿梁行身舎柱間（柱心外）×2」、正殿庇柱高さは「正殿梁行身舎柱間（柱心外）×$\sqrt{2}$」、前殿身舎柱高さは「前殿身舎柱間（柱外々）×$\sqrt{2}$」、裳階柱高さは「梁行裳階柱間（柱心外）」によって決定される。さらに正殿棟高さは「（正殿庇梁間（柱心々）＋梁行裳階柱間（柱心内））×$\sqrt{2}$」、前殿棟高さは「前殿身舎梁間（柱内々）×2」、下屋高さは「梁行裳階柱間（柱外々）×$\sqrt{2}$」によって決定し、屋根勾配はその結果として必然的に決定される。

このように世祖廟の断面計画は、梁行柱間寸法を基準に設計されたものと考えられる。[19]

次に隆徳殿の断面寸法を分析すると、棟木下端高さは総間×1／2、身舎柱高さは中間×

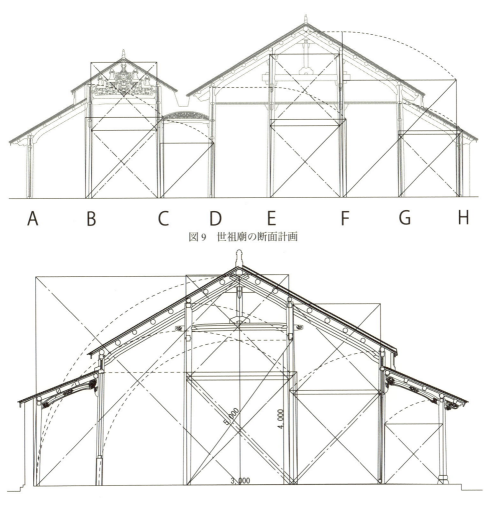

図9 世祖廟の断面計画

図10 隆徳殿の断面計画

5／3、庇柱の高さは（庇柱心から身舎柱外まで）×√2、裳階柱の高さは（裳階柱心から庇柱内まで）×√2、庇柱筋飛貫下端高さは（身舎柱心から身舎柱外まで）と同じである。

このように隆徳殿の断面寸法は、世祖廟と同様に、梁行柱間寸法を基準に決定されたと考えられる。[20]

おわりに

フエ王宮宮殿建築の特質をまとめると以下のようになる。
(1) フエ王宮宮殿建築に格式表現が窺われるのは、東アジア木造建築の共通的性格である。
(2) フエ王宮宮殿建築の屋根形式は、主要建築において二棟二重屋根形式が一般的であり、

ベトナム

この点はベトナム建築特有のものである。

(3) フエ王宮宮殿建築の構造形式は、柱・ケオ架構が基本であり、それを飛貫・頭貫で連結するという特徴をもっている。

(4) 平面計画は2つの方法がある。1つは柱頂部で整数尺に指定し、柱の転びによって柱下部の柱間を決定する。他の1つは全体の柱間を整数尺で指定し、それを適当な比例で分割する。

(5) 断面計画は、棟木高さ、身舎柱高さ、庇柱高さ、裳階柱高さ、大梁高さが柱間寸法を基準に決定されている。

以上の建築的特質をもつ宮殿建築を阮朝宮殿建築様式と呼ぶことができる。[21]

註

1　筆者が研究代表者として、文部科学省科学研究費補助基盤研究Ａ「阮朝・太廟・隆德殿の修復計画──ヴィエトナムの文化遺産（建造物）の保存に関する技術移転の確立と国際協力」が採択され、このプロジェクトを実施した。

2　参考文献2、4、5、8、10参照。

3　筆者が研究代表者として、文部科学省科学研究費補助基盤研究Ａ「阮朝・太廟・昭敬殿の復原計画──ヴィエトナムの文化遺産（建造物）の復原に関する国際協力」が採択され、このプロジェクトを実施した。昭敬殿は、隆德殿と同一規模・構造形式であると推定し、復原をおこなった。

4　図1は参考文献1による。

5　『大南會典事例』巻88「大祀」、巻95「儀注」。

6　乾成殿も三棟式宮殿建築であるが、長寧宮正殿との違いは、前者が前殿・承霤・正殿・後殿から構成され、周囲に裳階空間を回しているのに対し、後者は前殿・相殿・正殿から構成され、周囲に裳階空間が回っていないことである。

7　参考文献1、p.68参照。

8　参考文献8において「梁行断面形式を決定する4つの要素：「連棟型」「重層型」【重簷】【重梁】の組み合わせによって、建築種別と格式を伴う建築形式の分類が形成されている」と指摘されている。

9　世祖廟が「朱丹漆金銀湘飾」であるのに太祖廟が「丹漆湘飾」であるのは、その格式からすれば不適当であるが、その理由はわからない。

10　参考文献6、7参照。

11　参考文献3参照。

12　隆德殿の西側庇・裳階桁行筋の番付は、実際は「扰・ダム」ではなく「回・ホイ」であった。

13　参考文献 9 参照。
14　参考文献 10 参照。
15　参考文献 9 参照。
16・19　参考文献 11 参照。
17・20　参考文献 2 参照。
18　参考文献 4 参照。
21　ベトナム木造建築は、種別でいうと、宮殿建築、仏教建築、キリスト教建築、社亭建築などがあり、時代別でいうと、阮朝以前建築、阮朝建築、地域別でいうと、北部建築、中部建築がある。様式概念によってベトナム木造建築を大きく分けると、阮朝以前仏教建築様式と阮朝宮殿建築様式の二代建築様式があるといえよう。

参考文献

1　1996.3 Space Design 9603『ベトナム建築大博覧』

2　白井裕泰、中川武 2009.9「阮朝フエ王宮における隆徳殿の寸法計画について」日本建築学会計画系論文集 No.643、pp.2101-2106

3　林英昭、中川武、レ・ヴィン・アン 2009.9「ベトナム中部地域の伝統木造建築の部材番付」日本建築学会計画系論文集 No.643、pp.2107-2114

4　白井裕泰、中川武 2010.3「阮朝フエ王宮における隆徳殿の建築技法について」日本建築学会計画系論文集 No.649、pp.737-744

5　白井裕泰、中川武 2012.1「阮朝フエ王宮における隆徳殿の当初材について」日本建築学会計画系論文集 No.671、pp149-155

6　齋藤潮美、中川武 2012.5「漢喃史料等を通してみたフエ王宮の伝統的建築鬚飾技術に関する復原的研究」日本建築学会計画系論文集 No.675、pp.1231-1240

7　齋藤潮美、中川武 2012.9「フエ王宮宮殿建築・太和殿における柱鬚飾技術の復原的研究」日本建築学会計画系論文集 No.679、pp.2191-2200

8　六反田千恵、中川武 2013.6「フエ阮朝建築群における建築形式の分類　現存遺構と『欽定大南會典事例』における記述の比較考察」日本建築学会計画系論文集 No.688、pp.1409-1414

9　白井裕泰、佐々木昌孝、中川武 2014.2「阮朝フエ王宮における隆徳殿の番付について　隆徳殿の建築技法　その 2」日本建築学会計画系論文集 No.696、pp.517-524

10　白井裕泰、佐々木昌孝、中川武 2014.4「阮朝フエ王宮における隆徳殿の仕口について　隆徳殿の建築技法　その 3」日本建築学会計画系論文集 No.698、pp.1007-1014

11　白井裕泰、中川武 2014.11「阮朝フエ王宮における世祖廟の寸法計画について」日本建築学会計画系論文集 No.705、pp.2553-2561

「重梁」の部材構成と建築年代

六反田　千恵

はじめに（研究の背景と目的）

　ベトナム中部の都市フエには阮朝期（1802-1945）の木造建築遺構が 63 棟残っている[1]。原則としてケオと呼ばれる登り梁状の部材を用いて架構を組む阮朝建築遺構群であるが、連棟型建築の前殿身舎部および閣や門の一部に限ってケオを用いない小屋架構がみられる。透彫りや浮彫りの絵様彫刻を施した装飾性の高い板状材や腕木状部材を組み合わせて小屋の母屋桁を支持する架構である。阮朝建築遺構群の建築形式に関する拙稿で、中国「抬梁（重梁）式構架」と、漢喃史料に記述された「重梁」という用語の類似性から、これらの架構を「重梁」と称する部材構成形式であると推定した[2]。さらに、建築形式を決定する 4 つの要素、連棟、重層、「重簷」、「重梁」のうち「重梁」は、皇后皇太后居住区以外の皇城内京城内各宮区の主殿に相当する「廟」と「殿」、皇帝陵寝殿区の主殿格「殿」、皇城内京城内「閣」、皇城内前面区正門および皇帝陵寝殿区正門である「門」に用いられること、つまり、最も格式の高い建築に用いられる要素であることを示した。そして現存遺構 21 棟（判断を保留した紫禁城左右八角亭を除く）が「重梁」をもつとした。

　その考察過程で「重梁」に関する記述と現状に見られた齟齬を以下に列挙する。

　（1）皇后居住区主殿である延壽宮正殿は史料に「重梁」記述をもたないが、現存遺構には「重梁」が見られる。

　（2）顯臨閣現存遺構には「重梁」が見られるが、史料には「重梁」記述がない。

　（3）史料には京城外の建築には「重梁」が用いられている例がない。にもかかわらず、京城外からの移築建築とされる興祖廟現存遺構には「重梁」に準じる構成が見られる。

　（4）皇帝陵寝殿区正門現存遺構には「重梁」が見られるが、史料には「重梁」記述が見られない。

　これらの齟齬が発生した理由について、「重梁」の用法、現存遺構 21 棟にみられる架構の部材構成の分類と各部材構成型の用法、各部材構成型と各遺構の造営経緯の関係の 3 点から解釈を試み、「重梁」の語義をより明確にし、建築年代との関係を整理する。

ベトナム

1 漢喃史料にみられる「重梁」記述

　阮朝編纂の漢喃史料のうち『大南寔録（うち正編第一紀〜第六紀）』、『欽定大南會典事例（うち「工部」205-223巻）』、『欽定大南會典事例続編（うち「工部」44、45巻）』、『大南一統志（うち第1巻京師）』を参照した結果、『寔録』に2カ所、『事例』に19カ所の「重梁」記述を確認した。『事例』の重梁記述は「壇廟規制」や「宮殿（宮禁之制）」など、建築形式を述べた段に18カ所が集中して現れ、その他は「工部（工部の概要を述べた冒頭の段）」に1カ所見られるのみであった。年代記である『寔録』は、正編第一紀から第六紀によって、戊戌元年（1777）から同慶三年十二月（1888）までを網羅するが、建築形式に関する詳細な記述はほとんど見られず、「重梁」は明命18年の奉先殿に関する記述に初出し、嗣徳1年の表徳殿に関する記述に見られるのみであった。つまり、「重梁」記述はほぼ『事例』の建築形式に関する段に集中しており、『大明會典』や『大清會典事例』に倣ったといわれる『事例』の編纂作業の中で、「重梁」の語義が確立されていったと推定する。

　山本達郎（1975）によれば、「（『事例』は）嘉隆元年（一八〇二）から明命元年（一八四〇）までの事例を年代順に分類整理して編纂されたが、その後補充を行って嗣徳五年（一八五二）までの事例を集めて刊行された。[3]」とある。「工部（205-223巻）」においても、嘉隆1年から嗣徳5年までの建築物の造営や土木事業船舶製造などに関する記述を確認した。

　以上より、漢喃史料に「重梁」が記述された建築は、嘉隆1年から嗣徳5年までに建造された建築に限られ、それ以降に創建・改築された建築に関しては「重梁」と捉えられていたかどうかを上記漢喃史料記述からは判断できない。

2 現存遺構21棟にみられる「重梁」の6つの部材構成型

　現存遺構21棟にみられる「重梁」を部材構成から6型に分類した（図1）。また、建築種別毎に「重梁」記述と部材構成6型の関係を表1に示した。表1には、現存遺構21棟に加えて、現存遺構がない場合も「重梁」記述と、それぞれの前身建物に関する記述を合わせて記載している。

2-1　板束型：肇祖廟、世祖廟、勤政殿、明成殿、隆恩殿

　①板束型は、厚板を重ねた板材の外周部に階段状の縁を残してその中を透彫りにし、外周部各段の肩に束を立てて母屋桁を受ける構成である。第1群「廟」および第2群「殿a,c」にみられる。

　該当5棟のうち、隆恩殿には記述がないため比較できないが、その他4棟の肇祖廟、世祖廟、勤政殿［旧］（古写真）、明成殿4棟が記述と合致している。ただし、現存明成殿は

202

遺構状況から移築の可能性が高く、建築規模も記述と現状が合致しない。

2-2 渦腕木型：太和殿、延壽宮正殿、凝禧殿、顯臨閣

　②渦腕木型は、人が両腕を上げた形に似た腕木状部材を2段積み重ね、間に方形の束状部材と、下方に渦巻く幾何学雲状の部材を入れて腕木を安定させ、それぞれの腕木の先端で母屋桁を受ける構成である。凝禧殿は下方に渦巻く幾何学雲状の部材の巻きが他遺構とは逆向きになっている。第2群「殿a、c」第3群「閣a」に見られる。

　該当4棟のうち、太和殿は記述と合致するが、凝禧殿と顯臨閣には記述そのものが無く比較できない。延壽宮正殿は規模も重梁の有無も記述と合致しない。

2-3 虹梁束型：興祖廟、顯徳門、鴻澤門、謙宮門

　③虹梁束型は、大梁の上に束を立てて、虹梁型の横架材を貫通させる構成を2段積み上げ、上段の虹梁型横架材の上に束を立て、それぞれの束の上端で母屋桁を受ける構成である。興祖廟は束枕を用い、謙宮門は方形の束状部材をひとつ挟む。第1群「廟」および第4群「門c」に見られる。

　ただし、現存興祖廟は全体形状が垂直方向に長く伸び、束自体にも絵様彫刻を施し、最上段には束枕を用いて横架材と束状部材の間に透彫り板を嵌め込むが、他3棟の皇帝陵寝殿区正門は水平に長く伸び、束枕を用いず、束そのものは胴張りを成形するのみで、透彫り板を用いないなど意匠は明瞭に異なる。明成殿門は2010年に新築された建築であるため、考察から除外する。

2-4 板型：隆安殿、彝倫堂・明徴閣、思陵宮門

　④板型は、大梁と身舎柱と垂木が作る小屋空間を、厚板を積んだ板面で埋めて、この板全面に透彫りを施し、束等を用いず、板材で直接母屋桁を受ける構成をとる。隆安殿に類する構成が彝倫堂・明徴閣と思陵宮門にも見られる。第2群「殿b」および第3群「閣b」、第4群「門c」に見られる。

　3棟のうち隆安殿は記述と現状ともに「重梁」を持ち矛盾なく見えるが、隆安殿には移築改修記録があり、現在見る隆安殿と記述当時の隆安殿が同一であるとは限らない。彝倫堂・明徴閣、思陵宮門には記述そのものがないため、比較できない。

2-5 渦重型：崇恩殿、表徳殿、大宮門

　⑤渦重型は、両端が下方に渦巻く幾何学雲状部材を3段積み上げ、その階段状の肩に束を立てて母屋桁を支持する構成をとる。幾何学雲状部材の中央部および母屋桁同士の間により薄い透彫り板を挟む。第2群「殿c」および第4群「門a」に見られる。

　古写真から見る大宮門は、束のかわりに肘木状部材と斗状部材を用いており、斗栱状部材の使用が確認できる唯一の建築である。また、身舎の小屋部分だけではなく裳階部にも

ベトナム

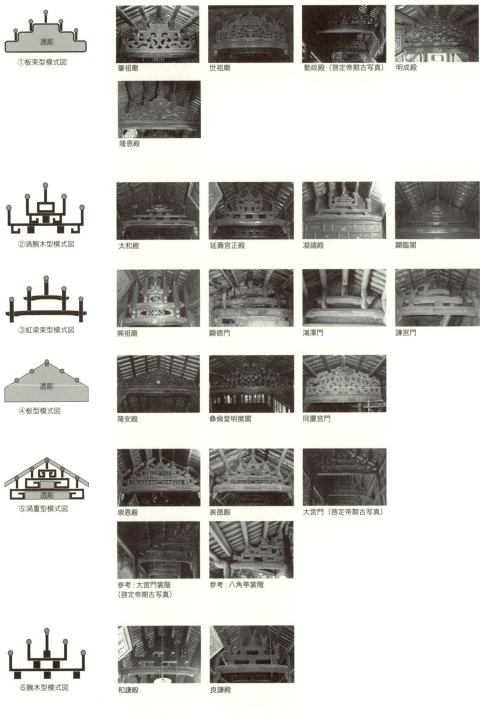

図1　現存遺構21棟にみられる「重梁」の6つの部材構成型および写真

表1 「重梁」部材構成型と、史料記述および現存遺構における「重梁」の有無

宮区	建造物名	構成	記述	記述内容	記述箇所	頁行
第1群：「廟」a（皇城内）						
太廟区	太祖廟［原］	-	×	（嘉隆元年）暫建太廟正堂前堂各十三間二厦皆南向…俟後建正太廟	208 壇廟規制二（建葺）	7右8-10
	太祖廟［原］	-	○	太祖廟基高一尺六寸正脊十三間前脊十五間東西両廂重梁重簷…	207 壇廟規制（列廟）	4右3
	太祖廟［新築］	×	×	（1947年に完全に破壊、それ以後に単棟建築として再建）		
	肇祖廟	①	○	肇祖廟基高二尺五寸正脊三間前脊五間東西両廂重簷重簷…	207 壇廟規制（列廟）	4右2-3
世廟区	世祖廟	①	○	世祖廟基高三尺六寸正脊九間前脊十一間東西両廂重梁重簷…	207 壇廟規制（列廟）	6右7
	興祖廟［原］	①	○	興祖廟基一尺六寸正脊三間前脊五間東西両廂重簷重簷…	207 壇廟規制（列廟）	6右4
	興祖廟［移築］	③	-	（興祖廟［原］が1947年に完全に破壊、1951年に移築された建築）		
第2群：「殿」a 皇城内各宮区主殿（皇城内皇后皇太后居住区を除く）						
外朝	太和殿	②	○	太和殿基高五尺八寸北二成南三成正脊七間東西両廂重梁重簷…	205 宮殿（外朝之制）	18左1
紫禁城乾成宮	勤政殿［旧］	-	○	勤政殿基高三尺二寸正脊五間前脊七間東西両廂重梁重簷承脊…	205 宮殿（宮禁之制）	10左6
	乾成殿［旧］	-	○	乾成殿［（…略…）］基高二尺三寸正脊七間前後脊各九間東西両軒重梁重簷…	205 宮殿（宮禁之制）	12右1
奉先殿区	奉先殿［旧］	-	○	正殿前殿一凡重梁雙板穿花蓮花塵板壁板	2-182、明命十八年六月	14右2
		-	○	奉先殿（…略…）正殿前殿十一間南向重梁重簷承脊…	207 壇廟規制（奉先殿）	8右7
延寿宮区	延寿宮正殿［原］	-	×	（嘉寿宮）正殿基高一尺四寸…正脊三間東西両軒前脊五間竝重簷	205 嘉寿宮	21右1-3
（皇后居住区）	延寿宮正殿［改築］	②	-	（成泰元年～啓定元年、現在の建築に改変されたと推定）		
第2群：「殿」b 京城内各宮区主殿						
慶寧宮	孝思殿	-	○	孝思殿南向正脊五間前脊七間重梁重簷承脊…	207 壇廟規制（慶寧宮）	9右2
保定宮	隆安殿［原］	-	○	隆安殿基高三尺二寸正脊五間前脊七間重梁重簷承脊…	207 壇廟規制（保定宮）	10右10
京城内東南	隆安殿［移築］	-	-	（1909年新書院として現在地に移築、1923年啓定美術館に改名）		
第2群：「殿」c 皇帝陵寝殿区主殿						
瑞聖陵	瑞聖殿［旧］	-	○	瑞聖殿正脊三間前脊五間重梁重簷…	216 陵寝（規制）	6右7
天授陵	明成殿（規模不一致）	①	○	明成殿正脊五間前脊七間重梁重簷…	216 陵寝（規制）	7右7
天授右陵	嘉成殿	①	○	嘉成殿正脊三間前脊五間重梁重簷…	216 陵寝（規制）	8右10
孝陵	崇恩殿（規模不一致）	⑤	○	崇恩殿正脊五間前脊七間重梁重簷承脊…	216 陵寝（規制）	9左4
昌陵	表徳殿（規模不一致）	-	○	表徳殿正脊五間前脊七間重梁重簷承脊…	216 陵寝（規制）	13右6
		-	○	表徳殿正脊五間前脊七間南向	4-2、嗣徳元年五月	33左3
謙陵	和謙殿	⑥	-	（嗣徳二十年謙宮成、網羅年代外の創建のため、建築形式の記述無し）		
	良謙殿	⑥	-	（嗣徳二十年謙宮成、網羅年代外の創建のため、建築形式の記述無し）		
安陵	隆恩殿	-	-	（成泰二年安陵上陵、網羅年代外の創建のため、建築形式の記述無し）		
思陵	凝禧殿	②	-	（成泰元年為、網羅年代外の創建のため、建築形式の記述無し）		
第3群：「閣」a（皇城内）						
世廟区	顕臨閣閣	②	×	顕臨閣閣三層三間	205 宮殿（宮禁之制）	3右9
	顕臨閣	-	×	顕臨閣基高三尺六寸三層三間兩廂	207 壇廟規制（列廟）	7左5
第3群：「閣」b（京城内）						
京城内東南	彝倫堂明徴閣（改築）	④	-	（扁額：維新二年改製、網羅年代外の改建のため、建築形式の記述無し）		
保定宮	明徴閣［原］	-	○	（隆安殿）北正中南向者為明徴閣閣二層（扁額：維新二年改製造）	207 壇廟規制（保定宮）	10右10
国學	彝倫堂	-	×	彝倫堂五間二厦（扁額：維新二年改製造）	210 京署（国學）	19右3-4
第4群：「門」a 皇城内前面区正門						
世廟区	世廟門［原］		○	世廟門三間「凡　廟制竝東西両廂重梁重簷…」	205 工部（概要）	3左1-2
	世祖廟門［原］		×	世祖廟門三間南向	207 壇廟規制（列廟）	8右1
	世廟門［改築］	×	×	（現存遺構は非木造）		
紫禁城乾成宮	大宮門［旧］	⑤	○	大宮門廣宇五間三門重簷重簷南北楹柱柎朵蓮…	205 宮殿（宮禁之制）	10右6
第4群：「門」b 皇城東西門						
皇城東	顕仁門［原］	-	○	顕仁門門三間三門重梁承脊上架重樓…	205 宮殿（外朝之制）	19右9
	顕仁門［改築］	×	×	（現状は非木造、改築時期不明）		
皇城西	彰徳門［原］	-	○	彰徳門門制與顕仁門同	205 宮殿（外朝之制）	19左7-8
	彰徳門［改築］	×	×	（現状は非木造、改築時期不明）		
第4群：「門」c 皇帝陵寝殿区正門						
天授右陵	明懿門［旧］	-	×	明懿門三間三層	216 陵寝（規制）	8左4
天授陵	明成殿殿門［旧］	-	×	（明成殿）殿門三間二層	216 陵寝（規制）	7左1
	明成殿門［新築］	(③)	×	（2010年新築、考察対象から除外）		
孝陵	顕徳門	③	×	顕徳門三間中開層樓	216 陵寝（規制）	10右4
昌陵	鴻澤門	③	×	鴻澤門三間中開層樓	216 陵寝（規制）	13左2
謙陵	謙宮門	③	-	（嗣徳二十年謙宮成、網羅年代外の創建のため、建築形式の記述無し）		
思陵	宮門	③	-	（成泰元年～啓定帝期と推定、網羅年代外の創建のため、建築形式の記述無し）		
第5群：「亭」紫禁城						
紫禁城坤泰宮	左右八角亭（参考）	(⑤)	-	（裳階部が大宮門に類似、沿革不明、建築形式の記述無し、考察対象から除外）		

■凡例
建造物名［旧］…現存しない建築
建造物名［原］…記述された建築のうち同名同位置に残る現存遺構とは異なる建築
■項目欄「構成」…現状の重梁部材構成型を示す
①…板木型、②…渦腕木型、③…虹梁束型、
④…降梁殿型、⑤…渦重型、⑥…腕木型
-…現存しないため分類不可、×…現存が重梁がない
■項目欄「記述」…重梁の有無を示す
○…重梁記述有り、×…重梁記述なし、-…建築形式に関する記述そのものがない

■項目欄「記述箇所」
「事例」:216 陵寝（規制）…216巻「陵寝」のうち「規制」の段
『実録』:4-2、嗣徳元年五月…正編4紀2巻のうち嗣徳元年五月の段
■項目欄「頁行」
8左4…8葉（頁）左4行
■記述と現状規模が異なる遺構
・延寿宮正殿は「正脊五間前脊七間」で、嘉寿宮正殿「正脊三間前脊五間」より大きい。
・明成殿、崇恩殿、表徳殿：現状は「正脊三間前脊五間」で、記述当時より小さい。

同様の部材構成が認められる。紫禁城内八角亭には、この大宮門裳階部に類した部材構成が見られるが、沿革が不明であるため考察対象から除外する。

　崇恩殿、表徳殿、大宮門は「重梁」をもち史料記述と合致するが、崇恩殿と表徳殿は規模が史料記述とは異なっており、記述以後に規模の改変があった可能性を含む。

2-6　腕木型：和謙殿、良謙殿

　⑥腕木型は、②渦腕木型に類似した腕木状部材を積み重ね、間に方形の束状部材を入れて腕木を安定させ、腕木の先端で母屋桁を支持するが、下方に渦巻く幾何学雲状部材は用いない。第2群「殿c」に見られる。和謙殿、良謙殿ともに記述そのものが無い。

2-7　小結

　部材構成型別に見ると、冒頭で述べた4つの齟齬のうち2つが②渦腕木型、もう2つが③虹梁束型に含まれることが分かった。

　また、6つの部材構成型はそれぞれ複数の建築種別分類群にまたがっており、建築種別による部材構成型の明瞭な区別は抽出できなかった。すなわち、各部材構成型はいずれも建築種別を超えて「重梁」または「重梁」に準じる役割を果たしていると推定できる。

　ただし、建築物の格式は種別と合わせて皇城内、京城内、京城外、皇帝陵といった各建築物の配置によって細分化されている可能性があり、①板束型・②渦腕木型・⑤渦重型はおよび皇帝陵内、④板型は京城内、⑥は皇帝陵内と一定の分布傾向が見られたことから、①②④⑤⑥は格式の上からも「重梁」または「重梁」に準じる傾向が確認できたのに対し、京城外からの移築である興祖廟と皇帝陵内寝殿区正門を含む③については王朝期に「重梁」と見做されていたという確証は得られなかった。

3　6つの部材構成型と建築年代

　表2に史料記述と扁額、既往研究、HMCCへのヒアリング、現地調査時に確認できた事柄から明らかになった主要な沿革を列挙した。

3-1　板束型：肇祖廟、世祖廟、勤政殿、明成殿、隆恩殿

　①板束型に含まれる5棟のうち隆恩殿を除く4棟が嘉隆帝初期から明命帝初期にかけて創建されている。世祖廟には明命20年「重修」の記録があるが、時期から見て『事例』記述に影響はない。勤政殿には成泰11年の「重修」記録があるが、啓定期撮影と推定される古写真で板束型部材構成が確認できる。隆恩殿には成泰帝期創建の記録と、第一次インドシナ戦争期に仏軍の駐留地として活用された後1956年に改修されたとの研究があり[4]、現存隆恩殿が成泰帝期創建の姿をどの程度残しているのか不明である。

表2 「重梁」部材構成型と史料・扁額・既往研究・調査などによる既知の主たる沿革

部材構成型	現存宮区	遺構	主たる沿革
①板束型	太廟	肇祖廟	嘉隆三年建［寔］［統］、嘉隆十三年修［寔］・建［事］、明命二年建［寔］、明命三年修［寔］、明命十年修葺［寔］、明命十一年修葺［事］、明命十八年修補［事］、紹治二年改葺［事］、紹治三年修葺［事］、1985年修理［HMCC］
	紫禁城	勤政殿［旧］	嘉隆三年建−嘉隆四年成［寔］・嘉隆三年建［統］、嘉隆十年重修−工竣［寔］・建［事］、明命八年修葺［事］、明命十一年加修飭［事］、明命十八年修［事］、嗣徳三年瓦整理［事］、嗣徳五年修葺［續］、嗣徳十八年修［續］、同慶二年恭修−工竣［寔］・修補［續］、成泰十一年重修［統］、1947年焼失
	世廟	世祖廟	明命二年建−明命三年成［寔］、明命二年建［事］［統］、明命四年重修−明命五年成［寔］、明命十年修葺［寔］［事］、明命十八年修補［事］、明命二十年重修工竣［寔］、明命二十年漆塗・湘飾・修葺［事］、1998年PKZ修理完了［HMCC］、2003年塗装修理［調］
	天授陵	明成殿	嘉隆十三年建［寔］［事］、嘉隆十四年建［統］、明命元年（天授陵）明命八年修［寔］、明命十二年修［寔］、明命二十年修［事］、嗣徳六年修理［寔］。啓徳十二年重修［寔］、啓定七年恭修［扁］、戦後HMCCによって正殿は新築、前殿は現場に散逸していた部材を用いて再建［HMCC話］、2001年塗装修理［調］
	安陵	隆恩殿	（安陵）成泰二年上陵［統］、成泰十一年恭［扁］、1899隆恩殿建設［KTCDH］、1947年フランス軍進駐［KTCDH］、1956年修理［KTCDH］
②渦腕木型	外朝	太和殿	嘉隆四年建−成［寔］、嘉隆十八年修［寔］、明命十一年加修飭［事］、明命十三年議移建［寔］、明命十四年営建−工竣［寔］・改造［事］・移［統］、明命二十年湘飾［事］・漆塗［事］、成泰三年重修［統］、基内改（床タイル）［統］、啓定八年大加重修［扁］、保大期修理［KTCDH］、1960・1970・1973・1981・1985・1992修理［KTCDH］
	延壽宮	延壽宮正殿	（長壽宮）嘉隆三年建［寔］・嘉隆初為［統］・嘉隆六年修［寔］、（慈壽宮）明命元年建−成［寔］・改［統］・紹治元年崇建［寔］・紹治三年修［寔］・嗣徳元年修［寔］、（嘉壽宮）嗣徳二年建−成［寔］・建［事］・嗣徳初重修［統］・嗣徳十二年前殿修葺工竣［寔］、（寧壽宮）成泰十三年重修改名［統］、啓定元年改製［扁］、啓定二年恭修［扁］、1916年改修・1967・1972・1983年修理［HMCC］
	思陵	凝禧殿	（追思殿）同慶三年営−成泰元年工竣［寔］、（思陵）成泰元年建陵寝・上陵［續］、成泰六年奉安神主于凝禧殿［寔］（号名確定）、啓定捌年（8年）大加恭修［扁］、1916年修理規模拡大、啓定帝期（1916-25）間に思陵の多くの建築物が完成［KTCDH］、2012年〜解体修理中［調］
	世廟	顯臨閣	明命二年建−明命三年成［寔］、明命十三年砌築花盆［事］、明命十八年修補［事］、1998年修理［HMCC］
③虹梁束型	世廟	興祖廟	（皇考廟）嘉隆三年建、（興祖廟）嘉隆三年建［事］、（皇考廟）嘉隆十一年重修［寔］、（皇考廟）嘉隆初為−明命二年移建［統］、明命二年建［事］・改［統］、紹治二年改目［事］、嗣徳九年修補工竣［寔］、嗣徳三十一年恭修［寔］、1947年焼失、1951年移築［HMCC］
	孝陵	顯徳門	紹治元年建営［事］、紹治六年修理上層郭閾門［寔］・上層應製郭閾門［事］、2010年修理完了［調］
	昌陵	鴻澤門	嗣徳元年［事］
	謙陵	謙宮門	（謙宮）嗣徳二十年成［寔］
④板型	京城東南	隆安殿	紹治五年営建［寔］、（保定宮）紹治五年建［統］、嗣徳三十四年修葺［寔］、1908現在の位置に移築［KTCDH］、1923啓定美術館に改名［KTCDH］2011年修理完了［調］
	京城東南	彜倫堂・明徽閣	（彜倫堂）明命元年建［事］、（彜倫堂）明命十年造・維新二年改製［扁］、（明徽閣）紹治五年増建［寔］、（明徽閣）紹治五年建・維新二年改製［扁］、2000年修理［HMCC］
	思陵	宮門	成泰元年思陵建陵寝・上陵［續］、2011年〜修理中［調］
⑤渦重型	孝陵	崇恩殿	（孝陵）明命二十一年営建［事］・賜名［統］、（孝陵）上陵［統］、紹治元年建・塗飾［寔］、（孝山）紹治元年榮建［事］、紹治元年榮建［事］、紹治六年修理前楹飛檐・増製飛檐［事］、嗣徳十二年重修［寔］、同慶二年恭修［寔］、2000年解体修理［調］
	昌陵	表徳殿	（昌陵）嗣徳元年建陵寝［續］・上陵［事］［統］、（表徳殿）嗣徳元年建［寔］［事］、嗣徳九年補目−工竣［寔］、嗣徳十二年重修［寔］、2010年解体修理［調］
	乾成宮	大宮門［旧］	明命十四年営建−工竣［寔］建［統］、明命二十年湘飾［事］、明命二十年漆塗［事］、同慶二年恭修［續］、1947年焼失
	坤泰宮	八角亭（裳階部）	不明
⑥腕木型	謙陵	和謙殿	嗣徳十七年造［扁］、嗣徳十九年修葺［寔］、（謙宮）嗣徳二十年成［寔］、（謙陵）建福元年営建［寔］
		良謙殿	嗣徳十七年造［扁］、（謙宮）嗣徳二十年成［寔］

■凡例：［寔］…大南寔録、［事］…欽定大南會典事例、［續］…欽定大南會典事例統編、［統］…大南一統志、［扁］…扁額 [KTCDH]…『古都フエの建築』、［調］…現地調査で確認、[HMCC]…HMCC公式見解、[HMCC話]…HMCCにおけるヒアリング
*表2をまとめるにあたって、『大南寔録』の造営記録を抽出した富澤明『阮朝王宮及び皇帝陵の建築群の造営に関する文献的研究』、早稲田大学理工学術院修士論文（2011.3）を参照している。

3-2　渦腕木型：太和殿、延壽宮正殿、凝禧殿、顯臨閣

表2の沿革から現存太和殿は明命14年移築時の建築が現在に残されていると見えるが、成泰帝期および啓定帝期に渡って2度「重修」の記録があり、後代に改変が加えられている可能性は否定できない。

顯臨閣は明命3年創建であり、その後の記録がない。

延壽宮正殿は、嘉隆帝期は長壽宮、明命帝期紹治帝期は慈壽宮、嗣德帝期は嘉壽宮、成泰帝期は寧壽宮と改名改建を繰り返し、扁額によれば啓定元年に現在の延壽宮という名に改められている。『事例』の記述が嗣德五年までを網羅していることから、『事例』に記述されたのは嗣德帝期嘉壽宮正殿と推定されるが、現在の延壽宮正殿（正脊五間前脊七間）よりも建築規模が小さい（正脊三間前脊五間）。既往研究では、啓定帝期延壽宮正殿への改築にあたって現在の規模に拡大したと推定しているが、成泰帝期の改築内容が不明であるため、成泰帝期改変の可能性も否定できない。

3-3　虹梁束型：興祖廟、顯德門、鴻澤門、謙宮門

興祖廟は「皇考廟」と呼ばれる前身建物が嘉隆3年に創建され、明命2年の移築にあたって興祖廟と改名されている。史料にはその後「重修」などの大規模な改変を伺わせる記述は無く、『事例』に記述されたのはこの明命2年建の興祖廟であると思われるが、1947年に焼失している。京城外から移築されたと伝わる現存興祖廟の前身建物の沿革は不明である。皇帝陵寝殿区正門である顯德門（紹治元年建）、鴻澤門（嗣德元年建）、謙宮門（嗣德二十年謙宮成）にはそれぞれの創建年があるほか、修理記録は残っていない。

3-4　板型：隆安殿、彝倫堂・明徵閣、思陵宮門

隆安殿は紹治5年に創建されたが、その後維新2年（1908）に移築、啓定7年（1923）に改修との研究がある。これら移築改修時にどの程度の改変が行われたかは不明である。彝倫堂は明命1年、明徵閣は紹治5年の創建記録があるが、扁額から両者を一体化したのは維新2年と推定され、この改変によって「重梁」を持つようになったと推定する。思陵宮門は「成泰元年思陵成」の記録しかないが、既往研究では思陵の全容は啓定期に完成されたとしており、成泰帝期から啓定期のどの段階で宮門が建設されたのか特定されていない。

3-5　渦重型：崇恩殿、表德殿、大宮門

崇恩殿（紹治元年）、表德殿（嗣德元年）には創建記録の他、嗣德12年の「十一月重修明成崇恩表德三殿」があるのみで、重修の目的や内容に関する記述はない。明成殿、崇恩殿、表德殿はいずれも『事例』で「正脊五間前脊七間」とされるが、現状は「正脊三間前脊五間」である。嗣德12年にこれら三殿が同時に重修されたとの記録があり、この際に

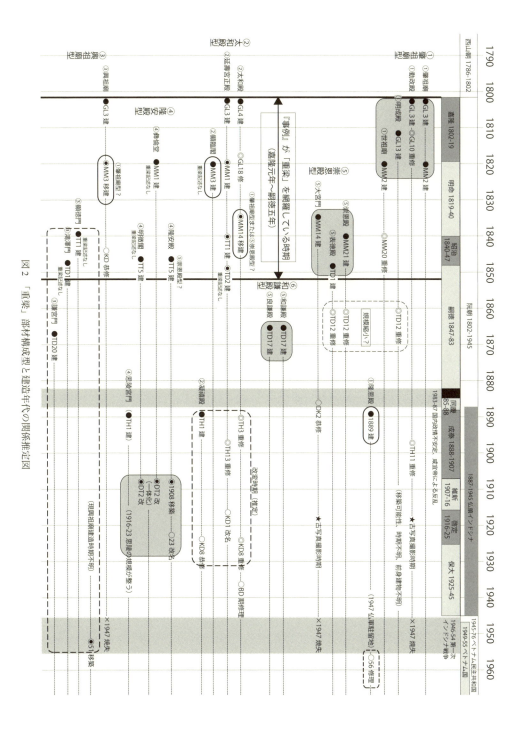

図 2 「重梁」部材構成型と建造年代の関係推定図

ベトナム

規模を縮小するなどの改変があったと推定する。大宮門は明命14年創建の他には大きな改変の記録はない。

3-6　腕木型：和謙殿、良謙殿

　和謙殿、良謙殿ともに嗣徳17年の創建とされ、和謙殿は嗣徳19年5月に雷によって前殿が破壊され、嗣徳19年9月の内乱(9)のために、謙宮の完成は嗣徳20年になったとあるが、その後の大きな改変記録はない。

3-7　部材構成型と建造年の関係についての試論

　①板束型5棟のうち4棟は嘉隆帝初期から明命帝初期（例外は隆恩殿）、⑤渦重型3棟は明命帝期から紹治帝期、⑥腕木型2棟は嗣徳帝期中期に集中していることから、「重梁」部材構成型は建造年代と深い関わりを持っていると仮定して、冒頭で述べた4つの齟齬とともに解釈を試みる。

　太和殿は嘉隆帝初期に創建、明命帝中期に移築であるから、『事例』に「重梁」と記述された太和殿は明命帝中期移築である可能性が高い。時期から見れば、創建当初を残していれば①板束型、移築時に改変されたとすれば⑤渦重型であったと思われる。しかし、現存太和殿は②渦腕木型であり、改変の可能性が高いのは成泰3年と啓定8年の「重修」記録の間である。

　延壽宮正殿は創建が嘉隆帝初期にさかのぼるが改変が著しく、『事例』に記述されたのは嗣徳2年の嘉壽宮正殿であった可能性が高い。嘉壽宮正殿は皇后皇太后居住区の主殿は「重梁」にしないという了解に従って建造されたため、『事例』には重梁の表記がない。にも関わらず、現存延壽宮正殿は②渦腕木型であるという齟齬 (1) の解釈を二つあげる。一つは、後代に「重梁」の用法に変化があり、皇后居住区にも「重梁」が許されて、延壽宮区主殿を改変し②渦腕木型を与えたという可能性である。もう一つには、②渦腕木型そのものが「重梁」に準じる構成として認められるようになったという可能性である。いずれにしても、現存延壽宮正殿が「重梁」に準じる構成をもつようになった改変があったとすれば、成泰13年の「重修」から啓定1年改名までの仏領インドシナ期の可能性が高い。

　凝禧殿は成泰元年の創建であり、太和殿と延壽宮正殿が上述のように改変されたとすれば、②渦腕木型4棟のうち3棟が成泰帝期から啓定帝期の間に「重梁」を持ったことになる。つまり、②渦腕木型は、『事例』記述当時に規定されていた「重梁」ではないが、「重梁」に準じる構成として用いられるようになったと推定できる。ただし、顯臨閣には明命3年創建以降、改変に結びつく記録がない。

　③虹梁束型は、現存興祖廟の前身建物の沿革が不明であるが、紹治1年、嗣徳1年に建造された顯徳門と鴻澤門は『事例』記述当時は重梁ではないとされているため、③虹梁束

型は、当初「重梁」とはされていなかった可能性が高い。従って、齟齬（3）については、京城外の建築は「重梁」にしないという了解のため、京城外から移築されてきたと伝わる興祖廟には③虹梁束型が与えられていたと解釈できる。また、顯徳門・鴻澤門も③虹梁束型が記述当時「重梁」とはされなかったとすれば、齟齬（4）についても解釈できる。

④板型のうち隆安殿は創建時期からみて当初⑤渦重型であった可能性があるが、現状は④板型である。既往研究では隆安殿は維新2年に現在の京城東南に移築されて新書院と改名され、その後1923年に啓定美術館に改修されたとしている。移築改修の際に加えられた改変については明らかではないが、維新2年から啓定7年頃に④板型に改変されたと推定する。

明徴閣は保定宮隆安殿の正中背後にあった建築であり、彜倫堂は國學にあった建築である。扁額から維新2年に両者は現在の位置に移築され、1棟の建築として合併されたと推定される。また、『事例』には両建築に「重梁」の記述がないことから、記述以後、特に維新2年の移築改変時に「重梁」とされた可能性が高い。

思陵宮門そのものに関する建造記録はないが、成泰1年に思陵が上陵されたという記録と啓定16年から23年までの間に思陵の全容が整ったとする研究がある。成泰1年の思陵上陵を記述した『續編』には凝禧殿と玄宮以外の建築物名称が出てこないため、宮門は成泰1年には未建造であり啓定帝期に建造されたと推定する。

以上より、④板型は維新帝期から啓定帝期に用いられた部材構成であると推定する。また、顯臨閣・明徴閣ともに『事例』には重梁とは記述されていないため、『事例』記述当時は「閣」を「重梁」とする了解はなかったと思われる。明徴閣は彜倫堂と一体化されたことによって連棟型建築とされ、京城内の連棟型主殿として「重梁」を与えられたと推定する。

4　結び

以上の考察をまとめる。

漢喃史料に現れた「重梁」記述が『事例』の建築形式の記述段に集中していることから、『事例』編纂作業に伴って「重梁」の用法が確立されていったと推定した。

また、「重梁」の部材構成に従って現存遺構を6型に分類した結果、これらの部材構成型は複数の建築種別群にまたがっており、建築種別によらないで用いられていることを明らかにした。

各現存遺構の沿革から、「重梁」部材構成型が建造年代と深く関わっている可能性を示し、各部材構成型が用いられた時期を推定した。そこから、『事例』記述当時に「重梁」とさ

ベトナム

れた部材構成型は、①板束型と②渦重型であり、『事例』編纂後には「重梁」に準じる部材構成として⑥腕木型、②渦腕木型、④板型が用いられたと推定した（図2）。

以上より、齟齬（1）延壽宮正殿については、仏領インドシナ期に『事例』記述当時の了解が変化し、皇后居住区主殿である延壽宮正殿にも②渦腕木型が用いられた、または②渦腕木型が「重梁」に準じる構成として認められるようになったと解釈した。

齟齬（2）顯臨閣は、『事例』記述当時は②渦腕木型は「重梁」とはされなかったために記述されなかったか、またはケオ架構などから②渦腕木型への改変があったかもしれないが、特定できない。

齟齬（3）および（4）については、③虹梁束型は『事例』記述当時に「重梁」とはされていなかったために、京城外建築と伝わる興祖廟前身建物にも用いられ、顯德門・鴻澤門も「重梁」とは記述されなかったと解釈した。

5　今後の課題

本稿では、「重梁」の用法を明らかにし、前稿で生まれた4つの齟齬についての解釈を試みた。しかし、現存遺構数が限られていること、漢喃史料の記述が「重梁」記述については嗣徳5年まで、各建築物の造営に関する記録も最大で『大南一統志』が網羅する成泰年間までと限られており、試論の域を出ることはできなかった。太和殿や延壽宮正殿、顯臨閣をはじめとして、特に仏領インドシナ期に建造・改変されたのではないかと推定した遺構も複数あった。「重梁」は建築物の格式を決定する要素のひとつであり、装飾性も高い。今後、「重梁」の各部材構成型とそれぞれに施されている彫刻絵様・彫刻意匠との関係からさらに本稿での論考を吟味する必要がある。

また、本稿で示した6つの部材構成型のうち、小屋空間を透彫りを施した板材で埋める①板束型を "vì nóc"、腕木状部材を用いる②渦腕木型や⑥腕木型を "vì già thủ" と区別する慣例がHMCCにおけるヒアリングで明らかになっている。①板束型や⑤渦重型、④板型のように小屋空間を透彫り彫刻で埋める密度の高い部材構成は、ベトナム北部の寺院建築やディン建築を連想させ、中国建築の「抬梁（重梁）式構架」（特に宋代以前の古いもの）を連想させる。一方、腕木を用いるより簡素な構成は他の類例を著者は知らない。③虹梁束型は、ホイアンの商家や中国嶺南地方の建築などにも用いられている。嶺南地方は古代に南越があったとされる地域でもある。

それぞれの部材構成型とベトナム他地域、特に北部地域の建築や中国建築の関係は大変興味深い問題であるが、現段階で論じることは時期尚早と思われる。関連諸研究の充実によって解明されていくことを期待したい。

註

1 六反田千恵、中川武「フエ・阮朝建築遺構群における建築形式の分類——現存遺構と『欽定大南會典事例』における記述の比較考察」日本建築学会計画系論文集 No.688、pp.1409-1414、2013.6（うち p1410 掲載表 1 を参照）。

2 六反田千恵、中川武：註 1 に既出。

3 山本達郎編、河原正博、山本達郎、藤原利一郎、大澤一雄、鈴木中正、武田龍児、和田博徳 1975『ベトナム中国関係史』山川出版社、p.709。

4 Phan Thuận An: Kiến Trúc Cố Đô Huế、Nhà xuất bản Thuận Hóa、1995（ファン・トゥアン・アン 1995『古都フエの建築』トゥアンホア出版、邦訳未出）。

5 ①中沢信一郎他 12 名：延壽宮の配置計画について　ヴィエトナム / フエ・阮朝王宮の復原的研究（その 13）、日本建築学会大会学術講演梗概集 F-2、pp.161-162、1998.9。

②土屋武他 12 名：延壽宮正殿の寸法計画の分析　ヴィエトナム / フエ・阮朝王宮の復原的研究（その 14）、日本建築学会大会学術講演梗概集 F-2、pp.163-164、1998.9。

6 Phan Thuận An：註 4 に既出。

7 『大南寔録』正編四紀二十一巻 21 葉左 6～7 行。

8 『大南寔録』正編四紀三十四巻 26 葉左 1 行。

9 『大南寔録』正編四紀三十五巻 25 葉左 13 行～26 葉左 3 行。

10 Phan Thuận An: 註 4 に既出。

11 Phan Thuận An: 註 4 に既出。

　本稿は、（日本建築学会計画系論文集 2013 年 12 月号掲載）を一部改稿したものである。大きな変更は、部材構成の名称である。発表当時、代表移構の名称をとって仮称していたが、これを部材構成の特色に着目した名称へと変更した。「肇祖廟型」は「板束型」、「崇恩殿型」は「渦重型」、「隆安殿型」は「板型」、「太和殿型」は「渦腕木型」、「和謙殿型」は「腕木型」、「興祖廟型」は「虹梁束型」とした。それぞれの型の類似性が把握しやすいからである。

ベトナム・フエ阮朝王宮太和殿の建築髹飾技術

齋藤　潮美

1　研究の背景と目的

　太和殿はフエの皇城内、紫禁城の正面中央に位置する。太和殿には玉座が置かれ、阮朝期（1802-1945）には即位式や朝会などの重要な儀礼が執り行われた。建物内部柱は、龍文を主体とする髹飾文様(1)（以下文様）を内部柱の限定する建物平面位置に描く。

　阮朝宮殿建築は、柱と登り梁を用いた軸組構法を用い、柱は屋根荷重を直接的に受ける構造材であるとともに、柱の上部まで人目に触れる部材として連立することから、強度とともに高い装飾性が求められる。宮殿建築の髹飾技術における装飾の中心は柱におかれ、柱にどのような技術を用いて装飾するのかということが、宮殿建築の室内空間を規定する要素を持ち、柱の装飾と宮殿建築の機能及び性格との関係が、柱の髹飾技術によって表現されていると想定される。

　太和殿の後方に連なって位置していた勤政殿などの主要な宮殿は多くが木造であるため、度重なる戦乱に伴い建物が失われ、現在は基壇あるいは址を残している。現在、フエの歴史的建造物群内で確認できる塗膜の一部は、阮朝期あるいはその後に髹飾修理（以下修理）を行ったと推測されるが、フエ遺跡保存センターによる近年のものを除き、修理年代、技法、用材など、その具体的な状況についての資料が限られている。フエ遺跡保存センターは歴史的建造物群保護の観点より、保存修理を行う一方で、近年修理以前の塗膜状況を確認できる古材を太和殿内で保存している。高温多湿で過酷な自然環境下で、現存する遺構への塗膜は劣化が進んでいるため、近年修理以前の状況観察が難しくなりつつある中での、フエ遺跡保存センターによる取り組みは、今後の歴史的建造物群の復原考察や、保存修理においても極めて重要な意義を持つ。太和殿内には、古式の塗膜や文様の痕跡が残る柱と扉が現存する。

　本稿では早稲田大学中川武研究室とフエ遺跡保存センターの国際学術協同調査の成果に基づき、柱の髹飾技術に関する既往研究の整理と、古材柱の赤色塗膜の一部と玉座後方に位置する扉付近から採取した黄色の剥落塗膜片の一部の分析を通じて、太和殿の建築髹飾技術について考察を試みる。

ベトナム

2　既往研究と研究方法

2-1　既往研究

　阮朝期に編纂された文献史料の中で、歴史的建造物群内にみられる主要な建築の造営と修理時における髹飾技術に関する内容について、文献史料ではフエ阮朝王宮の伝統的建築髹飾技術の特徴をどのように考え、記述しているのかについて考察した先行研究がある[2]。

　太和殿柱の髹飾技術については、文献史料・古写真・現存遺構の分析を通じて、太和殿の建築装飾における空間概念が、太和殿の空間秩序の形成に重要な役割を果たした可能性について考察した先行研究がある[3]。

　しかし、太和殿古材柱の赤色塗膜の一部や扉付近から採取した黄色塗膜片の化学分析を通じて、髹飾技術について考察を行った研究は、顔料に関しては考察されているが、黄色塗膜片の塗料に関しては考察されていない[4]。

2-2　研究方法

　はじめに、文献史料にみられる太和殿の建築髹飾について、特徴的な記述内容について整理を行う。

　次に、柱の髹飾技法（以下技法）と配置、古材柱にみられる文様の特徴について整理を行う。また、古材柱の塗膜状況を観察し、小薄片を分析用試料として採取し、X線回析法による顔料の分析を行う[5]。

　次に、玉座後方に位置する扉の塗装状況、扉付近から採取した黄色の剥落塗膜片の塗装状況を観察し、小薄片を分析用試料として採取し、X線回析法による顔料の分析と赤外吸収スペクトル法による塗料の分析を行う[6]。

　以上の分析を通じて、太和殿の建築髹飾技術について考察を試みる。

3　太和殿柱に関する髹飾技術

3-1　文献史料にみられる太和殿髹飾技術

　太和殿の髹飾技術に関しては、太和殿建物の平面規模、構造形式、瓦など様式規定に髹飾規定も含むことが考えられる[7]。また、太和殿は柱を対象として龍と雲の文様を描き、柱の位置により文様と材料を使い分けること、皇城中軸上の遺構位置を意識した髹飾計画が存在した可能性などが考えられる[8]。

3-2　柱に見られる技法・配置・文様

　太和殿柱の髹飾技法は、①赤色漆の上に文様線を描き、金属箔や砂子で加飾したうえに

図　太和殿古材柱　白描復原考察図（龍文頭部）　白描図：筆者作成

透漆を塗り込めるソンソンテップヴァン技法、②赤色漆を塗るソンソン技法、③黒色漆を塗るソンデン技法の3つに分類できる。①の技法は古材と修理材、②と③の技法は修理材に確認できる。③の技法は左右外廂間の面、②の技法は前廂の建物外側面と後廂、それ以外の柱は①の技法に分類でき、建物正中間を境に相対的に配置している。

　太和殿柱の龍文頭部は柱元よりも少し上に描かれ、腹部は柱元から螺旋を描き、柱に巻き付くように回転しながら上昇し、雲文と組み合わされる。龍文は建物中心軸を境に相対的に配置される。技法と文様構造は、建物正中間を意識する配置をとった可能性が考えられる。現地調査の成果に基づき、龍文の形状の特徴を抽出するために、龍文頭部の白描復原図を作成した（図）。文様の特徴は、龍文頭部の中心に、漢字の「王」または「壬」の字に類似する形状を持つことが挙げられる。フエの装飾文様研究では「王」は王、「壬」は、みずのえを意味し、形は文様化される皺のようであると指摘される。

3-3　太和殿古材柱の塗膜状況と分析結果

3-3-1　塗膜状況と試料の採取箇所

　古材柱は全体的に塗膜の劣化が著しく進行しており、木地が露出する箇所や木部修理を経た箇所などが確認できる。塗膜は、赤色、黒色、茶褐色、薄褐色、白色などの色彩と金属箔と思われる部位が確認できる。塗膜の残存状況より、修理が行われたと考えられる。

　古材柱の試料を採取する箇所は、柱元から柱頭の方向に向かって、高さ方向の位置（柱下・柱中・柱上）と、建物天井方向を上側、建物西側側面を左側、東側側面を右側と記載した。

　試料1の塗膜は、柱下付近・上側の位置から採取し、下地層から上塗り層が重なる状況

ベトナム

写真 1　太和殿　玉座後方の扉にみられる髹飾技術：Images authorised by HMCC

が確認できた。試料2の塗膜は、柱中付近・左側の位置から採取し、下地層から上塗り層が重なる状況が確認でき、金属箔と思われる部位が存在する。試料3の塗膜は、柱上付近・左側の位置から採取し、下地層から上塗り層または中塗り層と思われる位置まで重なる状況が確認でき、試料1よりも下層と思われる位置に金属箔と思われる部材が存在する。試料4の塗膜は、柱中付近・右側の位置から採取し、下地層から中塗り層と思われる位置まで重なる状況が確認できた。

3-3-2　X線回析結果の概要

　試料1は、赤色顔料は、朱（化学式；HgS　鉱物名；Cinnabar　化合式；Mercury Sulfide）であった。鉱物成分として、石英、硫酸バリウム、1/2水石膏が認められた。[11]

　試料2・3は、赤色顔料は、朱であった。金（化学式；Au　鉱物名・化合物名；Gold）が明瞭に認められた。鉱物成分として、白雲母とカオリナイトが認められた。[12]

　試料4は、赤色顔料は、朱であった。鉱物成分として、2水石膏が認められた。[13]

　X線回析結果の概要から、以下のことが言える。赤色顔料が朱であったものは、採取した試料1～4のすべてに共通していた。金箔が使われているもの、鉱物類がよく似ているものは、試料2と試料3であった。鉱物類に石英が多いものは、試料1であった。[14]

4　太和殿塗膜片の塗膜状況と分析結果

4-1　塗膜状況

　太和殿玉座後方に位置する扉は、建物正面側に黄色が塗られた上に、龍文を主体とする文様が描かれており、皇城中心軸上の遺構で唯一古式文様が扉に現存し、文様の色彩は

写真 2 　太和殿　玉座後方の扉にみられる龍文頭部付近の髹飾状況：Images authorised by HMCC

金色である（写真 1 ～ 2 ）。扉の塗膜は、黄色の塗膜層が重なる状況や、龍文の一部などには、文様の修理を経たと思われる痕跡などが確認できる。玉座後方以外に位置する扉の色彩は赤で、現状は文様が確認できない。修理年代については現時点では明らかではないため、今後の課題としたい。

玉座後方扉の建物正面側に向って、扉の左下側に剥落していた黄色の塗膜片の一部を採取した。採取片は剥落場所と塗膜の状況観察から、扉の塗膜の一部であると推定した。黄色の塗膜片は、肉眼とデジタルマイクロスコープによる観察より、上層側は黄色の塗膜層が重なる状況を確認でき、最表面は褐色を帯びた黄色であること、反対面の下層側は黒褐色の塗膜層が重なる。

4-1-1　X 線回析測定

塗膜片の X 線回析測定の概要は、以下のようになる。上層の黄色顔料は、クロム酸鉛（化学式；PbcrO$_4$　鉱物名；Crocoite　化合物名；Lead Chromium Oxide）が認められ、鉱物成分としては、硬石膏、水石膏、白雲母、緑泥石が認められた。下層の黄色顔料は、雌黄（化学式；As$_2$S$_3$　鉱物名；Orpiment　化合物名；Arsenic Sulfide）が認められ、鉱物成分としては、水石膏、白雲母、石英、カオリナイトが認められた。測定結果より、クロム酸鉛が認められたため、顔料としては、黄鉛と雌黄により黄色彩色されていることなどが予測される。[16]

4-1-2　赤外吸収スペクトル測定

塗膜片の赤外吸収スペクトル測定の概要は以下のようになる。上層と下層の黄色塗膜は、漆の赤外吸収スペクトルに該当しないと判断された。塗膜片下層の黒褐色塗膜は、漆の赤外吸収スペクトルに類似すると判断された。

4-2 考察

　黄色の塗膜片の測定結果からは、上側に位置する黄色塗膜は漆の赤外吸収スペクトルには該当しないと判断され、下側に位置する黒褐色塗膜は漆の赤外吸収スペクトルに類似すると判断された。漆と判断できなかった層は、無機物の存在が示唆される。本稿で測定対象としたすべての層で、アクリル樹脂のような石油化学製品の存在は認められなかった。黄色塗膜片は、漆とその他の展色材を併用した伝統的な髹飾技術である可能性が示唆されるため、今後の研究課題としたい。

　黄色塗膜片の測定結果からは、黄色の色材として、雌黄が認められた。かつての扉の黄地は、雌黄を色材に用い、雌黄の発色によって鮮やかで美しい黄色の色彩に彩られていたことが推測できる。「瑞祥の龍といえば、一般に黄龍を指称したこと」[17]が指摘されている。太和殿で朝会が執り行われた場面を想像してみると、黄色の豪華な衣装に身を包まれた皇帝は、4段に高く積まれた壇上に置かれた金色の玉座に着座し、皇帝の後方から、黄地の扉に金色で描かれた龍が後光のように皇帝を照らす。正中間の前面に立つと、44本の赤地の柱に金色で描かれた龍が、薄暗い空間に浮かび上がる。この景色の荘厳さは、皇帝の権威を象徴するものであると考える。古材柱の測定結果からは、赤色の色材として、朱が認められた。朱や雌黄は希少価値のある色材であると考える。

　柱と扉の一部には、龍文の頭部に「王」または「壬」に類似する形状が確認できる。壬（みずのえ）は、十干の第九位となり、五行では水、方位では北の意になる。

　太和殿柱にみられる髹飾の色彩は、赤、金、黒茶の3つの色彩であり、玉座後方の扉は黄、金の2つの色彩から構成される。中国の「五行説」では、「火」の五色は「赤」、「土」の五色は「黄」、「水」の五色は「黒」を示し、色彩の配置と空間序列の間に関連性が認められる[18]。ベトナム・フエにおける風水と陰陽五行説が関係することが指摘されていること[19]から、太和殿では柱や扉の髹飾技術が空間秩序を形成する上での相関性をもつ可能性が考えられる。

5　おわりに

　本稿では、太和殿の建築髹飾における空間概念が、太和殿の空間秩序の形成に重要な役割を果たしていることを明らかにした。すなわち太和殿古材柱と扉は、龍文を主体に描いていること、頭部の中心に「王」または「壬」に類似する形状がみられること、建物正中間を意識する配置計画をとること、龍文による荘厳は皇帝の権威を象徴する、太和殿柱および玉座後方扉の色彩配置が空間秩序を意識していることなどが明らかになった。

註

1 本稿では髹飾とは、漆などを塗抹することや、金属箔などで加飾を施した装飾法を称する。『うるし工芸辞典』では髹漆（きゅうしつ）は、「漆塗りのもの、あるいは下地から上塗りまでの工程をさす。また蒔絵や螺鈿などの装飾法に対し、単に素地に漆塗りを施したものを髹漆と称する。髹は漆塗りの意味で古くは中国漢代からあり、髹飾、髹䇲、髹工などの地が使われている」（p.65）と解説される。なお本稿は参考文献17、26～27、29～31で発表した内容に加筆と改訂を行ったものである。

2 参考文献26。

3 参考文献27。

4 参考文献30-31。

5 X線回析法による測定はPANalytical製X線回析装置X'Pert PROを用いた。測定条件は、ターゲットはCu,X線管電圧は45kV、X線管電流は40mA、検出器は半導体検出器（商品名PIXeel）、走査速度は、4度/分、走査範囲は5-65度、発散スリットは0.5degである。赤外吸収測定赤外スペクトル法による測定は、フーリエ変換赤外吸収分光光度計（FT-IR）（測定装置：NICOLET Continuμm）を用い、透過法で測定した。測定は分解能4cm-1、波長領域650～4000cm-1である。デジタルマイクロスコープによる観察は、キーエンス製デジタルマイクロスコープVHX-500を用いた。化学分析は株式会社アグネ技術センターの協力を得た。

6 同註5。

7 『欽定大南會典事例』「工部」巻二百五、十八葉。原文〈太和殿基高五尺八寸北二成南三成正脊五間前脊七間東西兩廂重梁重簷龍吻琺王藍簷脊頂安寶珠覆黄瑠璃瓦朱丹漆金銀湘〉。書下し文「太和殿。基五尺八寸、北二成、南三成、正脊五間、前脊七間、東西兩廂。重梁重簷、龍吻琺瑯簷。脊頂に宝珠を安じ、黄瑠璃瓦で覆う。朱丹漆に金銀湘飭する。」。原文の括弧は筆者加筆。以下同様。

8 『大南寔録』第二紀、二百七巻、三十五葉、明命二十年（1839）、九月。原文〈命湘飾太和殿大宮門（竝用朱漆金銀飾殿之前楣正楣兩行柱飾金龍雲餘兩邊諸柱飾銀散雲）派右軍都統阮增明曾同工部堂官董其事賞董理以下至弁兵匠二月俸餉錢〉。書下し文「太和殿大宮門に湘飾を命ず。（並びに朱漆金銀飾を用いる。殿の前楣・正楣、両の行柱は金龍雲にて飾る。餘の両辺諸柱は銀散雲にて飾る。）右軍都統・阮增明を派し、工部堂官を会同して其の事を董す。賞は董理以下、弁兵、匠に至るまで二月の俸餉錢。」

9 技法・文様の種類・形態・配置は太和殿内すべての柱を分析対象とした。太和殿に3本残る古材柱のうち、塗膜の残存状況が比較的良く、建物西側に倒した状態で設置される柱（以下古材柱）を選定した。古材柱は、全長5214mm、柱元直径440mmで、龍文の頭部は柱元付近に描かれる。古材保護の観点より現状位置で柱の底面（建物の床面）以外を調査範

囲とした。参考文献 27。

10　阮朝王宮には、中国の文化を受容しながら造営され、宮殿建築にみられる文様は、「日輪双龍文」など中国の文様系譜に関連するものが多くみられる。龍は空想上の合成動物で実在しないが、皇帝や王権の象徴として、ベトナムの龍が王権と結びついて、皇帝権力を加護する瑞兆の水精として崇拝する思想があることや、龍の形態は一律でないことなどが指摘されている（参考文献 9、11、13〜14、18、27 参照）。

11　石英（化学式；SiO_2　鉱物名；Quartz　化合物名；Silicon Oxide）。硫酸バリウム（化学式；$BaSO_4$　鉱物名；Barite　化合物名；Barium Sulfate）。1/2水石膏（化学式；$CaSO_4 \cdot 0.5H_2O$　化合物名；Calcium Sulfite Hydrate）。

12　白雲母（化学式；$KAl_2(Si_3Al)O_{10}(OH,F)_2$　鉱物名；Muscovite　化合物名；Potassium Aluminum Silicate Hydroxide）。カオリナイト（化学式；$Al_2Si_2O_5(OH)_4$　鉱物名；Kaolinite　化合物名；Aluminum Silicate Hydroxide）。

13　2水石膏（化学式；$CaSO_4 \cdot 2H_2O$　鉱物名；Gypsum　化合物名；Calcium Sulfate Hydrate）。

14　試料4から検出された、2水石膏（$CaSO_4 \cdot 2H_2O$）は、漆喰の主成分である方解石（$CaCO_3$）の変質物とみなして解釈すると鉱物類が漆喰層の可能性も考えられるが、今後の研究課題としたい。

15　硬石膏（化学式；$CaSO_4$　鉱物名：Anhydrite 化合物名：Calcium Sulfate）。水石膏（化学式；$CaSO_4 \cdot 2H_2O$　鉱物名：Gypsum　化合物名：Calcium Sulfate Hydrate）。緑泥石（化学式；$(Mg,Fe,Al)_6(Si,Al)_4O_{10}(OH)_8$ 鉱物名：Clinochlore 化合物名：Magnesium Aluminum Iron Silicate Hydroxide）。

16　硬石膏、水石膏は、漆喰の主成分である方解石（$CaCO_3$）の変質物とみなして解釈すると、鉱物類が漆喰層の可能性も考えられるが、今後の研究課題としたい。

17　参考文献 11。

18　参考文献 7、p. 26-28。

19　参考文献 15、p.10-15。

参考文献

1　六角紫水 1932『東洋漆工史』雄山閣

2　谷内治橘 1943『安南の漆』交通展望社

3　渡辺素舟 1971『東洋文様史』冨山房

4　光芸出版編 1974『うるし工芸辞典』光芸出版

5　伊吹武彦他4名編 1981『仏和大辞典』白水社

6　Phạm Đức Cường 1982 Kỹ Thuật Sơn Mài, Nhà Xuất Bản Văn Hóa, Hà Nội

7　于倬雲編、田中淡日本語版監修 1984『紫禁城宮殿』講談社

8	諸橋轍次 1986『大漢和辞典』修訂版、大修館書店
9	山本達郎 1992「龍とナーガと蛇」『アジアの龍蛇：造形と象徴』アジア民族研究叢書3, アジア民族造形文化研究所編、pp.3-12、雄山閣出版
10	大東文化大学中国語大辞典編纂室編 1994『中国語大辞典』上・下、角川書店
11	片倉穰「ベトナム李朝の龍崇拝：『大南史略』をとおして」『歴史研究』第31号、大阪府立大学、pp.35-50, 1994.3
12	大西長利 1995『漆 うるわしのアジア』NEC クリエイティブ
13	高橋隆博 1998「ヴェトナムの漆工芸」『網干善教先生古希記念考古学論集』網干善教先生古希記念会、pp.1595-1616
14	L.Cadière 1919 L'Art à Hué, B.A.V.H., Nouvelle Edition autorisée par l'Association des Amis du Vieux Hué, Nhà Xuất Bản Văn Hóa, Hué, 1998, p.86
15	柳下敦彦 1999『皇城の配置計画についての研究：ヴィエトナム・フエ/阮朝（1805～1945）王宮の配置計画に関する考察』1998年度早稲田大学修士学位論文、私家版
16	斉藤由佳里 2001『ヴィエトナム・フエ・グエン朝宮殿建築の機能と変遷に関する文献的研究』2000年度早稲田大学修士学位論文、私家版
17	齋藤潮美 2001『フエ阮朝建築遺構群の漆塗り技術』2000年度早稲田大学修士学位論文、私家版
18	大西和彦 2006.6「ベトナム龍崇拝」『アジア遊学』第28号、勉誠出版、pp.33-41
19	Phan Thuận An 2006 Kiến Trúc Cố Đô Huế: Monuments of Hue, Nhà Xuất Bản Đà Nẵng, In lần thứ14, Huế
20	Nguyễn Hữu Thông 2007 Mỹ Thuật Huế, Nhà Xuất Bản Thuận, Huế
21	大瀧敬久 2009『デジタル写真測量による勤政殿の寸法復原』2008年度早稲田大学修士学位論文、私家版
22	レ・ヴィン・アン 2009『阮朝勤政殿の平面・断面計画に関する復原的研究』早稲田大学博士学位論文、私家版
23	川本邦衛編 2011『詳解ベトナム語辞典』大修館書店
24	富澤明 2011『阮朝王宮及び皇帝陵の建築群の造営に関する文献的研究』2010年度早稲田大学修士学位論文、私家版
25	谷口しおり 2012『阮朝の儀礼空間に関する研究』2011年度早稲田大学修士学位論文、私家版
26	齋藤潮美・中川武 2012.5「漢喃史料等を通してみたフエ王宮の伝統的建築髹飾技術に関する復原的研究」『日本建築学会計画系論文集』第77巻、第675号、pp.1231-1240
27	齋藤潮美・中川武 2012.9「フエ王宮宮殿建築・太和殿における柱髹飾技術の復原的研究」『日本建築学会計画系論文集』第77巻、第679号、pp.2191-2200

ベトナム

28　熊野谿従 2012『漆のお話：21世紀を支える夢の物質』文芸社
29　齋藤潮美 2013『阮朝フエ王宮・勤成殿における髹飾技術の復原的考察』早稲田大学博士学位論文、私家版
30　齋藤潮美・中川武 2014.2「太和殿古材柱にみられる髹飾技術：ヴィエトナム・フエ阮朝王宮の復原的研究（その160）」2014年度日本建築学会関東支部研究報告集、pp.461-464
31　齋藤潮美・中川武 2014.9「太和殿扉にみられる髹飾技術：ヴィエトナム・フエ阮朝王宮の復原的研究（その184）」日本建築学会大会学術講演梗概集、pp. 685-686

謝辞

　なお本稿は、平成11～13年度文部省科学研究費（基盤研究及び特別研究員奨励費）「勤政殿の復原的研究/ヴィエトナム・フエ・グエン朝王宮の修復・保存方法に関する基礎的研究」（研究代表者：中川武及び中沢信一郎）、平成19～23年度・日本学術振興会科学研究費・基盤研究（S）「阮朝王宮の歴史的環境の復原──CG技術を活用した再現とGIS構築──」（研究代表者：中川武）、平成25年度・日本学術振興会事業（科学研究費補助金）・基盤研究（A）・海外「歴史環境都市ベトナム・フエの持続的発展のための技術指針と文化遺産保存活用学の構築」（研究代表者：中川武）、早稲田大学理工学研究所・研究重点教員研究「カンボジア・アンコール遺跡とベトナム・フエ歴史的建造物群を中心とした東南アジアの世界文化遺産の保存活用に関する研究」（研究代表者：中川武）、2013～2014年度・早稲田大学理工学研究所奨励研究（研究代表者：齋藤潮美）、平成25年度科学研究費助成事業・研究活動スタート支援・課題番号 255889059（研究代表者：齋藤潮美）、平成26年度科学研究費助成事業・若手研究（B）・課題番号26820275（研究代表者：齋藤潮美）及び、総合研究機構ユネスコ世界遺産研究所の研究成果の一部である。現地においては、トゥアティエン－フエ省人民委員会および省立フエ遺跡保存センター・所長ファン・タン・ハイ【Phan Thanh Hải】博士の要請を受け協同学術調査が行われた。本稿執筆にあたり、前所長フン・フー【Phùng Phu】氏、故ヴ・フー・ミン【Vũ Hữu Minh】氏、ホー・タィン・ビン【Hô Thanh Bình】氏、ダン・ソン・カー【Đặng Sơn Ca】氏、レ・ヴィン・アン【Lê Vĩnh An】博士、グエン・テ・ソン【Nguyễn Thế Sơn】氏、レ・ヴァン・クオック【Lê Văn Quoc】氏、ゴー・クアン・ドゥク【Ngo Quang Đức】氏、グエン・フオック・ハイ・チュン【Nguyễn Phước Hải Trung】氏、ファム・ドゥク・タィン・ユン【Phạm Đức Thành Dũng】氏、ドー・フー・チェット【Do Hữu Triết】氏、ヴォー・スァン・フイ【Võ Xuân Huy】氏、グエン・ティック・イー【Nguyễn Tich Ý】博士、故ドー・キー・ホアン【Đô Kỳ Hoàng】氏、ドー・キー・フイ【Đô Kỳ Huy】氏、グエン・ヴィエト・タック【Nguyễn Viết Thạc】氏、チャン・ドゥク・アイン・ソン【Trần Đức Anh Sơn】博士、ヴォ・タィン・フック【Vo Thanh Phuc】氏、レ・グエン・ニュ・クイン【Lê Nguyễn Nhu Quynh】氏、チェ・クアン・タィン・トゥエン【Chế Quang Thanh Tuyền】氏、レ・チ・タィン・ビン【Lê Thị Thanh Bình】氏、フィン・チ・アィン・ヴァン【Huỳnh Thị Anh

Vân】氏、グエン・ヴァン・フック【Nguyễn Văn Phúc】氏、白井裕泰教授、高野恵子氏、中沢信一郎氏、六反田千恵博士、土屋武氏、坂本忠規博士、佐藤桂博士、林英昭博士、木谷建太氏、酒井智幸氏、新江利彦博士、故田中文男氏、齋藤卯乃氏、齋藤敏彦氏ほかの協力を得た。記して謝意を表する。

ベトナム中部地域に伝わる墨掛道具「腋尺」

林　英昭

　現在のベトナムの国土は19世紀初頭に成立した阮朝によって統一された領土を基礎にしている。その版図は、紅河デルタを拠点とする北方系の越族が、長い年月の中で漸進的に南へ南へと「大越化」を進めた結果として形づくられた。

　フエが所在する中部地域一帯は古代より南方系のチャム族の勢力範囲に属したとされ、この地域への越族の侵攻は15世紀初頭の胡朝期頃から本格化したと考えられている。歴史を通じて越族の南進はチャム族の有した交易拠点の奪取が主眼であった。特に阮朝の前身となった広南阮氏の急速な南進は、まずは港市を中心とした拠点設置、後に流民・農奴の流入、その定着の是認による領域化といういわば場当たり的なものであり、臨時的な統治機構がそのまま常態化していくという様相であったらしい。時は海洋交易の時代であった。中部地域においてチャム族の有していた南海交易の拠点の多くを手に入れた広南阮氏は、その利益を背景に紅河デルタを拠点とする鄭氏の勢力と対抗、1627年に南北戦が勃発する。40年間を越える攻防の末、1672年の合戦を以て両者は休戦に入り、ジャン河（クアンビン省）を休戦ラインとし、ベトナムは南北に地域政体が分立する時代を迎えた。以後、1773年に西山阮氏の乱が勃発するまで、広南阮氏は紅河デルタに対抗する南方ベトナムの地域政体の中心であり続けた。なお、この内乱を鎮め、フエを奪還し、更には紅河デルタまで攻め上がり全土を統一したのが、広南阮氏の末裔である阮福暎すなわち阮朝初代皇帝嘉隆帝である。

　ベトナムの木造建築遺構を観察すると、紅河デルタ一帯の遺構と中部地域の遺構がそれぞれ異なる架構形式で建てられていることに気がつく。前者は水平梁を重ねて屋根を支え、後者は登り梁で屋根を支えている。特に後者の登り梁の架構形式は東アジア一帯の遺構には類例が無く、かなり異質な建築文化に属することは間違いない。筆者はこの南北2種の異なる建築文化が休戦ラインのジャン河辺りを境界に分布していると考えている。ここで思い至る論点は以下の様なものである。登り梁式の中南部の架構形式は、阮朝成立（1802年）の時点で大規模な宮殿建築の造営に足る水準で、かなり完成された技術であった。これは阮朝が唐突に興した建築様式とは言えない。一方で阮福暎は少なくともハノイを攻め

落とした際、紅河デルタの宮殿群つまり越族の建築文化の伝統を実見している。自身は越族であるにもかかわらず、彼は阮朝の宮殿建築を、それまでの越族の伝統とは異なる建築様式とすることにこだわった。果たしてこれは広南阮氏の様式であったのか。広南阮氏はもとは紅河デルタ郊外の清化地方の武人で、鄭氏とも縁戚関係にあった。つまり広南阮氏がもともと有していた建築文化は、紅河デルタの越族の伝統と無縁ではなかったはずである。その彼らが未開の地において地域政体を興していく過程で何が起きたのか。これは南海交易を担った彼らが紅河デルタへの対抗を自負するために生み出した新様式であったか。それとも南進の過程で異文化の建築を受容しながら醸成された様式なのか。あるいは未解明のチャム族の木造建築文化に基づくのか。

筆者はこれまでの研究において、ベトナム中南部地域には北部地域のそれとは異なる独自の設計技術が存在することを実証してきた。阮朝以前の確実な遺構が少ない中で、丹念に技法を解明していくことで遡行的にその実態を復元できればと考えている。本稿ではこの異質な技術を象徴する墨掛道具「腋尺」について、その使用法を整理して報告する。

1　腋尺の呼称

　フエの大工棟梁がトゥオック・ナックと呼ぶこの道具は、一辺の長さを一尺（400〜435mm）とする正三角形を基本とする。トゥオック【Thước、尺】という語は元来、長さの単位としての「尺」の意味と「道具」の意味の両方を含むが、この場合は後者の用法に相当する。フエの大工棟梁によれば、トゥオック・ナックとは柱と登り梁ケオ【Kèo】の接合の有り様から連想して、人体の胴体と片腕の繋がる箇所、つまりナック【Nách】「脇（腋）」にその語源があるという（写真1）。

　腋尺はフエではトゥオック・ナックあるいはナック・カップ【Nách Cặp】と呼ばれ、クァンビン省とクァンチー省ではトゥオックカップ【Thước Cặp】、クァンナム省ではトゥオックバー【Thước Ba】、トゥオックタム【Thước Tam】、トゥオックディン【Thước Đinh】などと呼ばれる。カップ【Cặp】とは「挟む」の意で後述する勾配規定の呼称と関連し、バー【Ba】、タム【Tam】はいずれも「三」の意で三角形を意味し、ディン【Đinh】は漢字の「丁」の字形を象った呼称である。

写真1　「腋尺」の語源：「脇の下」を語源とする Châu Văn Điền 氏による教示の様子（2003年8月）

腋尺は2枚か3枚の小割板から構成されるのが一般的であるが、最近ではアルミニウムやプラスチックで作られることもある。これらの新しい材質は特に胴張りを持つ柱と登り梁ケオの勾配確認の際に、円形や胴張りなど曲面を持つ材の表面に沿って多少の曲げが効く点で有用性がある。クアンナム省では、一辺の長さを430mm近傍とする例があった。これは往時の阮朝官木尺の長さ（420mm前後）がそのまま残されたとも考えられる。

2　腋尺の形状

筆者らがこれまでに確認した腋尺はその形状から次の3タイプに分類できる（図1）。

〈タイプA〉2片の部材でT字型を構成する。仮に各頂点を結ぶと正三角形となる。T字の交点つまり底辺の二等分点にて連結するが、他のタイプに比べて接合部の安定性に劣り、狂いが生じやすい。

〈タイプB〉3片の部材から正三角形を構成する。タイプAに比べ強度の面で有利であるが、上下左右など道具の方向を区別することが難しい。道具の表面に描く設計墨の方向を見誤るなど、使用上の不便がある。

〈タイプC〉タイプBと同様に3片の部材から構成されるが、正三角形を意図しながら、その底辺を両側に延長した形を成す。強度を保ちながら、道具の方向を即座に判断できる形である。

いずれのタイプも、表裏の両面には設計墨を記しておき、底辺を屋根勾配線、斜辺を柱芯に当てて使用する（図2）。タイプAの強度不足、タイプBの回転対称性による作業上の不便をよく補っているという点で、タイプCが最も完成された形状である。またタイプAの所有者は、手仕事を始めた時期が比較的早い大工棟梁や技術の継承が3世代前まで遡るような大工棟梁が多く、逆に手仕事を始めた時期が比較的最近の大工棟梁や技術の継承があまり遡らない大工棟梁にタイプBとタイプCが多いという傾向がある。タイプ

〈タイプA〉
Châu Văn Điền 氏所有
1辺=400mm

〈タイプB〉
Nguyễn Vân Đàng 氏所有
1辺=435mm

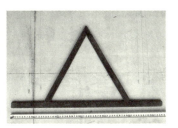
〈タイプC〉
Lê Kim Tân 氏所有
1辺=400mm

図1　現在確認できる腋尺の3形状
　　　タイプAがより古い形状と予想される

ベトナム

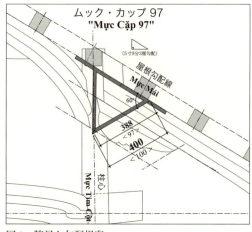

図2　腋尺と勾配規定

Aは古い形式で、タイプBやタイプCはタイプAから技術向上を図るように改善された形状と考えられる。幾人かの大工棟梁もタイプAは古い形式だという理解をしていた。現状ではフエの他に同じ中部地域のクアンビン省、クアンナム省で腋尺の使用を確認している。フエには上記3タイプが混在するものの、クアンビン省、クアンナム省ではタイプCを確認できていない。

3　腋尺の用法

　以上に述べた3タイプの腋尺は形の上での相異はあるが、その使用方法についてはほぼ同じである。ここではレ・キム・タン氏[2]の腋尺を例に、その使用方法を詳しく説明したい。レ・キム・タン氏の腋尺は3片の木板（断面寸法23×10mm）からなり、正三角形の一辺は400mm、底辺を640mmとするタイプCである。なおレ・キム・タン氏は実際の建築工事においても1尺=400mmとして設計を行っている。腋尺上の線と点の種類について、ここでは便宜上、正三角形ABCと称し、図3a、bに図解した。

3-1　主要な線と点の種類

〈屋根勾配線の調整〉

　腋尺は底辺（辺BC）を屋根勾配線、斜辺（辺AC）を柱芯に当ててC点を起点に回転させて使用する。実際にはまず柱芯を描き、そこへ辺ACを当て、屋根勾配線である辺BCを描くという手順で、60度の開きのある直線を描くための道具である。柱芯に対する屋根勾配線の開きは、常にちょうど60度を目指しているわけでは無く、その建築の仕様（屋根葺き材の種類や建築規模など）によって微調整を行うという。最初に描かれる柱芯に対して、点Cと図3bに示した点A付近に刻まれる目盛りを合わせることで勾配線を決定する。一目盛りが1分（ここでは4mm）となっている。線ACはムックカップ・マイ（「屋根の挾墨」の意）と呼ばれる。これが点Aと一致する場合をムックカップ100とし、1分（4mm）ずらす毎にムックカップ99、ムックカップ98などと順に称する。基準となる点が、辺AC上のどこに位置するかを、辺ACの長さ1尺を100として呼称している訳である。

　これらは屋根勾配の緩急を表し、数字が小さいほど勾配は急となる。なお、いずれの大工棟梁も「97」を「9寸7分」などとは呼ばない。「97%」とパーセントを付して称する例

ベトナム中部地域に伝わる墨掛道具「腋尺」(林英昭)

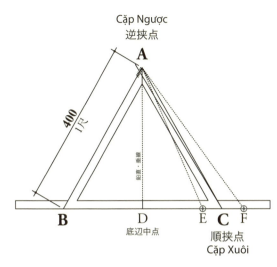

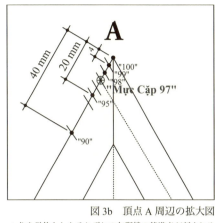

図3b　頂点A周辺の拡大図
1分を単位としたそれぞれの勾配線の基準点が刻まれる

図3a　腋尺で使用される主要な点と線

〈主要な線と点の名称〉

辺BC：屋根勾配に当てる
　ムックマイ【Mực Mái】（屋根勾配の墨）
点C：通常の勾配設計時の回転の支点。主に平側の屋根勾配。
　ディエム・カップスオイ【Điểm Cặp Xuôi】（順挟点）
辺AC：柱心に当てる
　ムックカップ・マイ【Mực Cặp Mái】（屋根の挟墨）
　ムックカップ・スオイ【Mực Cặp Xuôi】（順の挟墨）
点A：通常より緩いあるいは急な勾配設計時の回転の支点。
　ディエム・カップゴック【Điểm Cặp Ngược】（逆挟点）

線分AE：緩勾配の設計時に柱心に当てる。特に隅行きの登り梁の勾配を刻む
　ムックカップ・グオク【Mực Cặp Ngược】（逆の挟墨）
　ムックカップ・クエット【Mực Cặp Quyết】（隅の挟墨）
線分AF：カップ100より急勾配の設計時に柱心に当てる。庵・廟などの建築
　ムックカップ・ゴアイナック【Mực Cặp Ngoài Nách】（腋尺外の挟墨）
点D：底辺の中点
　ディエム・チアドイ【Điểm Chia Đôi】（二分点）
線分AD：直角をとる線。点Aから下ろした垂線
　ジェイジョイ【Dây Dọi】（下げ振り）

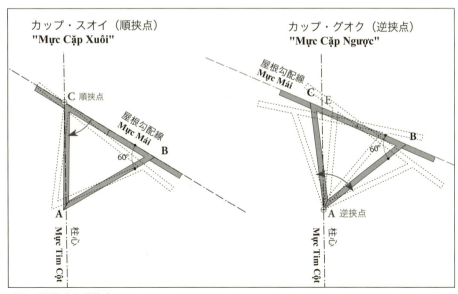

図4　順挟点と逆挟点

ベトナム

写真2　直角を確認する：大貫チェンと柱

も認められた。レ・キム・タン氏の場合、一般的にムックカップが95%〜99%に設定されるが、屋根葺材や家屋の種類によって100%以上の場合もあるという。

〈順挟法と逆挟法〉

　腋尺を回転させる向きによって「順挟法」と「逆挟法」の区別がある（図4）。「順挟法（カップ・スオイ）」とは辺BCを屋根勾配線、辺ACを柱芯と見なし、点C（順挟点）を支点にして腋尺を回転させ、点A付近に刻まれた勾配基準点に合わせることで勾配を調整する方法を言う。主に平側の屋根勾配線を決定し、ケオと柱の接合部やドゥオイ・ケオの先端部を設計する際に使用する。これを「順」と称し、他方の使用法を「逆」と称することから、まずはこの向きで回転支点をとる方法が腋尺用法の基本である。

　一方で「逆挟法（カップ・グオク）」とは、点A（逆挟点）を支点に回転する方法である。通常（つまり「順」）に比して緩あるいは急勾配の設計時に用いられる。例えば図3aや図4中の点Eは勾配が緩い隅行きの勾配を想定した図であるが、この勾配は実際には梁行架構設計時の作図によって求める勾配であるため、この場合の腋尺の役割は部材接合部の加工の際に登り梁ケオの勾配を確認することに主眼がある。

〈直角の確認〉

　点Aから点Dに下ろした線が直角となる性質を利用して、直角を定める。設計中あるいは工事の際に、平面上の桁行と梁行の柱中心軸の直交を定めるほか、チェン【Trên、大貫】やスエン【Xuyên、貫】と柱の接合部を直角に定めるために使用される（写真2）。

〈水平の確認〉

　腋尺と下げ振りを共に用いて部材の水平を確認することもできる。辺BCを部材の水平線に合わせ、点Aより下げ振りを落として点Dと一致するかを確認する。部材の仮組みや組み上げ時に使用する。

3-2　大貫チェンと腋尺の使用

　ベトナムの伝統木造建築の柱は原則として、基壇面に対して鉛直ではなく梁行方向に対して内転びをするが、チェンの芯墨（ティム・チェン【Tim Trên】）は水平である。よってチェンと柱の接合部を加工する際に、腋尺から垂直を採る必要がある。腋尺の底辺（辺BC）を柱の鉛直線（柱芯では無い）に合わせ、線ADがチェンの芯が一致するようにチェンと柱を組み、腋尺と共にチェンの水平を確認しながら仕口を加工する。

3-3 スエンと腋尺の使用

　桁行方向の貫材であるスエンの場合も腋尺の使用法は大貫チェンと大きな違いは無いが、スエン自体に桁行中央間と桁行脇間で技法の相異がある。すなわち桁行中央間は柱芯が基壇面と鉛直に立ち、このスエンの芯墨（ティム・スエン【Tim Xuyên】）は水平である。この場合は腋尺の底辺（辺BC）を柱芯と合わせ、線ADによって、スエンの芯墨の水平を確認する（図5）。一方で、桁行脇間の最外梁行架構の柱芯は基壇平面と垂直ではなく桁行方向にも内転びする。更に桁行脇間のスエンも基壇平面と平行せず、レオ【Réo】と呼ばれる最外梁行架構の部材高さを中間の梁行架構の部材よりやや高くする技法に伴って傾斜する。結果としてスエンの芯墨が桁行柱内転びに直交する技法が一般的である。この場合、腋尺の底辺（辺BC）を柱芯と合わせて仕口の向きを確認する（図6）。柱鉛直線

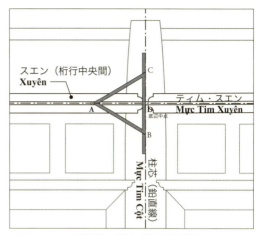

図5　スエンと腋尺の使用（桁行中央間）

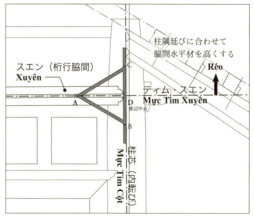

図6　スエンと腋尺の使用（桁行脇間、レオの技法）

と直交する水平補助線を、スエンの芯墨とは別に描画することもあるが、その場合でも内転びを持つ柱芯とスエンの芯墨が直角となるのが一般的である。

4　腋尺にまつわる伝承

　フエの大工棟梁のチャウ・ヴァン・ディエン氏によれば、フエの伝統木造建築の上棟式では腋尺の神として九天玄女【Cửu Tiên Huyền Nữ】が祀られる。チャウ・ヴァン・ディエン氏の語る九天玄女と腋尺にまつわる伝承は以下のような話である。

　　その昔、建築に携わる Lỗ Ban（魯班）と Lỗ Bộc（魯卜）が家の形を神に問うたところ、九天玄女があらわれ腰に手を当てた姿を示した。二人の子弟は神の示した形を家の形と解し、その姿を写した道具を使用して家を建てた。この道具が腋尺である。

　この伝承はフエの伝統木造家屋の上棟式の際に祀る九天玄女への信仰に付随して現在ま

ベトナム

で継承された物語である。R.P.Cadière（1902：373）にも「九天玄女が腰に手を当て、家屋祖型を魯班と魯卜へ示した」という大工信仰の報告がある。腋尺については言及されていないものの現在に伝わる伝承とほぼ同じ内容を示している。現存する阮朝のものさしにも魯班尺の護符装飾の下部に九天玄女の名が刻まれており、フエにおける木作に関わる儀礼的な伝統に九天玄女が中心的な役割を担っていたことは間違いない。

　大西（2009）に拠れば九天玄女は軍神として信仰された女神で、ハノイでは11世紀中葉には既に信仰対象となっていたらしい。北部では恒常的に軍事と魔除けを司るのに対して、フエでは職能の神として大工や左官の始祖として信仰されている点が特徴的であるという。大西（2009）は、九天玄女はあくまでも軍神であり、例えば歌舞が軍事の重要な要素であることを挙げ、フエでも当初は軍神として意味づけられて祀られていたはずだと考えている。上棟式で祀られる例についても、ベトナムの古伝説、L.Cadièreの記録、現在の民間の竣工儀礼に「送木礼」がある点などを以て、木材に潜む凶悪な木精を払う魔除けの威力を軍神に期待した結果とみる。大西（2009）は阮氏の武官を主体として長期に渡って九天玄女を祭祀する伝統が存在していたとみる。更にベトナムの民間信仰は福建から発した台湾との関連が深いという。管見においても台湾では石匠の信仰に女媧を九天玄女とする信仰があるようで(3)、福建にも同様の信仰があるかどうか、興味深いところではある。

　いずれにせよ、九天玄女が本来は軍神であることは広く認識されていたのは明らかで、木作儀礼においても魔除けの威力が第一義にあることは上棟礼や送木礼の疏文などにも明らかである。いずれの疏文もまた大工の伝承も、華人工匠が始祖として祀る魯班を、玄女の下位に置く点が特筆される。阮朝のものさしにおいて魯班尺の上に護符として九天玄女が祀られるのも同様の位階構造を表すと考えられる。台湾では魯班は「巧聖先師」と称され大工の神の筆頭として祀られる。その魯班が下位に置かれているという点に留意すべきであろう。中部の家型祖型を示したのは魯班ではなく武力を司る天女であった。

　九天玄女が腋尺に関する知恵を与えたという物語は、恐らくこうした文脈の中で育まれた長期に渡る大工の九天玄女信仰を背景に付け加えられた物語であろう。この物語を、腋尺が華人や

写真3　フエの伝統家屋の上棟式の祭壇の例
　　　祭壇手前に3間分の棟木（縮尺1/5模型）。祭壇の最奥に並べられた3対の供物（紙製の衣服）がそれぞれ九天玄女、魯班、魯卜を象徴する。

それに連なる越族の伝統とは全く無関係のところから発したことを示す寓意と解するのは邪推であろうか。九天玄女が言葉ではなくその姿で形を示したという点も何らかの含意がありそうである。

小結

腋尺は屋根勾配を規定する道具という意味で、日本の曲尺に相当する重要な道具のひとつであるが、その形状はもちろんのこと、屋根勾配を二辺の角の按配を以て規定する点で、他に類例のない稀有な建築技法である。これは規模が大きくなるほどに誤差を生じやすい技法であり、住宅や小屋などのある程度限られた大きさの建築生産を前提にしている技法と予想できる。

ベトナム中部地域の腋尺を持つ大工衆は、大矩や曲尺に相当する直角定規を持たない。直角の墨出しも腋尺で足りてしまうからである。それもあくまでも直角にのみ注目したものであり、残念ながら腋尺からは、勾殳玄に相当するような高度な勾配設計手法が生まれる余地は無かった。一方で紅河デルタ一帯を中心とするベトナム北部地域の大工衆は、屋根勾配を単位底辺長さに対する垂線の高さで表現し、大矩を用いて設計している。北部のそれは日本を含む中華圏の周縁でのひとつの有り様と捉えることも可能だが、中部のそれは、屋根勾配の制御法を見れば本質的に全く異質の技法であり、阮氏が紅河デルタ時代に持っていたであろう伝統との関連を取り結ぶことは非常に困難である。地域的な分布を見れば、両者の技術的な相異は17世紀から続く南北分断の歴史を反映している。そのルーツは先住民等の異文化の建築技術の影響が強いと見るのが妥当であろう。

現存するものさしに拠れば、阮朝の官木尺は1尺=423±3mmである。これはおそらく肘尺に相当し、東南アジア大陸部の基層文化を反映した尺度である。阮朝が官木尺へ肘尺を当てたこと、また大工衆が信仰対象として魯班の上に九天玄女を位置づけたことは、阮朝宮殿建築の実態が腋尺を前提にしていることと類似の構造にある。いずれも表現は中華文明の伝統的な文脈を利用しながら、実態は阮朝以前の伝統を色濃く反映している。この表裏の構造こそが阮朝の建築文化の特質である。では阮朝以前の木造建築文化とはいかなる伝統を持ったか。この問いの中心に腋尺がある。

註

1 たとえば広南阮氏の南進、新天地の征服について、八尾（2001：250）に「その多くは国家主導の事業というよりは、民の動きを後から援助してなし崩し的に追認していくというやり方、具体的には原住民の中にベト人が入植してゆき、先住民の反撃には武力で対抗し、

ベトナム

その勢力が優勢になったところで地方の中心地（前述河川口港チャンパー時代の各藩主の所在地など）に行政区画が置かれ、軍を派遣してベト化させてゆくというものであった」とある。

2　フエ在住の大工棟梁。伝統木造家屋の設計施工を生業とし、50年以上の職歴を持つ。
3　例えば『台灣古建築圖解辭典』（李乾朗 2003：157）おいて以下の記述がある。「女媧氏【九天玄女】：女媧以石補天的神話。使得中國的石匠拜女媧為始祖。被石匠尊為行業神」。

参考文献

大西和彦 2009「フエ地域の九天玄女信仰について」、学術シンポジウム「フエの文化と歴史：周辺集落と外部からの視点」講演原稿、フエ科学大学

Cadière R. P. 1902 Coutumes populaires de la vallée du Nguôn-So'n, *Bulletin de l'Ecole française d'Extrême-Orient*, Tome 2,1902. pp.352-386

八尾隆生 2001「収縮と拡大の交互する時代：十六－十八世紀のベトナム」『岩波講座　東南アジア史：第3巻東南アジア近世の成立』石井米雄編、岩波書店

李乾朗 2003『台灣古建築圖解辭典』遠流出版事業股份有限公司

なお、本稿は以下に発表した内容を基に加筆・再構成した。

レヴィン・アン、中川武、中沢信一郎、林英昭 2007「腋尺について（I）：ヴィエトナム・フエ阮朝王宮の復原的研究（その125）」『日本建築学会関東支部2006年度研究発表会研究報告集II』日本建築学会関東支部、pp.385-388

レヴィン・アン、中川武、中沢信一郎、林英昭 2008「腋尺について（II）：ヴィエトナム・フエ阮朝王宮の復原的研究（その135）」『日本建築学会関東支部2007年度研究発表会研究報告集II』日本建築学会関東支部、pp.301-304

林英昭 2010『ベトナム中部の伝統木造建築の設計方法の特質』早稲田大学大学院理工学研究科学位論文（私家版）、pp.123-132

林英昭、中川武 2010「腋尺を生むべき建築型式：ヴィエトナム・フエ阮朝王宮の復原的研究（その154）」『日本建築学会大会学術講演梗概集』日本建築学会、F-2、pp.605-606

林英昭、中川武 2011「阮朝公定尺と九天玄女信仰に見る周縁性：ヴィエトナム・フエ阮朝王宮の復原的研究（その161）」『日本建築学会大会学術講演梗概集』日本建築学会、F-2、pp.427-428

阮朝の造営と外国文化の選択的受容考

木谷　建太

　阮朝は、1802年ベトナム中部都市フエに都をおいた王朝である。その成立および集権化、さらに植民地化に至るまで、外部から強くさまざまな影響を受けながら、それらを柔軟に受け入れて融和させて統治を行っていた。その中で、よく言えば臨機応変、わるく言えば場当たり的な決定がなされるため、影響は一定、一様ではなく複雑極まるが、翻すとその選択的受容こそが阮朝の特質であると考えられる。

　本稿では、漢喃文献における阮朝期の記録の中で造営にかかわる事象を多角的にとらえて、絡まり合った糸を解きほぐすようにして濫觴を探るとともに、それらが重なり合う背景や仕組みについて考察を加える。なお、この方法は端緒に就いたばかりであるため、各項目毎に示す内容の多寡があること、また必ずしも充分とはいえない情報による仮説的推論であるため、やや牽強付会な面もあるかもしれない。しかしながら本考察は、細分化、専門化に僻する事例研究の枠組みから、地域研究へと収束・再統合させようとする試みであり、その意義と困難さを斟酌いただければ幸いである。

1　阮朝前史

　ベトナム史は、雄王を称号とする18代の王が治める文郎国という伝説上の国家から始まるが、実質は、北属期から始まる。すなわち秦・始皇帝が紀元前214年に3郡開設したことに始まり、漢・武帝の9郡の設置（紀元前110年）、後漢、三国、魏晋南北朝、隋を経て唐朝末まで、千年以上の長きに亘り中国の領土の一部であった。

　後漢・光武帝の時代に、交阯郡の太守（長官）となった錫光が、礼（儒教）を、九真郡の太守の壬延が、金属製の農具による農耕及び婚姻の儀式習慣を教えたとされる。また、後漢・霊帝の時代の交阯郡の太守・士燮が、詩に通じ礼楽を習う「文献の邦」となるに至る教化を行ったとされ、東晋・安帝の時代の交州刺史・杜慧度は、蔬食（菜食）をすすめ、淫祠（民間信仰）を禁じ、学校を修建した。

　五代の呉権の独立（939年）以降、丁朝、前黎朝、李朝、陳朝、黎朝、西山朝、を経て阮朝へと至る、ベトナム独立王朝期となる。この間、明朝に服属した時期（1414〜1427年）、

黎利による独立の回復、莫登庸による簒奪がある。莫氏が打倒され、黎朝再興後まもなく国内に南北対立が成立することになる。すなわち黎朝の旧臣で、帝位を復興した阮淦の子・阮潢と、娘婿の鄭検の反目抗争である。阮潢は、将軍であった鄭検から離れ、順化（現在のフエ周辺）へ赴任する。次第に勢力を拡大させ、阮潢の第六子・阮福源が嗣ぎ、鄭検も子・鄭梉に地位を継承し、ついに双方は南布政（今の河静省）一帯で戦火を交える。四十数年を経て、灄江【Linh Giang】（今の広平省）を境として対立状態を維持することになる。現在では、この対立期を、鄭阮紛争、この川を、争いの川【sông Gianh】と呼称する。

阮潢以来、代々南方の開拓に努め、徐々に南進、真臘国（現在のカンボジア）が弱体であるのに乗じて、その内政に干渉し、明末の中国の集団移民の力を利用しながら侵略を続け、現在のベトナムの南限までを掌中に収める。阮潢は、はじめ愛子（阮朝期の広治省登昌県の属社にあたる）に営を置くが、徐々に南へと移し、阮潢から数えて第三代・阮福瀾は、金龍【Kim Long】（承天府・香茶県の属社）を「山川形勝の地」として「宮室を修め、城郭を治める」。第五代・阮福漆は、金龍に「太宗廟」を置き、東接する富春【Phú Xuân】に新府を置き、以降この地を治所とした。第七代・阮福淍から国主を自称し、第十代・阮福濶から国王と称することになるが、国号・年号は建てず、黎朝の正朔を奉じていた。阮福濶は、この正営を都城と更名し、金華殿・光華殿・瑤池閣・朝陽閣・光天閣・就楽堂・正冠堂・中和堂・怡然堂などの名を冠した宮殿を建て、隆盛を誇ったが、歿後、その十六子・阮福淳がわずか十二歳で擁立されたことを機に、領土内で一つの叛乱が勃発し、ベトナム全土を舞台にした大乱へと導かれる。

時の権臣は名を張福巒といい、王位継承に際して、初め立てられていた九子・阮福昊および長子・阮福暲が故人となっていたなかで、次の候補となる二子・阮福㫻（嘉隆帝／阮福映の父、興祖）を幽閉死させる横暴にはじまり、政治を擅にした専横的な行為の数々に対し、帰仁・符籬縣・西山村（阮朝期の平定省符吉縣）の、阮姓をもつ三兄弟文岳・文恵・文呂が、「西山」の旗印を掲げ、1773 年に叛乱を起こし、不満を感じていた人心を掴み、瞬く間に広義以南の地を支配した。この動きに乗じて、1774 年、北の鄭主・鄭森が、黄五福を統将、裴世達を副将にして、富春都城へ侵掠し、阮福淳と臣下は、海路嘉定に逃れ、阮福昊の子・阮福暘（新政王）に禅位する。一方、阮文岳は、鄭森に降り、広南鎮守の役目を得て、嘉定へと攻め入り、新政王及び王族、麾下の従官を悉く殺害する。この後、帰仁へ戻り、鄭主から独立し、北上して鄭氏を退ける。西山三兄弟は、版図を分割し、文恵は海雲峠以北の地を領して北平王を称し、文呂は嘉定を領して東定王を称し、文岳はその間を領して中央皇帝を称した。西山党は、昇隆以北を版図としておらず、鄭氏の残存勢力が昭統帝を抱き込んで、また清に求援を求めたため、清は孫士毅を将にして派兵した。こ

れに対して阮文恵は、自立して帝を称し、光中と建元して、昇隆へ進軍し、これを破った。このとき昭統帝は清へと逃れ、文恵は、清と講和し、安南国王として封じられる。

　西山党の嘉定攻略から、命辛々逃げ延びた阮福暎は、旧臣から推戴され、大元帥摂国政と称し、嘉定の地を回復した。1780年には王位に即き、大越国阮主と称する。幾度も嘉定の地で西山党との攻防が続いたが、1783年再び敗れ、富国島、崑崙島へと敗走する。暹羅の真奔（現在のタイ・チャンタブリー）にいたパリ外国伝教会所属の宣教師ピニョー・ド・ベーヌ（Pigneau de Behaine、百多禄）に会い、わずか四歳の長子・景を託して、フランス国王への援助を求めるべく送り出した。フランス国王ルイ十六世に謁見し、条約に漕ぎつけたものの、結局軍事援助には至らなかった。また阮福暎は暹羅や緬甸（現在のミャンマー）にも求援を求めたが、思うような結果が得られなかった。最終的には、ピニョーによるフランス義勇軍とその火器、何喜文などの清人の援助を受けて北上し、富春にあった阮文恵の後を嗣いだ阮光纘を打ち負かし、さらに北進して遂にベトナムを統一せしめた。そして覇業を始めた地であり長く駐蹕した嘉定を離れ、父祖の治所であった順化・富春に都城を築いた。

2　中国からの重層的影響

　正史としては、丁朝、李朝、陳朝、黎朝と「相伝」した流れを汲んだ「正統」な天下とし、また阮潢以来の広南政権の中興という立場をとる阮朝であるが、殲滅にちかい状態から、諸外国の援助を受けつつ20年近く戦った末に、どうにか統一した、というのが実態である。さらに、ベトナムの歴史上、最大版図となったため、国内の統一整備には、相当な時間と労力を要したことは想像に難くない。

　この整備について約言すれば、阮氏が仕えていた黎朝の制度を基調としながら、明清をはじめとする歴代中国の諸制度を取り込んだ、ということになるが、本節では、中国とベトナムの両国について時系列比較を行うことによって、その重層的な影響について、より精確に捉えたい。

　まず、明・永楽帝による侵攻をうけて、これに服属していた十数年の期間について述べる。永楽帝は、明代最大版図とした軍略家であると同時に、『永楽大典』の編纂など文化的政策でも考績が知られ、また領有した地については、中国の内地と全く同様に統治する方針であった。ベトナムも例外なく、学校を開き儒教教育を行い、また社稷壇、風雲雷雨山川壇、城隍廟などを、全土に多数配置しこれらを祀った。僅かとも思える期間ではあったが、この同化政策による、被支配層への直接的な影響は大きいと考える。

　この北属期から独立回復したのが黎朝であるが、第五代皇帝・黎聖宗（在位：1460～

1497 年）の治世に、明制を手本とした文武の官僚制度が整備される。宰相を廃して六部を設置し、また科挙による官僚登用を推し進めた。呉士連をして漢文による編年体のベトナムの正史『大越史記全書』を編纂させ、またその版図を記した地図である『洪徳版図』を作成するなど、後世に与えた影響が大きい。

一方、明では、嘉靖帝（在位：1521 年～ 1566 年）が、国家祭祀について改革をしている。例えば、郊祀について、天地を合祀から分祀へと改めており、皇帝自ら田を耕す藉田儀礼も復活させている。また、傍系であった嘉靖帝は、その実父の尊号を巡って問題となった、いわゆる「大礼の儀」があるが、建築としては嘉靖 4 年（1525）に、太廟とは別に、実父・興献王を祀るために、世廟を建てたことが特筆される。しかし、この時期ベトナムにおいては、莫登庸による簒奪の時期にあたり、その後に鄭阮紛争を引き金とした南北対立が続くことにより、この改革の影響は大きくなかったと考えられる。

そして、まさに鄭阮紛争の最中に、満州族によって明朝は倒され、清朝が建国される。康熙帝・雍正帝・乾隆帝の 3 代（1662 ～ 1796 年）が最盛期といわれ、この時期に版図が拡大され、支配権の拡充をみる中で、康熙時代を境に数々の変革を経ているが、態勢が固まるのは乾隆の治世といわれている。康熙帝の時期には、ベトナムでは、鄭阮が休戦して、阮氏はフエ地方に治所を置いたが、清との朝貢関係は鄭氏が擁立している黎朝が継続した。乾隆帝は、乾隆 54 年（1789）に、ベトナムへ遠征したが、その時は、阮文恵が光中皇帝を称していた時期であり、清軍を退けたが、降服し冊封を請うた。その隆盛を誇った清国であるが、乾隆後期から次第に、その支配が衰えていく。乾隆帝が、嘉慶帝に禅位したのち、乾隆帝がこの世を去ってから、ベトナムでは阮福映が嘉隆と建元する。

つまり、ベトナムにおいては、明の直接統治による教化、黎朝の明制を倣った諸制度からの影響を受けているが、阮朝にとっては、中国からの移民の存在が大きな位置を占める。勿論、中国と国境を接し、直接支配や冊封を受けていたため、中国からベトナムに移住する者は相当数したはずであるが、ここでは阮朝による正式な受け入れについて記す。

正史に初めて現れるのは、阮福瀕の代にあたる 1679 年で、以下のとおりである。

　　　　己未三十一年春正月故明將龍門總兵楊
　　　　　彥迪副將黃進高雷廉總兵陳上川副將
　　　　陳安平率兵三千餘人戰船五十餘艘投
　　　　思容沱瀼海口自陳以明國逋臣義不事
　　　　清故來願爲臣僕時議以彼異俗殊音猝
　　　　難任使而窮逼來歸不忍拒絶眞臘國東
　　　　浦嘉定古別名　地方沃千里

```
　　　朝廷未暇經理不如因彼之力使闢地以居一
　　　　舉而三得也
　　　上從之乃命宴勞嘉獎仍各授以官職令往東浦
　　　　居之又告諭眞臘以示無外之意彦迪等
　　　　詣闕謝
　　　恩而行彦迪黃進兵船駛往雷𡾯今屬嘉定海口駐札
　　　　于美湫今屬定祥上川安兵兵船駛往芹蔯海
　　　　口駐札于盤轔今屬邊和闢開地構舖舍清人
　　　　及西洋日本闍婆諸國商船湊集由是漢
　　　風漸漬于東浦矣　　　　　　（『寔錄前編』巻五・二十二葉右）
```

　ここでは、明の遺臣を三千人余り受け入れ、その兵力を利用して、後の嘉定省・定祥省・辺和省となる、当時の真臘国・東浦に侵攻したことが記されている。楊彦迪、黄進、陳上川、陳安平の名から、中国広東地方の出身であることがわかる。また『大南寔録前編』巻七・十三葉：戊寅七年二月の条によると、受け入れ 19 年後の 1698 年には、嘉定府が初めて置かれ、鎮辺営（辺和）と藩鎮営（嘉定）の二営が設けられ、清の商人の居住を限定的に認め、それぞれの地域に、清河社、明香社（明郷）という区域として、税制なども他とは分けて行った。この制度は、阮朝にも引き継がれることになり、華僑からの影響も継続していく。

　ここまで、人の動きに注目してきたが、書物による伝播を最後に述べる。ここでは、初代嘉隆帝、第二代明命帝の実録から、その影響を確認していく。

　まず、嘉隆帝であるが、1801 年に、侍書院に命じて、朱熹『資治通鑑綱目』を調達させると、軍旅にあっても常に携行し、文臣を召して夜遅くまで議論したとあり、また翌年には、阮嘉吉により、『大越史記』が進上されると、諸臣と歴代王朝の故事について論じた。また、同年嘉隆を建元し、阮文誠から、『貞観政要』が進上され、嘉隆 4 年に『天南余暇集』が進上された。同年、范登興と古の帝王治道について議論し、眞徳秀『大学衍義』を進上させている。幼少より戦に身を投じた嘉隆帝に相応しく、帝王学に偏っていることがわかる。嘉隆 10 年には、『国朝寔録』および『黎史』の編纂を命じており、嘉隆 11 年には、刑法書となる『皇越律例』が完成している。

　つぎに明命帝であるが、嘉隆帝が亡くなる直前に、『大清会典』を進上しており、即位してすぐ、明命元年正月に、まず文書房を設置し、皇帝および国家の記録である「起居注」の作成を命じる。また同年 5 月には、広南を治めた阮主時代の故典を求め、鄭懐徳から『嘉定通志』および『明渤遺漁』、黄公才から『本朝玉譜』および『本朝紀事』、龔文曦から『開国功業演志』、阮廷正から『明良啓告録』武文鑣『故事編録』をそれぞれ献上させている。

翌月には、国史館を建て、実録の作成を開始する。明命10年に内閣を設置するが、明清の制度を比較しながら決定しており、また明命15年に機密院を設けたときも、宋の枢密院、清の軍機処が参照されている。この他、明清に限らず、中国の歴代王朝の制度と参照しながら、決定している事物は枚挙に暇がないが、たとえば明命12年に清の商人から『皇清経解』を入手したように、古典籍だけではなく、同時代的な影響も書物を介して受けていたことがわかる。

3　各建築物にみる選択的受容

ここまでは、阮朝に至るまでの歴史的背景および中国からの影響の重層性について述べてきたが、本節では、各建築物の名称や用途、変遷の経緯や意図などに注目して、その選択的受容を示していきたい。

3-1 南郊壇

中国において、王権の正統を示すために、皇帝が天を祀る儀礼を通常「郊祀」と呼ばれる。漢代より行われ、儀礼の行われるのが国都の郊外に設けられるため、こう呼ばれた。郊祀は国家儀礼の中心に位置していたため、礼制上の議論を呼び、そのための建造物は変化を見せたが「南郊壇」と称されたことはない。このため構造においても阮朝は独自である可能性が高いため、明清および黎朝との比較において論じていく。

まず、明清における変遷について取り上げると、大きな変化を導くのは、天と地をともに祀る（合祀）か別に祀る（分祀）かという議論である。『大明会典』巻八十一：礼部・郊祀（合祀）の項によると、明初には、「鍾山の陽に圜丘を建てて冬至に天を祀り、鍾山の陰に方丘を建てて夏至に（地を）祀」っていたが、洪武10年（1377）には、「合祀の制を定める。即ち圜丘の旧址に壇をつくりこれに屋根を覆う。名を大祀殿とし毎年正月に儀式を行う」ようになる。永楽18年（1420）に遷都する北京にも同様に「天地壇」が建てられ、合祀が継続される。しかし、嘉靖9年（1530）には、「初制に遵い、大祀殿の南に圜丘を建てて毎年冬至に天を祀り、安定門の外に方沢を建てて毎年夏至に地を祀る」ように改められ、その後は分祀が継続される。またこのとき「圜丘の北に泰神殿、方沢の南に皇祇室」が、また嘉靖11年には「圜丘の東に崇雩壇」が建てられる。嘉靖17年には「昊天上帝から皇天上帝へ」「泰神殿から皇穹宇へ」と更名され、嘉靖24年には「大祀殿の址に大亨殿、その北に皇乾殿」を建てた。

清朝にもこれが引き継がれ、『欽定大清会典事例』巻四百六十四：工部・大祀・壇廟規制の項によれば、大亨殿のある壇を「祈穀壇」と称しており、乾隆17年（1752）には、大亨殿について「これまで三色の瓦葺（上層を青色、中層を黄色、下層を緑）であったのを、

青色琉璃瓦に改め、祈年殿へと改名」され、現在目にする天壇の構成となった。

　一方、黎朝では、『欽定越史通鑑綱目正編』巻之十九・十七葉：壬午黎聖宗光順三年正月（1462）の条に「春正月、郊（祀）をする。この春首より毎年行う」と記され、注記として「黎朝会典によれば、黎初に郊祀を行い、京城の南に壇を築いた」としている。嘉靖帝による改制以前という時期にあるので、天地合祀の可能性が高い。また、莫氏簒奪の後の、同書・巻之三十一・一葉：庚子黎敬宗慎徳元年正月（1600）の条に「春正月、郊（祀）をする。以降毎年春首に天地を南郊・昭事殿にて合祀する」と記述されていることから、嘉靖帝による改制の影響を受けずに、黎聖宗からの郊祀の制度を引き継いでいることが確認できる。

　阮朝では、嘉隆帝が、1802年5月に、まだ都城も建てられていないフエにあって、「安寧の地に壇を設けて（天地を）合祀した」とあり、この月から元号が改まる。ちなみに、安寧【An Ninh】とは、金龍社の西にあたる。翌年には、正月に「安寧の地に壇を設けて天地を合祀した」とあり、時期を改めている。翌年正月は、昇隆城に駐蹕し、清の使者から「越南国王」の封号を受けたため、行っておらず、翌年も理由は不明だが、行っていない。翌嘉隆5年2月に「南郊壇を建てる。壇制を三成とし、第一成を円壇として昊天上帝と皇地祇を祀り、第二成を方壇として八の従位を設ける」。翌年2月に「南郊大祀礼を定めて、天地を南郊にて祀る」。明命19年（1838）には「南郊壇の第一成に圜丘の形を斟酌して円形の青幄（青色の天幕）を増設」し「第二成に方形の黄幄（黄色の天幕）を増設」する。また、紹治5年（1845）には、この青い天幕が「皇穹宇」へと改称される。

　以上より、嘉隆帝は、明朝の古制を引き継いだ黎朝に倣い、南郊にて天地を合祀し、王権の正統化を図ったが、中国では嘉靖期の改制により天地分祀が行われていたため「南郊壇」と称することにした。明命帝は『大清会典』から、圜丘で天を祀り、北郊（地壇）で地を祀り、また皇穹宇や祈年殿といった常設の建物があることも把握していたはずである。苦し紛れか、あるいは避暑のためか天幕を仮設する。これを紹治帝期には「皇穹宇」と改称しているが、明清での建物の機能（祭祀に用いられる祭具の蔵）との齟齬が生ずることになる。

3-2　世廟

　中国において『周礼』にある「左祖右社（左に祖廟、右に社稷）」の理念に従い、祖宗を祀る「太廟」を備える。ベトナムの黎朝・阮朝もその制に従い「太廟」を備えるが、阮朝においてはこのほかに、嘉隆帝以降の皇帝を祀るために、皇城内の太廟と対称位置に「世廟」があり、太廟の後ろに阮淦を祀る「肇祖廟」、さらに世廟の後ろに嘉隆帝からみると傍系にあたる阮福暘（新政王）とその父・阮福昶（昊）を祀る「興祖廟」があり、これは中国には見られない阮朝に特有な配置となっている。

　まず、黎朝の祖廟についてみると、『欽定越史通鑑綱目正編』・巻之三十・十七葉右：丙

申黎世宗光興十九年（1596）七月の条には「初めて太廟を昇龍城内に建てるよう命じ、工竣する。太祖及び諸帝の神位を奉祀した」とある。城内に祖廟を備えるのは、黎朝から継承したことであるといえる。

つぎに「世廟」という名についてだが、嘉靖帝の父を祀る廟の名として明史に登場する。すなわち『大明会典』巻之八十九・十二葉左：礼部四十七・廟祀四・景神殿の項に「嘉靖五年、世廟を太廟の東北に建て、皇考を祀る。嘉靖十五年、都宮の東南に位置する太廟に改建（移建）して献皇帝廟とし、世廟正殿を景神殿、寝殿を永孝殿に改めて、その中に祖宗帝后の御容（肖像画）を奉蔵した。嘉靖十七年に献皇帝廟を睿宗廟に改めた」という記述である。嘉靖帝の前の正徳帝は、嗣子のないまま逝去し、また正徳帝の兄弟も夭折、父・弘治帝の兄弟も既に亡くなっており、結果的に、正徳帝の従弟であった嘉靖帝が後を継いだ。つまり、この傍系の皇位継承に対し、嘉靖帝が父に廟号（帝号）を与えようとしたのが「大礼の議」であり「世廟」はその象徴たる建物名というわけである。

改めて、阮朝の祖廟についてみると、まず、嘉隆3年3月に、皇城内の右に太廟、その後ろに肇祖廟、左に皇考廟が建てられる。嘉隆13年3月には、肇祖廟の後ろに「皇仁殿」が建てられる。これは、高皇后の梓宮を陵墓へ送り出す前に仮置きし、神主を安置するための殿として用意されたものであった。明命2年には、皇考廟を興祖廟と改名して後ろに移動させ、その位置に世廟を建てた。そして明命10年に「皇仁殿を明清の典礼を査べて奉先殿に更名」し、明命18年に世廟の後ろへ改建した。

以上より、嘉隆帝は、黎朝の制に従い、城内左に太廟を置こうとするが、順化の地を治所としたという点においては阮淦が、また嘉隆帝からみると傍系にあたる阮福暭・阮福暘親子がその対象から外れるため、それぞれに廟を建てた。皇后が逝去すると、これについても新たに殿を用意する。嘉隆帝が崩御すると明命帝はその神主を安置する場所に困り、世廟を建てた。これは嘉隆帝の廟号である「世祖」のための廟というのが正直な理解ではあるが、あるいは中国史に精通している明命帝ゆえ、権臣・張福巒によって父を幽閉させられ、皇位継承が乱れたことを、嘉靖帝に重ね合わせて意図的にこの名前をつけたのではないかと考えてしまうのである。

3-3　邰陽夫人祠・玉盞山神祠（恵南殿）

節題に挙げたのは、阮朝期に祈雨のために使用された施設である。中国において、皇帝は天の子であり、天から降る雨を自在に操ることが可能とされていた。明朝にあっても、宮中の奉天殿や郊壇で「雩祀儀」を行った。清朝でも、圜丘で「雩礼祀」を行っている。

黎朝では、少し異なった展開をみせる。すなわち『欽定越史通鑑綱目正編』巻之二十二・三十二葉右：癸巳黎聖宗洪徳四年（1473）三月の条に「大旱魃がおこり、帝親ら

太廟で祈り、并せて仕官に各神祠に祷ったところ、翌日雨となった」というように、祖先崇拝と結合した儀式となり、また仕官に命じて自然神に対して祈るのである。

　阮朝期においては、さらに太廟での儀式も行われず、外部化する。本節では、嘉隆・明命帝期に使用された邰陽夫人祠と、同慶帝期に使用された玉盞山神祠（恵南殿）について言及する。

　邰陽夫人祠は、嘉隆12年に順安【Thuận An】海口に建てられた、霊応あらたかな奇石を祀った神祠で、『大南一統志』巻二・三十九葉：承天府・祠廟の項にその縁起が記されているが、概略は以下の通りである。すなわち「順安海口にてある日の夕方から夜半にかけて、風雨が強まりあたりが暗くなるが、晴れると、そこには奇石があり、それに触っているといつの間にか夢におち、自らを邰陽夫人と名乗る化身が現れ、目覚めると漁果が倍増した。これにより祠をつくり石を祀ったが、商船が停泊した際に破壊されてしまう。しかし、後にその船は転覆し乗船員は帰らぬ人となった。本朝初に祈雨を仕官に命じたところ霊応があった」。『大南寔録』には、この廟での祈雨が記録されるが、特筆すべきは、明命5年の条文で「南郊にて天地を祀るが、この日は快晴であり帝はたいへん喜んだが、阮有慎は旱魃の可能性を示して、いさめた。阮有鳳に命じて邰陽夫人祠に祈らせた」とある。

　玉盞山神祠は、ディエン・ホンチェン【Điện Hòn Chén】（玉の盞の祠堂）とも呼ばれる。『大南一統志』巻二・四十一葉：承天府・祠廟の項に詳しいが、同慶帝が帝位に即く前から詣で祈った神祠であり、霊応あらたかであったという。同慶元年には、「(越)南に恵をもたらす殿」と改名された。主神は、天依阿那演妃【Thiên Y A Na】（扁額には「柳杏公主」）という女神であり、既往の研究により、チャムのポー・ヌガル【Po Inu Nagar】に同定されている。この神祠も『大南寔録』に祈雨の記録がある。

　以上により、阮朝にあっては祈雨は皇帝が行わず、ベトナムに伝わる祀母の信仰を祈雨の祭祀に利用していることがわかった。

小結

　阮朝は、黎朝の諸制を引き継ぎながら、明清を基軸においた中国思想を模範として、時には自らが規定した事物が枷となることもあったが、選択的にさまざまなものを受容している様子の一端が示されたのではないかと思う。まだまだ研究の緒に就いたばかりであるが、虎患に対する対処としての虎圏、太廟・社稷壇の配置についての考察、皇帝陵の変遷や華表柱に関する分析など、まだまだ外国文化を選択的に受容していると考えられる課題は少なくないように思う。それらについては、本稿の内容を深めながら、稿を改めたいと思う。

ベトナム

註

1. 『大南寔録正編第一紀』巻十五・三葉：辛酉二十二年秋八月の条。
2. 『大南寔録正編第一紀』巻十六・十一葉：壬戌二十三年二月の条。
3. 『大南寔録正編第一紀』巻十八・十八葉：壬戌嘉隆元年八月の条。
4. 『大南寔録正編第一紀』巻二十六・二葉：乙丑嘉隆四年春正月の条。
5. 『大南寔録正編第一紀』巻二十七・十七葉：乙丑嘉隆四年十一月の条。
6. 『大南寔録正編第一紀』巻四十二・十九葉：辛未嘉隆十年六月の条。
7. 『大南寔録正編第一紀』巻四十五・一葉：壬申嘉隆十一年秋七月の条。
8. 『大南寔録正編第一紀』巻五十八・十葉：戊寅嘉隆十七年十二月の条。
9. 『大南寔録正編第二紀』巻一・九葉：庚辰明命元年春正月の条。
10. 『大南寔録正編第二紀』巻三・五葉：庚辰明命元年五月の条。
11. 『大南寔録正編第二紀』巻三・十六葉：庚辰明命元年六月の条。
12. 『大南寔録正編第二紀』巻六十三・二十四葉：己丑明命十年十二月の条。
13. 『大南寔録正編第二紀』巻一百四十・十葉：甲午明命十五年冬十二月の条。
14. 『大南寔録正編第二紀』巻七十二・一葉：辛卯明命十二年春三月の条。
15. 『大南寔録正編第一紀』巻十七・一葉：壬戌嘉隆元年夏五月の条。
16. 『大南寔録正編第一紀』巻二十・四葉：癸亥嘉隆二年正月の条。
17. 『大南寔録正編第一紀』巻二十八・四葉：丙寅嘉隆五年二月の条。
18. 『大南寔録正編第一紀』巻三十一・九葉：丁卯嘉隆六年二月の条。
19. 『大南寔録正編第二紀』巻一百八十九・二十三葉右：戊戌明命十九年春二月の条。
20. 『大南寔録正編第三紀』巻四十六・十二葉左：乙巳紹治五年春二月の条。
21. 『大南寔録正編第一紀』巻二十三・十四葉：甲子嘉隆三年三月の条。
22. 『大南寔録正編第一紀』巻四十八・十葉：甲戌嘉隆十三年三月の条。
23. 『大南寔録正編第一紀』巻五十・七葉：乙亥嘉隆十四年三月の条。
24. 『大南寔録正編第二紀』巻七・十七葉：辛巳明命二年二月の条。
25. 『大南寔録正編第二紀』巻六十三・十一葉：己丑明命十年冬十一月の条。
26. 『大南寔録正編第二紀』巻一百七十七・二十葉：丁酉明命十八年春正月の条。
27. 『大南寔録正編第一紀』巻四十六・十一葉：癸酉嘉隆十二年四月の条。
28. 『大南寔録正編第二紀』巻二十七・八葉：甲申明命五年五月の条。
29. 『大南寔録正編第六紀』巻三・四十六葉：丙戌同慶元年二月の条。

インタビュー　中川武先生の足跡

インタビュー　中川武先生の足跡

聞き手　中川武先生退任記念論文集刊行委員会

1. 先生個人について
―― まずは先生が大学時代に建築史研究を始めた動機についてお聞かせください。

　割合に平凡な学生時代だったと思いますが、研究室に入る前から桂離宮などは好きでした。京都によく行き、その雰囲気が好きだったということもあります。また、学部3年生の時に早稲田大学で学費闘争があり、その影響で社会学や歴史学の勉強をするようになったことも一因かもしれません。建築学科でもクラス討論があり、先生方とも議論したわけですが、中でも建築史の渡辺保忠先生は気骨のある対応をしていたため、先生に関心を持ったことも関係しています。学生運動の最中で建築史の授業もほとんど休講になってしまい、学部2年生の時の西洋建築史の授業は一度か二度しかありませんでしたが、その中の一回は「建築とはなにか」を語る討論会でした。社会的にそういう時期でしたからね。当時出版されたばかりの渡辺先生の著作『伊勢と出雲』（平凡社、1964年）を読み、実際に伊勢神宮と出雲大社に行きました。建築史が面白かったというだけではなくて、そういうものに対して関心があり、勉強していくうちに観念的に考える傾向が強くなります。社会のために建築がどういう意味を持つのか、何のためにあるのか、そういう討論をするためには哲学や歴史学などをしっかり学ぶ必要があることが分かってきたので、建築史の進路を選びました。僕の同期には建築史研究室で卒業論文を書いた人が多く、30人程いました。クラス討論が激化する中で、やはり歴史学や社会学の重要性を感じていきました。建築を再考するうえでも、やはり建築史だと思いました。

　卒業論文では、E.ハワードの田園都市論を対象にしました。私たちの学年では「都市計画は科学か」という疑問があって、日本に影響を与えた田園都市論（『明日の田園都市』）を翻訳しながら、都市計画学を科学技術化していくにはどうしたらよいのかと考えました。翻訳するのが大変で、結局は本題に対しては問題提起だけしかできませんでした。ハワードは都市計画を早くに体系化して分析をしていますが、デザインの範疇として始まった当時の都市計画学に対して、本質的には違うのではないか、と私たちの研究会では批判的な意識があったのです。そのような意識のもとで、きちんと文献を分析して考えてゆくこと

を心掛けました。

　いずれにせよ、一番大きな要因は、大学紛争で本格的に建築というものをもう一度考えていくために、建築史研究を始めたということです。学費闘争が65年から始まり、69年ぐらいまで続いていました。早稲田大学で論争が盛り上がり、建築学科も過激な方でしたが、論争で中心的な役割を担っていたのは建築史研究室の人たちでした。それは、やはり基本的にものをしっかりと考えることや、社会的な事柄を考えるには、歴史的なセンスが関係していると思いますし、何と言っても建築を社会的なものや歴史的なものとして見ようとする人が少なかったということもあります。当時はよく分からなかったのですが、世の中が進んでいこうとする時に、誰もが進み続けるのではなく、ある程度の人たちは「本当にこれでいいのか」と立ち止まって考えなければならないと思うことがあったのでしょう。

　当時の研究室はまだ本部キャンパス（現早稲田キャンパス）にありました。研究室の人数も少なく、面倒を見るような感じでもなかったので、ほとんどの人があまり行きませんでした。大学院生も、私の上の学年は一人と少なく、やはり研究室にいませんでした。博士課程のかたは何名か在籍していて、彼らは研究室にいました。

　同期の卒業論文生は、なかには歴史好きの人ももちろんいましたけれど、そういったうるさい人がたくさんいたというのが特徴だと思います。大学院入試では、推薦が2回、試験が2回と、多くの入学の機会がありましたが、それでも大学院に進学する人は少なかったです。私の学年の建築史研究室では3人でした。田辺泰先生は大学に出てこられていたのですが、あまり議論などはされませんでした。渡辺保忠先生は私が学部4年生の頃に本部キャンパスから理工キャンパス（現西早稲田キャンパス）へ引越しをしていて、3月はずっとその手伝いを行い、その後2か月は整理をしていました。

――影響を受けた方は、田辺泰先生や渡辺保忠先生以外ではいらっしゃいましたか。

　大学では同級生から受けた影響が大きかったです。授業が少なかったということもありますが、先生方とはそれほど交流することはありませんでした。論争の中で同級生には凄い人が多くいるという印象を持っており、先鋭な人たちは左翼がかった人たちと右翼がかった人たちに分かれ、よく建築の話で論争を行っていました。上級生や下級生とはあまり交流がありませんでした。当時の議論は、建築論というよりも建築哲学といったテーマの方が中心的でした。私が最初の頃に読んだのはサルトルで、実存哲学が拡がり始めた時期でした。マルクス経済学も少し読み、学部4年生の頃に吉本隆明を読みました。昔から文学が好きだったということも、読み始めた要因です。

それから詩を書いていました。友人と共同で同人誌を作り、私はその代表を務めて月に一回研究会を開き、現代詩を書いていました。その時は地元の高校生や女子大生も来ていました。建築とは関係なく、文学や哲学を中心に行っており、田村隆一や吉本隆明など、彼らの世界に魅力を感じていました。それの焼き直しのようですが、「大徳寺高桐院」という詩を書きました。同人誌は三冊くらい出しましたよ。

　創作に興味がありましたが、建築の設計とは少々距離を置いていました。私たちの時代も、早稲田の建築で学ぶということは設計をすることを意味していました。建築とは設計というイメージです。ただ、私は、どちらかというと実践的というよりは情緒に浸るような感じで考えることが好きでした。設計は、やはりまず手を動かすと思うのですが、私にはそういうところはなく、図面を描いているよりは、建築というものを考えている方が合っていました。文学にしてもそうです。詩は、イメージを言語化・具現化していくという点から、建築家的なものと関係があると思っていました。

――今では研究室の伝統になっている文献ゼミ（木割書読解研究会）についてお聞かせください。

　文献ゼミは、私が修士課程に入る前の年から始まっていました。岩楯保さんという卒業生の方がいて、私が入ったときは九州に行かれていたのですが、公刊本の木割書である『新編拾遺大工規矩尺集』を持ってこられて、それがきっかけとなって皆でゼミをやろう、ということになりました。初年度は本格的に活動していなかったようですが、私が修士課程に入った年から全員でやり始めました。渡辺保忠先生は、これは面白いと感じたのだと思います。岩楯さんはちょうどその論文を書いている時で、木割をもとにして修理工事報告書の実測寸法を整理するということをやっていましたが、私は修士の頃からそのお手伝いをしていました。

　もともと渡辺先生が木割の研究をしていたわけではないので、岩楯さんの影響が大きいと改めて思います。岩楯さんの木割の史料収集などを全面的に協力をしていました。数年間『新編拾遺大工規矩尺集』を中心にゼミを行っていきましたが、渡辺先生の方針は、数を多くこなすのではなく、一つのものを深くやっていく、一字一句を掘り下げていく、構造的に読むということで、私はそのやり方はよいと思いました。ただし、論文にするには他のものとの比較を行わなければならないため、研究範囲を広げていきました。それは私が博士論文（『木割の研究』）を書き始めてからだったと思います。他の史料の複写にも行きました。渡辺先生自身が広げた訳ではなかったのですが、木割の見方を教わったのはやはり渡辺先生からでした。

田辺先生は文献ゼミをほとんど見ていませんでした。渡辺先生が特別研究期間としてヨーロッパへ行かれていた1年の間はゼミに参加されていましたが、大事なところだけ解説されて基本的には関わっていませんでした。ゼミが終了するのは、20時の時もあれば24時くらいまでやっていたこともありました。田辺先生が定年を迎え、渡辺先生が研究室を引き継がれるという過渡期だったこともあり、木割の話ばかりではなく、研究室の今後の在り方について話し合ったことも多かったです。

――修士論文についても聞かせていただけますか。
　卒業論文は、当時の大学紛争の影響や、クラスで都市計画が重要視されていたことなどから、都市計画論としてまとめたものなのですが、大学院に入ってからはもう少しきちんと建築について考えようと思い、表現論の理論化を目指して「近代建築表出試論」をテーマとしました。背景として、吉本隆明の「言語にとって美とはなにか」の影響が強かったと思います。その頃には、研究室に入って木割の研究や生産史の勉強も始めていたので、生産史で建築が決定できるのかということが問題になってきており、そうすると建築表現というものは、一つは設計技術、もう一つは表現で（これは文学からの影響が強かったと思うのですが）、資本主義の論理のような経済学の影響もあり、近代になって初めて対象が自律的に展開する社会的な建築というものを扱うことによって、理論的な分析が可能になるのではないかと思いました。これはマルクスの影響だと思うのですが、表現の概念を抽出し、設計の概念や生産の概念なども近代から抽出して、それを全歴史に展開していくイメージでした。渡辺保忠先生の生産史も、マルクスそのものではないのですが、マルクスの影響が強いと思いました。本当はマルクスもドイツ・イデオロギーが重要であることなどが分かっているので、もう少し違う呼び方をしなければいけないということが渡辺先生にはなかったと思います。それは時代的な理由もありますし、また渡辺先生はご自身を理論家というよりは芸術家だと思っていたこともあります。會津八一の影響もあったのだと思います。建築学科の渡辺先生の同級生が五人、會津八一先生の授業を受け、會津研究室にも出入りをしていたようです。美術史として憧れていて奈良などへも一緒に行っていますね。

　ただ、渡辺先生も生産史決定論ではなくて、もっと違うものであるということは一方ではやっているわけです。技術とはそういうものではない、ということは気持ちの中にあったようです。でもそれは理論化できていないから、私は表現論としてその上部構造と土台を繋ぐ論理をやらなければならないのではないか、というのが修士論文のテーマでした。「近代建築表出試論」というのはそういうことをやろうとした。

博士論文ではそれを木割のことで具体的に深く追求していきました。そういう風に思っていて少しずつはやってはいたのですが、集中してやるような感じではありませんでした。建築史の人は皆そうだと思います。ただ、上部下部構造をつなぐ、という意識は常に持って進めていました。今となってはさほどレベルは高くないのですが、今まで研究してきた論文を使い、一か月くらいでまとめました。

2. 先生の研究について

——ご研究について聞かせていただきたいのですが、はじめに「設計技術」とは何かということをお聞かせください。

　設計のどういうところに技術というものがあるのか、それは設計方法と何が違うのか、というところの説明が難しく、博士論文の目的の章に、「設計技術」というのは概念の曖昧さ自体が問題で、研究の過程はその概念自体を構築していくことも同時に目的になると書きました。それは、木割の研究を始めてから、そこに出てくるものは何なのだろうか、と考えたことが一つあります。それからもう一つ、世界を見ていく時に私が影響を受けているのは、マルクスの自然史とか自然哲学、自然史学です。人間は自然である、自然であるのだけれど自然を身体としながらでしか生きられない、そこに人間の普遍性がある、だけどその働きかけによって必ず影響を受ける、これが疎外体、幻想性の領域が持っているという、その関係性で見ている。そうすると重要なものは関係ですよね。それは毎回その時に、要するに精神として媒介するか、モノとして媒介するか、極端に言うと二つしかないわけです。これが技術の概念になるのではないか、あるいは表現の概念になるのではないかと考えました。まあ、様態がモノか、精神かと違うだけですけどね。

　その二重性を解いていくとして、例えば建築の設計の場合には、それを設計技術として解いていく時に木割術として現れてくる、ということです。歴史的なプロセスを対象化することによって、その基本的な構造や概念がそこから抽出できるのではないか。その時に、伝統的な木割ではなく近代の建築設計を対象としてはどうかという問題提起もありますが、それは歴史的な構造概念があって、例えば古代においてはこうで、中世・近世・近代のそれぞれではどうかというようにやっていかないと、全く歴史的に違うものをいっしょくたに見てしまうのではないか、という風に考えています。マルクス的な考え方、要するに資本主義というものは初めて対象を自律化させたという考え方からすると、近代から規定しなおさなければいけない。だから私の最初の博士論文の構想というのは、建築の近代化過程における設計技術というものでした。しかし、それは二、三十年かかりそうだと思ってやめました。その時にやらなかっただけで、今は実際に直面しているのですがね。そう思っ

てはいるのですが、本当にそうなのかどうかは私には分からないのです。例えばマルクスが資本論をやったように資本主義の中から資本とか商品とか生産労働とかを分析していって前近代のプロセスを考えていった。この論理は、社会的なものなので正しいと思います。しかし、そうしてゆくと、本当に近世まで遡れるのかどうかというのも分かりませんし、近代のこれほど広がったところをどうやって見るのかというのはなかなか難しい。経済という抽象化したレベルならば出来るけれど、建築という固有の表現領域ではまた違うのではないかという問題もあります。そのため、なかなか説明ができないのです。

　ですから「設計技術」とは何かと言った時に、建築の世界では、建築と人間個人が最初に渡り合い、関係する方法が「設計技術」なのではないかと思います。たとえば鑑賞する、見る、評価する、造る、住むなどいろいろなことが当てはまります。設計して造るところだけではなくて、向かい合った時に精神として、あるいはモノとして、媒介されるものです。例えば、古墳時代の建築遺跡を見て私は思ったのですが、竪穴式住居の平面はひとつの計画方法で分割されていると思いますが、あれはモノとしての最初の設計と言えます。その上で、なぜああいうものが表現されるかというと、観念として表現されているわけですね。形式が観念にならないと家屋文鏡のようなものは成立しない。観念とモノの二重性が古墳時代から始まって、それが共同体が連合国家・部族国家を持つ最初ではないかと思います。大まかに言えばそういう風に国家とも関連しているし、建築と世界が相渡る関係であると言えるのはそういうことなのではないか。それが、個人とか国家とか共同体に関係がないと意味がないと私は思っています。そこまで広げていけないと意味がないのではないでしょうか。

――「設計技術」という言葉の難しさは分かりました。それでもなおこの言葉を積極的に使っていく意図を教えて下さい。

　設計技術という言葉は、石井邦信さんの学位論文の中には出てきますが、一般には珍しいかもしれません。もともと計画学の世界では設計方法とはよく言われると思うのですが、設計技術とは言わないですね。設計方法という言葉だと、技術が含まれないということです。私は、比較的若い時期に「建築設計技術の変遷」(『講座 日本技術の社会史 建築』、日本評論社、1983年)という論考を書きましたが、その当時に、そういう関係性が変わる点について考えなければならなく、設計の変遷を追うだけでは足りないと思っていた気がします。結構早くから技術というものはモノと精神の二重概念である、媒介する概念だということは思っていました。

　技術というものについては、卒業論文の時からですが、人間には実践があって体験を通

じてそれを法則化していく、それを得た時に技術化して実践が一段上がっていくものと考えています。日本は技術化する前に完成したものを受け取ってしまうから、感性・感覚的には豊かさを享受しているというように言われていますよね。実践と科学と技術の問題です。ハワードの田園都市論を扱った時には、都市計画は科学か技術かということを考えて、そのようなことをきちんとやっていかないといけないと思いました。それはずっと頭の中にあって、日本の文化を考える時にも、科学化するよりも感性的にこうやって力が働きやすい点など、意識してきました。

もう一つは、武谷三男の技術概念です。それはやはり紛争世代は影響を受けていますが、「技術とは人間実践（生産的実践）における客観的法則性の意識的適用」などです。当時は流行しており、クラス討論などの時によく議論していました。

――設計技術という言葉は、前近代だから主体的な問題になるのでしょうか。近代のブランド化されてゆくような個人の価値観、天才性みたいなことで、オリジナリティというものが評価されて位置づけられてゆくような場面で出てくる場合には、「設計技術」というよりも「設計方法」という言葉の方が馴染むということはないでしょうか。

例えばあのビルを作っている設計技術とは何かと聞かれると、答えるのはなかなか難しい。それは課題なのだけれど、それでも大まかにでも「設計方法」ではなく「設計技術」と言わなければならないのです。基本的にはそれぞれ個別であるのですが、50年単位で見たらどうなのか、あるいは100年か200年か分からないのですが、要するに近代設計技術とは何かということを、言わなければならない。現代の中で区分けがあるのか、どこから違うのか、そのようなことですね。

――話は変わりますが、先生が最初に学会大会で発表されたのは東海支部だったと思うのですが、内藤昌先生の影響があったのでしょうか。

内藤昌先生が史料を集められていて、見せてもらったりしていましたね。自分で論文を書き始めたときに、一次史料を集めなければならなかったのです。また、内藤先生と渡辺保忠先生が親しかった点もあります。渡辺先生は内藤先生を高く評価されていました。渡辺先生が建築雑誌で内藤先生を評価する記事を読んだことがありますが、渡辺先生はきちんとした仕事をしている人を積極的に評価する人でした。安東勝男先生のことも、「近代建築家の記念性への回帰」（『建築文化』、1960年5月号）の中で渡辺先生が評価されています。建築史的な考え方が出ているものとして「M氏邸の意味するもの」があり、これも評判でした。吉阪隆正先生の太い木割の木造住宅で、古代的な太い木割の現代的な意味を書

いていたと思います。ほかにも篠原一男先生の事も一目置いていましたね。また、ほかの人には評価されていなくても、渡辺先生だけが認めている、なんていう人も中にはいましたよ。渡辺先生は学会でも活動していましたが、それ以外のそういうことでも有名でしたから、建築ジャーナリストの宮内嘉久さんが渡辺先生のことをかなり評価していました。

――先生も現代建築の評論をなさっていらっしゃいますが、渡辺先生の影響でしょうか。
　やはり少し影響を受けているのかもしれません。それから私は建築史そのものというよりも設計しようと思って都市計画や、紛争世代の社会的な意味合いなど、そのような視点から入っていったので、批評に対する関心というものは持っていたと思います。出来るか出来ないかは別にして、渡辺先生からそういうものの影響を受けていた感じはします。
　契機や最初に行った批評などは覚えていませんが、頼まれたものだと思います。昔は『都市住宅』とか『建築文化』とか雑誌がたくさんありましたからね。ただ、評論は何でもかんでもやるつもりはなくて、論文で追いかけていたテーマの延長という認識を反映していたかどうかは別にしても、自分なりのテーマを意識していたとは思います。方法としては論文と同じような表出論で、それは今までずっと関心があるような感じはします。

――特定の建築家のかたの評論についても、同様の意識でしょうか。
　大江宏先生の歴史意匠論などは、そうだと思います。ただ、大江先生自身に昔から関心があったのではなく、私がたまたまシンポジウムに行って質問したところから評論を頼まれたのが直接の契機ですが、アジアに行き始めて知った、アジア的古代性というような共同性をもとにした価値観のようなものが大江先生にはあると思います。アジアはアジアだと皆は思っているのですが、そうではなくて共同性の中に価値がある。それは個人的な価値とはまた別のもので、それによって古代的な文化を生み出しており、今は少なくなっているのですが無くならないというところに現代性があります。共同性に価値があるということは、要するに気配みたいなものに価値があるということです。それを論理付けられるのは、アジア的古代性の構造とか、その中で人間がどう振る舞うのかなど、そういうことでなくてはいけない。大江先生の歴史意匠というのは、そういった構造体として認識しているので、アジア的古代性の論理のようなものがその方法なのだと言えないこともないと私は思っています。ちゃんとした言葉にしないといけないのですが、とりあえずアジア的古代性とか共同性をもとにした価値観とか、そのようなことで私は関心を持っています。近代というものは、そういうものが社会的にいびつな形で残存していますし、その力をもって近代を超えていかなければいけないという面もあるので、いろいろなかたがやっ

ているし、やろうとしているのですが、現代において建築的にどうすればいいのかという点は課題だと思います。大江先生の最終講義に行っていろいろと質問をしましたが、これはアジア的なものではないかと、私はそういう意識を持っていました。

——**ここで、中川先生の考える「アジア的」について教えていただけないでしょうか。例えば、エジプトは「アジア的（古代）」など、先生は発言されていらっしゃると思います。**

　原始からアジア的古代へ、これは基本的にはマルクスと吉本隆明の考え方です。吉本隆明は原始からアフリカ的古代というものを一度出したのですが、上手くまとまらない。でも私はアジア的古代の中にアフリカ的古代も入っていると思うのです。それは要するに小さな共同体の連合体の中から統一者が出てくるのがアジア的古代文明で、最も明快な構造を取るのがエジプトではないかと考えています。中国はやはり広がっているからシステマティックになりすぎていて、インドはもっと混沌としており、メソポタミアは私はほとんど知りません。したがってエジプトを母体に考えてゆくと、そのように連合していって高度な文明を築いてゆく、その文明と原始的な共同体というものが、底辺の機構的必然性のように両方とも存在するのがアジア的古代性なのだと思います。ですから、エジプトの文明の中にも原始的共同体の持っている心性や生活、価値観、美意識など、全部そこにある。原始性そのものと、エジプト的なものの間には大きな差はありますが、そのように規定されることによって、両者は機構的必然によっているのです。しかし、それが融合してゆき、古典古代として展開されていくことも間違いないわけです。ですから私が関心があるのは、要するにアジア的古代文明が持っているその小共同体、これを前アジア的古代性、プレアジアと言いますが、ここにこそ人間の自然との融合した存在の仕方があるのではないか、これが実はアジア的古代から近代までの人間の文明と対峙するのではないか、という考えです。柄谷行人さんが「亜周辺」とおっしゃっていますが、その考え方がとても参考になります。これまで中心と周辺というのは構造主義の考え方で、私もそのような考え方をとってきたのですが、中心と周辺だと、それは要するに組織化されて、近代の文明に、一直線ではないのですが、つながっていく。そのさらなる周辺である亜周辺は、影響を受けるけれども離れていて、選択的でもあり、だから取り残されている。そのためもっとも原始的な生活対応が残っている。そのような視点でアンコールなどを見ています。そのよく洗練されていったかたちが日本であると思います。日本は亜周辺です。また、これは後から合理化して考えているだけなのですが、ベトナムのフエもそうです。ベトナムは、中国に対してハノイまでは周辺で、フエは亜周辺。そうやって見ていき、なぜそうなるのだろうかと理論化していくと、亜周辺が持っているものが次の文明を作っていくのだと考え

られ、また周辺はそれに飲み込まれていってしまう。亜周辺の日本もアンコールも、中国やインドの周辺の他の地域とはちょっと違いますよね。やはりアンコールの文明というものは基本的にはインド的なものであるのですが、全く違うものもあるわけですよ。インドネシアにもインドとの違いはあるのですが、その違いは同質性の中に入ってしまいますね。でもアンコールの場合は違う、これは亜周辺だと思いました。そうするとアンコールなどはアジア的ではなく、プレアジア的と言わなければいけませんね。正確に言うとアジア的古代と言ってはいけない。きちんと言わないと誤解されるので、ある程度きちっとしたものを発表したあとには、そのように言わなければいけないのかもしれません。また、エジプト・メソポタミアに対するギリシアも同様の位置づけですね。エジプトはアジア的古代性のもっとも象徴的な理解しやすいものだと考えてよいのではないかと思いますが、ギリシアはやはり全然エジプトとは違いますよね。でもやはり影響も受けています。

——**日本では、大和政権が成立する前の大和の小部族、国家が連合国家として大和政権を最終的に律令化していきますよね。渡辺保忠先生の学位論文では、その過程について、そういう言葉は使っていないのですけれど、プレアジアの段階があって大和政権になっていくというステップと、吉備や出雲などの敵対するような意味の小国家と、内部にまた実は連合国家という二重性がありますよね。**

　最近興味深いと感じたのは、北九州では百済と近畿と等距離の外交関係を持っていたことを示すような遺物が出てきたことです。これは面白い関係で、同じように仕えるようにしている。極端なことを言わなくてもいいのですが、でもそういう事実を踏まえて違うイメージを出していくのは、見方が変わりますから、とても重要であると思います。

——**プレアジアが連合してファラオや天子のような存在を作って、官僚組織を作っていくと、いわゆるアジア的専制国家になりますよね。そのステップを、律令をコピーしながら日本の中でもプレアジアとアジアという段階があると思われます。その時に日本の場合の相対的なプレアジア的な性格というのはどういう位置づけになるのでしょうか。**

　周辺のイメージが具体的にどうなっているか、例えば律令制と前律令制が共同体で、要するに血縁制が共同体を握っている場合と律令制が握っている場合があって、両方が周辺に出てきますよね。そういうものがどういうものなのかという風に、例えば三内丸山遺跡はどうなのか、などです。一つ面白いと思っているのが東北の花巻がある地域です。東北というのは青森のように縄文的ではありますが、弥生的であり縄文的でもあるものが花巻の周辺に残っています。それはなぜだろうと思っていると、東北の復興のイメージの中に

そういうものをどういった風に生かしていくのか、という課題にもぶつかります。今言われたこともいくつか律令の分析の中に出てきていますよね。だからその辺を区分けしながら具体的に違いはあるのかどうかということを考えていかなければならない。東北に行くと凄いものがたくさんありますよね。芸能もそうですが、毘沙門などを見ていると日本のこちら側から伝わったのだとは思うのですけれど、なぜああいうものが残っているのか気になります。日本の中に、プレアジアとアジアの住み分けの可能性があるかどうか、なかなかまとまったイメージにはならないのですが、例えば東北の復興の拠点や根拠とは何かというものに、そういう考え方を少し使った方がいいのではないかと思っています。

――それは結局奈良が終わると平安でズレていってしまっているような背景があるのでしょうか。そういうものが結局プレアジア的な性格のどこかに出てきて、専制国家になりきれなかったということでしょうか。

　そうですね。規模の問題もあったのでしょう。アジア的古代性というものはどう見ても規模ですよね。そのような理由もあるのでしょうが、そう言ってしまうと日本を対象に考えている意味はあまり無いので、そこに根拠を見つけていかないといけないのです。日本の空間性や洗練性というものは、すでに言われていますが、そんなことないという議論もありますよね。その根拠は何かというのは課題だと思います。実は、大江宏先生はやはりなかなか鑑識眼のあるかたで、いろいろとお話を伺いましたが、何がお好きですかと尋ねると、平安の後期のものがよいとおっしゃるのですね。それは彫刻分野のかたもそうおっしゃっていました。大江先生は歴史家ではないので歴史的には言わないのですが、彼が流麗軽妙と言っているのはやはりそこにあるのですよ。平安期というのはどういうことなのかと分析していけば、彼が言おうとしているところとかが出てくるのではないかと私は思っているのです。

――話を変え、西洋建築史についてお聞きしたいのですが、先生にとっての西洋建築史はどういうものでしょうか。

　西洋建築史は基本的には研究していませんが、無関心であったわけではなく、アジアのみならず西洋も見ておく必要があると思い、在外研究期間に無理やりに見て廻りました。半年間の間に、北欧から南欧を経てアメリカまでを、1日1都市のように駆け足で廻りました。一応見ておかないといけないという義務感はあって、とにかく数だけは見ようと思い、一通り訪問しました。それ以上のことはあまりしませんでしたね。やはり研究をしていないとか、それなりの問題意識を持っていないからだと思います。

ただ、ヨーロッパ的なものに対して実感が湧いたということは自分なりの収穫でした。卒業論文もハワードの都市計画だったので、思っていたことの確認が出来ました。そのような意味では、イギリスの住宅システムにおける都市との関係性や、ドイツには地方によいものがあるなど、行ってみないと分からないと感じました。後に、ヨーロッパ建築ツアーの講師を務めたこともありました。二回行きましたが、ツアー内容は結構充実しており、一人で行くと大変な地方の面白い建築なども見て回りました。私にとっての西洋というものは半年の旅行というような駆け足のイメージですね。

――先生は大学院の研究指導名を比較建築史研究とされていますが、比較建築史とはどのあたりのことをおっしゃっていますか。

　西洋建築を見て回ったときも、研究を始めていたアジアとの比較も気にしていました。西洋は個人という世界が中心であることも分かりますし、それが建築の質の高さになっていることも分かります。やはりアジアは、日本も含めて皆でワイワイガヤガヤみたいなところがあって、都市や建築の質が悪くてもよいのではないかという感じを受けました。西洋だけではなく、エジプトやアジアの研究に携わり、日本にも関心がありましたので、絶対的なことではなくて重要なのは建築史も比較だなと、日本をやるにしても中国やアジア、ヨーロッパとの比較の中で何が重要かとか、古代だけ分かるということはあり得なくて、中世・近世が分かってくることで古代が分かることもあります。本質的には比較の視点が重要であると思いますね。

――先生がこれまでに書かれてきたご著作について少しお聞きしたいのですが、まず最初の本は何だったのですか。

　本はあまり書いていませんが、最初は、『建築様式の歴史と表現』（彰国社、1987年）です。雑誌『ディテール』の連載をまとめたものでした。書くのであればきちんとしたものを書きたいという気持ちがあり、西本真一さんに『ディテール』で重要なイラストを描いていただいていたので、これを中心にしてやっていこうと考えていましたね。内容は、大学の授業で話していたものでした。『日本の家』（TOTO出版、2002年）も、『Housing & living』という企業PR誌に連載されていた内容です。

――少し話が遡りますが、設計技術の部分と全体の話はいつのものなのでしょうか。

　それは結構早く、『講座 日本技術の社会史 建築』（日本評論社、1983年）のなかの、「建築設計技術の変遷」です。内容は、いろいろなところで書いたと思いますが、設計技術の

変遷のようなものを考えていたということはある意味では原点であったのだと思います。そういうことを考えながら学位論文の骨子になっていたのだと思いますね。ただ、設計技術の特質と日本建築史のようなものを『建築雑誌』に書いたのが最初だと思いますよ(「日本建築における木割の方法と設計技術について」、『建築雑誌』1088、1975年)。30歳くらいでしたが、当時は建築雑誌の編集に携わっていました。木割書の文献研究をやっていて、これが自分にとっては割合に重要に感じられたからです。

――『日本建築見どころ事典』や『世界宗教建築事典』はいかがでしょうか。
　『日本建築見どころ事典』(東京堂出版、1990年)と、『世界宗教建築事典』(東京堂出版、2001年)は、同じ出版社から刊行した連続ものです。『建築様式の歴史と表現』が出た後だったでしょうか、その話が来たので研究室のみなでやって、だいぶ後にもう一ついかがですかと言われました。『日本建築見どころ事典』の時に4年間くらい時間がかかって、それで『世界宗教建築事典』の話が来た時には今度は短時間でやろうという話になりましたが、結局7年かかりました。分担を決めて進めましたが、実際はそれぞれの専門分野ではないこともあって、なかなか出来なかったのでしょうね。日本であればある程度分かりやすいと思うのですが、世界の複雑な宗教は難しいところも多くあります。若い時にやっておいてよかったですよ。『日本建築見どころ事典』にしても『世界宗教建築事典』にしても、これからは出来ないでしょうから。

――新建築社の『建築20世紀』の記念本も研究室で請け負ったのですか。
　直接的に研究室で請け負ったわけではなくて、私が4人いる編集委員の一人だったのです。ただ、当時はこの研究室の人数が多かったので、実働としても関わりました。毎月編集委員の4人で集まり、いろいろと話をしながら2年間くらい携わりましたね。面白い経験をしました。
　あの時、私はモダンとポストモダンのことを書きました。歴史的に現代をどう見るかということですね。それは自分の中では重要なものになっていると今思います。近代化とポストモダンという、要するに時間は世界史の地勢とどういう関係があるのか、そのイメージで「世界建築史」というものを考えなければならないと、その時にいろいろと考えたのだと思います。

3．早稲田大学について
――早稲田大学の建築学科や建築史研究室についてお伺いします。先生にとって伊東忠太、

田辺泰、渡辺保忠、早稲田の建築史研究室がそれまでどういうもので、先生としてどう受け継がれてきたのか、また同時にどう変えてこられたのでしょうか。

　こうして見ると錚々たる先生方というのが分かります。やはり田辺先生のお人柄や雰囲気からの影響もありますし、渡辺保忠先生から学んだこともあり、佐藤功一も伊東忠太ももちろん重要ですが、あまり研究室の伝統という感じは受けていないように思います。ただ、むしろ早稲田大学の建築学科の中で、建築史は何かということを考えてゆくという意識は持っていました。渡辺先生からよく言われていたということもありますが、それはやはり早稲田の建築学科はどうやって形成されてきて、どういうミッションがあって、どう生きていったらいいのか、日本の建築をどうしていったらよいかということを、様々な関係性の中から考えていかなければならないと思います。

　私は私なりに早稲田の雰囲気などを経験した結果、その特徴は簡単に言ってしまうとロマン主義的なものを中心においていることだと思います。要するに、建築史に限らず建築のロマン主義であり、そしてそのロマン主義を現代の中できちんと実践していくためには建築史はどうあるべきなのか、どういう仕組みがあるのかということが重要だと思います。ロマン主義が生きにくいということもよく分かりますし、世の中の方向性が全体的にそうなってきているのも分かります。だからこそ早稲田の持っている力や雰囲気などが重要で、そういうものを継承しながら新たに作っていくというか、そういうことを歴史が中心になって担っていく可能性がありますし、そのようにしなければならないと強く思います。

　というのは、私たちは歴史を学ぶと、人間の社会や建築はだんだん滅んでいくということを実感する瞬間があると思うのですね。例えば、子供時代貧しかったけれどよかったものも多くあって、しかしそれは大体無くなってしまっているということがよくあると思います。よくなっていると思うこともあるのですが、本当はたくさん無くなっているのだと思います。これはどういうことかというと、やはり大事なものがそうじゃないものに凌駕されていく、滅びつつあるということですから、建築はやはり夢でありロマンであるということを、どのように維持し、実現できるか、言い続けていかなければならないと思います。

　早稲田でなぜ特に考えるのかというと、かつて東京帝国大学が果たしたものは明治国家の近代化なのですが、大正・昭和へと進むにつれ、明らかに国は屈折していくわけですね。要するに滅びていく方に加担せざるを得なかったわけです。市街地形成や耐震構造などは必要なのですが、そのことによって失っていったものの大きさがあって、早稲田の建築はそうじゃないということで、使命を帯びて設立されたという経緯がありました。私は個人的に特にJ.コンドルが好きだというわけではありませんが、コンドルは日本の中で近代建築を実現していこうとする理想を持っていて、それは、コンドル－辰野金吾－佐藤功一

という系譜に、明らかに生きていると思います。明治の気風だと言えばそれまでなのですが、日本の近代化が達成されていくときに、夢破れつつも絶対にこれは大事なものだと思っていた人たちの考えが受け継がれていて、それで早稲田ができてきた、それは私は間違いないと思います。早稲田の原点であり、出自であり、糧にしてやってきたということを考えると、そういったものを改めて我々の使命として組み立て直してやっていかなければならないのです。渡辺保忠先生もそのような意識を持っていたし、私はそれを見ていて影響を受けていったということもありますが、冷静に見ても、日本や早稲田ということの意味やよさを考えて、それをきちんとやっていかなければならないのではないかと思います。

今目指しているのは歴史意匠という考え方ですが、大江宏先生が考えていたものとは違う歴史研究としての歴史意匠というものをどうやって作り上げていくのか、再構築していくのかという点を考えています。その一つとしては、先ほども言いましたが、長い目で見た時の建築の価値観の歴史を考えると、それは「世界建築史」になるのではないかと思っています。「世界建築史の構築」。人類史の中で人間は建築を何のためにどうやって作ってきたのか。もう一つ言っておかなければならないのは、建築と社会の関係です。社会が建築を作ることと、建築が社会を作ること、この両者は割合が時代によって違うだけでベクトルとしては両方あります。社会が建築を作ること、これは実践的な問題だと思うんですよね。ただ私はあまり面白いとは思わなかったので、建築が社会を作る方向へ考えたいと思っており、これは「夢の世界建築史」になるのです。それがしっかりと論理的にしかも魅力的に描ければ、歴史意匠というものが構築されるだろうと思っています。

——世界建築史と言った時の世界というものは、地理的・空間的意味での世界ではなくて、我々がいるという世界、世界観と言った時の世界ですか。

そうです。私たちがいる世界です。大江さんも言っていますよね、コンテンポラリーとグローバリズムと。グローバリズムとは今言われているものとは少し違うものだと思うのですが、やはりどんなに限定された個人でも世界に生きているわけですよね。現代ではそれは無意識的にもかなり広がっていっていますが、だからと言って中世の人は世界がないというわけではないのです。そういう意味での「世界建築史」です。それは私は日本から色々と見てきたけれど、日本を中心にしてしか書けないと思います。

——生産史の流れとしては、社会が建築を作る方を考えそうなものです。

そうですよね。でも渡辺先生の生産史は、少し固く論理的すぎますよね。生産史決定論

のようなことを言うと、君は肝心なことが分かっていない、本当はこのようなものではないとおっしゃっていましたが、一方的ではないかとも思いました。ただはっきりと言えるという強みを持っているわけですよね。自然から言っているので無視はできないのです。

　渡辺先生が何回もおっしゃっていたのは、「建築史眼」です。「史観」ではなく「史眼」。これが最後に書きたいことだと言っていました。例えば、コロッセウムに用いられているレンガの形から古代ローマ帝国の生産史的背景が見えるのだと、それが史眼だと言っていました。ただ私は保忠さんが凄いと思いながらも、その課題として残るのは、「自分」があるという点です。自分があってはいけないということではなくて、自分というのは何かということをもう少し超えていかなければいけない。我々が何にもがいているのだろう、という問いが表現であって、眼を持っていることで、何を捉えて何を問題提起してどう展開していくのかということが大事なのだろうと思いました。

　また、渡辺先生は、「構想」ということや、「志向性」という言葉もよくおっしゃっていました。「指向」ではなく「志向」、精神の向かっていくところ。そういうところはさすがです。ただ、私は吉本隆明の言う「志向変容」ということが重要だと思います。吉本隆明の一つ好きなところは「変容」という言葉を言っている点です。空間と時間の変容性がある、要するに空間的なものを問題にする時に、それはどういう時間かということを必ず置き換えてみなければならないということです。彼は南島論として言っていますが、沖縄という南島の辺境であるのだけれど、それが最も古い日本の共同体の形態を維持しているという意味は何かということを「志向の変容性」と書いており、それは強く印象に残っていました。

　私は出来るだけそういう意識をしてみようと試みました。例えばアンコールという空間的な関係が人類史の中でどのような時間を作ったのか、なぜそういう価値観が生まれるのかということを歴史の中で人類史の夢として考えるとどうなるのかということは言わないといけないと思います。これは私の基本的な考え方の一つです。亜周辺を重要視しているのもその一つで、辺境が重要ということは、それは時間に置き換えていくとどうなるのか、ということなんですよね。古い時間をそこに持っているということの意味が、空間的だけならば単なる外れというだけかもしれませんが、そこに時間を加えると、起源論などのように影響を与えていくものになっていく可能性を持っているのではないかと思います。

――それは「夢の世界建築史」の中にも組み込まれるのですか。

　建築というものは、もちろん社会を否定できない、受け入れざるを得ない感じがありますが、面白く、やりたいこととしては建築が社会を作る方です。それは、見方としては粗

雑と言えば粗雑なのですが、薬師寺東塔を見てもやはりあれは建築が社会を変えたと思うのです。平等院にしても待庵にしても同様です。その建築が持っている可能性みたいなものを現代建築に伝えていかなければならない。それが歴史意匠論の骨格になっていくと思います。そういうことを早稲田がやっていかないと、もちろん早稲田だけしか出来ないとは思っていませんが、ぜひやらなければいけないと思うのです。

――現代建築では、夢や理想的なロマン主義は批判されがちですね。ただ、個人的なロマンではなく、共同的な社会が追及すべきロマンという観点から歴史を背負って言うと、一定の説得力をもって現代建築を支えることにもなりますね。

そうですね。ただ、早稲田の建築史はそうではない点もありましたが、建築史は一般的には批判されているわけですよ。渡辺先生でさえ、実際はそういうことではないのに、建築生産史が出てきたら、ただ組織の事をやって生産史のことになっている、そういう誤解に基づいて批判されていました。伊東忠太は違っただろう、関野貞は違っただろう、とね。一人歩きしてしまったのです。

ただ、ロマン主義と言ってももちろんいろいろありますし、多くの苦しんでいる人たちの救いになるものは何かという問いに答えられないロマンというものはないと思うのです。そういう夢や理想があって、今何を皆が苦しんでいるのかという、一見具体的には分からないことについて、難しいながらもその背景にあるものを見ていって、建築がいかに答えていくかというのが重要です。ピラミッドだって私はある種の夢だったと評価しないといけない気がします。それが、やはり人類の、ある時期のある地域の人々の夢であったと思うんですよね。建築史はそういうことに答えながら現代の夢は何か、現代に生きる人たちがこれは自分たちの喜びであり夢であるということをどうしても答えなければならないのです。それは色々あるのではないかと思いがちですが、そういう人たちを含めて、もちろん自分も含めて考えていかないといけないのです。

4．プロジェクト研究について
――先生が研究室を持たれた時に、アジアに行かれてプロジェクトを展開されるようになりますよね。まず、その発端について教えて下さい。

きっかけは、エジプトに行ったからです。エジプトでアジア的なるものはこういうものかと目の当たりにして、そしてスリランカに行って実際の現場を自分たちでやろうという、そういう感じでしたね。エジプトに行ったのは偶然です。渡辺先生がルクソールのプロジェクトに携わっていて、私はそれに参画してはいなかったのですが、やがて別件のカ

イロでのミニピラミッド建設やレーダー調査で、吉村作治先生を手伝いに行くことになりました。行ってみて面白かったということがあります。吉本隆明がアジア的古代性というものを連載していてそれをよく読んでいたので、アジア的古代性というものをイメージの中で持っていましたが、実際ピラミッドやエジプトを見て、アジア的とはこういうことなのかと自分なりに感じ、アジア的なものを共同体と建築の具体的な文化の上でしっかりと自分たちなりにやろうと思い、アジア建築研究会というものを作ったのです。研究会を続け、東大などの他大学からもアジアを研究している人は参加していて、いろいろと議論を交わしていました。インドや中国は当時から研究分野の規模も大きかったのですが、スリランカは小さく、また原始仏教はアジアだと思い、スリランカから始めようと思いました。7、8年間くらいやっていましたね。

——**スリランカのプロジェクトは早稲田のプロジェクトというよりもアジア建築研究会のプロジェクトだったということですか。**

　実際は、早稲田大学アジア建築研究会です。最初は自分たちでツアーを組んで行っていました。やがて、財団などからの助成をもらえてチケットだけは買えたりしながら行っていましたね。スリランカを中心に、インドやタイ、ミャンマーへと足を向けていきました。千原大五郎先生もスリランカを研究していたからいろいろと教えていただき、その関係でアンコールを始めることにもなりました。千原先生は、当時あったアンコール救済委員会の中心委員のお一人でした。大きなアンコールプロジェクトが始まって、科学研究費が始まる前からいろいろなところから助成を貰って、全体的にやり始めたという感じですね。当時、アジアを研究している人はあまりいなかったです。渡辺先生も、アジアと言っても時代は違いますし、既往研究の蓄積が全然違っているからなのだとは思いますが、積極的に評価はしていませんでした。ただ、植民地政策としていろいろ調べてはいたようです。研究室の中には韓国や中国の資料はありましたが、東南アジアまではありませんでした。

——**ベトナムのフエへはどういう経緯で行かれ始めたのですか。**

　フエへは、ユネスコのコンサルタントとして行きました。アンコールより1年ほど早い、90年か91年のことですね。ユネスコ・コンサルタントとは、ユネスコに設置された文化遺産保存日本信託基金を財源として、その都度、現場ごとにコンサルタントが選ばれて派遣されるものです。ユネスコ信託基金というものは、海外の文化遺産の保存協力のために資金を出しているものです。日本が正式に海外の文化遺産の修復に出せるお金はそれ

しかなかったのです。フエ宮城の午門の修復なども、ユネスコ・コンサルタントとして参加しました。私が言われたのが、彩色問題と午門の修復方針について現地の専門家とディスカッションしてくださいということでしたが、行ってみたら専門家と言える人は誰もいませんでした。そこで、日本やアジアのさまざまな文化財保存のことについて講義をして、方針などをアドバイスしたのですが、必ずしもそのように実施されるわけではなく、難しい面もありました。独自に科学研究費をフエで取るようになったのは、その4、5年後です。ユネスコ信託基金というものは修復予算なので、基本的には調査資金ではないのですね。それでも調査しないわけにはいかないので、どうしても科学研究費が必要でした。修復するためには調査しなければいけないとは、常々思っていました。プロジェクトとなると、個人活動を超えて組織的な活動になっていきました。基本的には研究室を中心に体制をつくってやっていかざるを得ない。ただ、いろいろと我々の分野でないところもありますし、とても一人で出来るようなものでもないです。最初からもちろんそういう気持ちがあり、スリランカの調査研究をしようとした時から、もうすでに何人かと一緒にやるつもりではいました。基本的にはそういうものだと思います。

——**調査や修復の体制、組織を大学が引き受けて行うことは珍しかったのでしょうか。**

いや、保存修復も大学がやっていました。早稲田でも、田辺先生も渡辺先生も携わっていました。科学研究費では他大も多くやっていましたが、ただ科学研究費は修復じゃなくて研究ですね。渡辺先生が修理事業をやっていたということは、監督を務めて修理組織を作り、大工や工務店に来てもらったりしていました。研究室の人がスタッフで、もちろん専門家も入ってきていました。私も助監督を何回かやりました。渡辺先生は五重塔の設計の仕事などを受けていることもありました。田辺先生も設計監督をされていましたが、浅草寺とか岡山城とか、渡辺先生の考える設計とは全然違うものですよね。田辺先生は自分を表現したいとか、そういうことはないでしょう。それに田辺先生は仕事を貰ってくることが中心で、実際にはスタッフが担当していました。渡辺先生は凄い人ですから自らやっていましたね。

——**修復は途中から始まって、研究というレベルで当初の方向とはまた異なっていると思うのですが、研究室としてはいかがだったのでしょうか。**

修復というのはやはり事業ですから、調査とは違い、大変なことですよね。ただ、修復事業を経たからこそ、一般の調査では届かないような、研究上で分かったことも多くあります。スリランカを中心にそれなりにいろいろなことをやってよかったとは思います。ア

ンコールについても調査がそれなりにできたというのはよかったのではないかと思います。東南アジアでアンコールが持っている位置づけは凄いと思いますからね。

5．おわりに——建築史の将来——
——**歴史学と詩学、また実証性や構想力について、お考えをお聞かせ下さい。**
　構想力のない実証というものはあり得ないと思います。構想、ポエジーというものがあって、歴史になるという、そのために何を立証していくかということなので、それは必然的なものではないかと思います。もっと言えば、建築史というものは、ある意味では役に立たないものですよね。自分が必要だと思わないと、あるいは何か目的意識がなければならないし、ある意味では戦いでもあり、夢でもあり、ポエジーでもある。そこから始まっていて、それが本質であると思います。そのために実証や歴史があるのであって、むしろ実証や歴史が構想やポエジーのための武器であると考えた方がよいというのもあります。そのように取り組みたいと思っていますね。

——**学問としての建築史学の展望について、どのようにお考えでしょうか。**
　私も早稲田で勉強していろいろと影響を受けてきたということもありますから、自分で考えたとはあまり言えないと思いますが、やはり建築を教える方法としての建築史という考え方が強く、建築を作りたいとか建築に夢を持ちたいとか、どうしていくかなどと考える時に、建築史が重要だと思ってきました。建築史は役に立たないという考え方もありますが、役に立つかという問題ではなく、どういう方向で何をやりたいのかが重要であって、あるものをもっと面白くしたい時に、そのためには歴史が重要だということは確実に言えると思います。歴史の強みというものは、ある意味では誰も必要としないように思えるけど、本当は皆が必要だという点にあると思います。歴史だけは建築に携わる人全員が必要だと私は思うのですよ。それは何かというと、現代の高度に分化した専門分野とは、空間的なもので分けられている空間関係ですよね。しかし、それは同時に時間関係でもあるべきで、現代からどういう価値を作っていくかという時間に置き換えることで、構造学や計画学など全てにおいて歴史が必要になってくるはずです。だからそれに答えられるという意味が、やはり建築史の使命であると思いますし、そのような点で歴史は重要であり皆がやっていかなければならないと思いますし、期待されていると思っています。

——**例えば、エジプトのカエムワセトやルネサンスの建築家、ローマ人にとってのギリシアの建築など、建築というものはそもそも建築史的なのだと思います。それはテクノロ**

ジーが追いつかないから結局手探りでやる以上、過去のものから学ぶしか手がないとは思うのですが、必ずしもエンジニアリングレベルの話ではなくて、表現も含めて学びながら先に進んでいくのであって、そもそも建築の歴史なのではないかと思います。近代になってそれは途切れかかったことがあるという話ではないかと思います。

　途切れかかったのと同時に、近代は否定することが重要なモーメントになってきて、それが途切れる原因になっているのです。しかし、それは何のためかと言うと、全ての価値は歴史的にしか存在しないからだと私は思います。時間的なものですからね。新しいものを作るということは、歴史的に作るしか方法はないです。しかし、現在あるものを一回否定して作らなければならなかった近代があって、そこで途切れてしまったのです。しかし、それは歴史の否定ではなくて、既存のものを否定しなければ新しいものを作ることが出来なかっただけのことです。また、様式という側面では否定していても、例えば内在する世界というものは学んで継続しているわけですよね。日本もそうなのですが、近代初期の人たちというのは肉体的にそういう内在的な訓練を受けてきた人たちです。ですから、前提がある上で否定していたということが現代からすると見えづらいだけの話であって、その前提が無い人が否定してもそれは意味がないわけですよね。

――歴史学の意味の中で極論的なことを言うと、誰にとっても歴史が重要であるならば、各分野の人がその歴史を追究することによって、建築史という分野は本来的には必要ないのかもしれないのですが、それはいかがでしょうか。

　それは、それぞれの分野の歴史で成り立つ場合とそうでない場合があると思います。大もととしては人間がある社会の中で何を受け継いで何を新しく作ってゆくかということがやはり建築の中心にありますが、それぞれの分野で専門化が進んだ時に問題がどこかで生じてきて、それが見えなくなったり誤解したりすることがあるのです。つまり、すべての人にとって歴史が重要であるということを言うためにこそ、歴史が必要であると私は思います。

（2014年5月、早稲田大学中川武研究室にて）

執筆者一覧

日本（古代・中世・近世）
河津　優司（かわづ　ゆうじ）
平山　育男（ひらやま　いくお）
米山　勇（よねやま　いさむ）
御船　達雄（みふね　たつお）
坂本　忠規（さかもと　ただのり）
佐々木　昌孝（ささき　まさたか）
小岩　正樹（こいわ　まさき）
米澤　貴紀（よねざわ　たかのり）
岡本　晋作（おかもと　しんさく）
山岸　吉弘（やまぎし　よしひろ）
伏見　唯（ふしみ　ゆい）

日本（近現代）
大森　晃彦（おおもり　あきひこ）
鯵坂　徹（あじさか　とおる）
中谷　礼仁（なかたに　のりひと）
倉方　俊輔（くらかた　しゅんすけ）
山崎　幹泰（やまざき　みきひろ）
小林　徹也（こばやし　てつや）
井川　博文（いかわ　ひろふみ）

東アジア
金　玟淑（キム　ミンスク）
金　柄鎮（キム　ビョンジン）

西アジア
西本　真一（にしもと　しんいち）
柏木　裕之（かしわぎ　ひろゆき）

内田　慶造（うちだ　けいぞう）
遠藤　孝治（えんどう　たかはる）

西洋
野崎　勉（のざき　つとむ）
太田　敬二（おおた　けいじ）
渡邊　高宏（わたなべ　たかひろ）
奥田　耕一郎（おくだ　こういちろう）

南アジア
黒河内　宏昌（くろこうち　ひろまさ）
Chaiyosh ISAVORAPANT
　（チャイヨシ　イサボラパント）
小野　邦彦（おの　くにひこ）

カンボジア
溝口　明則（みぞぐち　あきのり）
佐藤　桂（さとう　かつら）
下田　一太（しもだ　いちた）
SO Sokuntheary（ソ　ソクンテリー）
Kou VET（コウ　ベット）

ベトナム
白井　裕泰（しらい　ひろやす）
六反田　千恵（ろくたんだ　ちえ）
齋藤　潮美（さいとう　しおみ）
林　英昭（はやし　ひであき）
木谷　建太（きたに　けんた）

（いずれも早稲田大学大学院修士課程
　または博士後期課程出身者）

中川武先生退任記念論文集刊行委員会

溝口　明則（代表）

白井　裕泰　河津　優司　太田　敬二　中谷　礼仁　米山　勇　柏木　裕之
小野　邦彦　奥田耕一郎　下田　一太　小岩　正樹　林　英昭　伏見　唯

	世界建築史論集　中川武先生退任記念論文集 ⓒ
	平成二十七年三月　一　日印刷
	平成二十七年三月二十日発行
編　者	中川武先生退任記念 論文集刊行委員会
発行者	小菅　勉
印　刷	広研印刷株式会社
製　本	松　岳　社
用　紙	日本大昭和板紙株式会社

中央公論美術出版

東京都中央区京橋二丁目八―七
電話〇三―三五六一―五九九三

製函　株式会社加藤製函所

ISBN 978-4-8055-0738-4